FACULTÉ DE DROIT DE BORDEAUX

THÈSE POUR LE DOCTORAT

DROIT ROMAIN

DE L'EXPROPRIATION

POUR CAUSE D'UTILITÉ PUBLIQUE

DROIT FRANÇAIS

LES CONFLITS D'ATTRIBUTION

PAR

Henri COLLIGNON

AVOCAT

ATTACHÉ AU CABINET DU MINISTRE DE L'INTÉRIEUR

PARIS

LIBRAIRIE A. MARESCQ AÎNÉ

A. CHEVALIER-MARESCQ, SUCCESSEUR

20, RUE SOUFFLOT, 20

Au coin de la rue Victor-Cousin

1882

FACULTÉ DE DROIT DE BORDEAUX

THÈSE POUR LE DOCTORAT

DROIT ROMAIN

DE L'EXPROPRIATION

POUR CAUSE D'UTILITÉ PUBLIQUE

DROIT FRANÇAIS

LES CONFLITS D'ATTRIBUTION

PAR

Henri COLLIGNON

AVOCAT

ATTACHÉ AU CABINET DU MINISTRE DE L'INTÉRIEUR

PARIS

LIBRAIRIE A. MARESCQ AÎNÉ

A. CHEVALIER-MARESCQ, GENDRE ET SUCCESSEUR

20, RUE SOUFFLOT, 20.

Au coin de la rue Victor-Cousin

1882

FACULTÉ DE DROIT DE BORDEAUX

MM.

COURAUD ✳, doyen ⚜ I, professeur de droit romain.
BAUDRY-LACANTINERIE ⚜ I, professeur de droit civil.
RIBEREAU ⚜ A, professeur de droit commercial.
SAIGNAT ⚜ A, professeur de droit civil.
BARKHAUSEN ⚜ A, professeur de droit administratif.
DELOYNES ⚜ A, professeur de droit civil.
VIGNEAUX ⚜ A, professeur d'histoire du droit.
LECOQ ⚜ A, professeur de procédure civile.
LEVILLAIN, professeur de droit maritime.
MARANDOUT, professeur de droit criminel.
CUQ, professeur de droit romain.
LARNAUDE, agrégé, chargé du cours de droit des gens.
FAURE, agrégé, chargé du cours d'économie politique.
DESPAGNET, agrégé, chargé du cours de Pandectes.
É. RAVIER ⚜ I, secrétaire, agent comptable.
PONCET DES NOAILLES, étud. adj. au secrétariat.
MORTET, bibliothécaire.

COMMISSION DE SOUTENANCE
MM.

BARKHAUSEN, président.
COURAUD.
VIGNEAUX.
MARANDOUT.
FAURE.

DROIT ROMAIN

BIBLIOGRAPHIE

Aggénus Urbicus : *De contr. agr.* — Aulu-Gelle : *Noctium atticarum commentarius.* — Bergier : *Histoire des grands chemins de l'Empire Romain.* — Blondeau : *Textes relatifs au droit antejustinianéen.* — Cicéron : *De republica; Pro Balbo; Pro Cæcina; De Lege agraria; De officiis.* — Cigonius : *De jure provinciarum.* — Denys d'Halicarnasse. — Dumay : *Commentaire sur les chemins vicinaux.* — De Fresquet : *Revue historique,* t. VI. — Fustel de Coulange : *La Cité antique.* — Giraud : *Bronzes d'Ossuna; Recherches sur le droit de propriété chez les Romains.* — Houdoy : *De la condition et de l'administration des villes chez les Romains.* — Laboulaye : *Histoire du droit de propriété.* — A. Macé : *Les lois agraires des Romains.* — Pellert : *Propriété et usufruit.* — Person : *Essai sur l'administration des provinces romaines sous la république.* — Plutarque : *Numa.* — Proudhon : *Traité du domaine public.* — De Recy : *De l'expropriation pour cause d'utilité publique chez les Romains,* France judiciaire, nos des 1er avril, 1er mai et 16 mai 1877. — Max de Ring : *Mémoire sur les établissements romains du Rhin et du Danube.* — Rudorf : *Gromatische institutionen.* — Schweppe : *Histoire du droit.* — Serrigny : *Droit public et administratif des Romains.* — Tacite : *Œuvres complètes.* — Tite-Live : *Histoire romaine.* — Virgile, *Enéide.*

DE L'EXPROPRIATION

POUR CAUSE D'UTILITÉ PUBLIQUE

L'expropriation pour cause d'utilité publique est, dans notre droit, le dépouillement total ou partiel d'un propriétaire, régulièrement ordonné par l'autorité compétente, dans un intérêt public, d'après un texte législatif ou une coutume, et précédé du paiement d'une indemnité.

Nous aurons à rechercher si, dans le droit romain, à une époque donnée ou à toutes les époques, il existait une institution répondant à cette définition, totalement ou d'une manière partielle et, dans ce cas, quel en était le fonctionnement. Nous n'aurons donc pas à nous occuper des assignations de terre faites aux soldats pendant la guerre sociale, qui furent des actes arbitraires et contraires au fonctionnement régulier de la législation romaine, ni des lois agraires (1).

(1) Les lois agraires devraient être négligées, quelle que soit l'opinion que l'on adopte à leur sujet :

Il semble, d'après l'opinion la plus accréditée, qu'elles n'avaient pour objet qu'une répartition plus équitable du domaine public usurpé par les praticiens, et, dans ce cas, elles restent en dehors du sujet ; mais eussent-elles eu pour but d'atteindre et diviser la propriété proprement dite, qu'elles auraient constitué des actes d'exception n'ayant rien à voir avec l'expropriation pour cause d'utilité publique.

Nous n'aurons pas non plus à nous préoccuper des modifications qui purent être apportées dans la situa-tion des possesseurs de fonds italiques antérieurement à la guerre sociale ou de fonds provinciaux antérieu-rement à Justinien. C'était un principe fondamental du droit public à Rome, que les terres et les personnes des peuples vaincus appartenaient au peuple romain vainqueur qui, par lui-même ou par ses délégués, en disposait ensuite comme il jugeait convenable. (Giraud, *Recherches sur le droit de propriété chez les Romains*, t. I, p. 57 et note.)

L'expropriation pour cause d'utilité publique ne pouvait s'exercer, primitivement, que sur l'*Ager Ro-manus*, seul susceptible de faire l'objet de la propriété selon le droit civil romain (Cicéron, *Pro Balbo*, XXI; *Pro Cæcina*, XXXV. Cigonius, II, p. 546) et, dans l'*Ager Romanus*, sur l'*ager privatus*, seul susceptible d'appropriation privée, ce qui en réduit considérable-ment la sphère d'application. L'*Ager Romanus* fut tou-jours restreint et, dès l'origine, consacré en partie, suivant l'usage antique, au domaine public, l'*Ager publicus*, destiné à subvenir aux besoins de l'État et dont la propriété était inaliénable et imprescriptible. (Aggenus Urbicus, *De cont. agr.*, éd. Gœz, p. 69; Dig. f. 12 § 2 *De public. in rem actione* : « *In vectigalibus et in aliis prædiis quæ possunt publiciana competit.* »)

La possession seule pouvait en être concédée et d'une façon toujours révocable (1).

_____

(1) C'est improprement que l'on nommait *venditiones* les adjudications

Cependant, l'expropriation pouvait être appliquée sur le territoire des municipes qui avaient été gratifiés du *jus italicum* et sur le territoire des colonies ro-. maines qui furent toujours constituées à l'image de Rome. (Aulu-Gelle, *Noct.*, lib. XVI, cap. XIII.)

Nous n'aurons, pour nous aider dans nos recherches, qu'un petit nombre de documents obscurs. Aussi, tout est-il controversé dans la question, à commencer par le point de savoir si le principe même de l'expropriation était admis dans le droit romain (1).

---

que faisaient les censeurs romains.« Venditiones olim dicebant censoriæ locationes. » (Festus, Rép. v° *Venditio*, Wiebuhr, t. III, p. 196 ; Savigny, *Possession*, § 12 ; Tit.-Liv., liv. XXXI, 13 ; Giraud, *Recherches sur le droit de propriété*, t. I, p. 159 et suiv. ; Laboulaye, *Hist. du droit de propriété* ; Macé, *Lois agraires chez les Romains* ; Cic. *De lege agraria*).

(1) L'expropriation pour cause d'utilité publique, dit M. Proudhon dans son *Traité du domaine public*, était inconnue chez les romains ; le refus d'un particulier limitait la puissance de l'État. Soit par oubli du législateur, soit à dessein, la volonté de tous était obligée de fléchir devant l'obstination d'un seul citoyen.

M. Dumay, *Commentaire sur les chemins vicinaux*, t. I, p. 194, soutient dans les mêmes termes la même idée qui est également défendue par MM. Laboulaye, *Hist. du droit de propriété*, t. II, p. 2, et de Recy (*France judiciaire*, n°s des 1ᵉʳ avril, 1ᵉʳ mai et 6 mai 1877).

CHAPITRE PREMIER

DU PRINCIPE DE L'EXPROPRIATION

SECTION I. — GÉNÉRALITÉS.

L'histoire de la propriété aux premiers jours de Rome, qui serait de nature à jeter quelque clarté sur la question, n'est pas connue. La propriété fut-elle d'abord collective, fut-elle dès l'origine individuelle, c'est ce qu'il est à peu près impossible de décider.

Si elle avait été collective, si, comme de très bons esprits l'ont pensé, la division des terres n'avait daté que de Numa, s'il avait été dans les usages des peuples dont les Romains sont issus, de regarder la propriété territoriale comme appartenant à l'État qui n'en laissait que la jouissance aux citoyens, l'État aurait tout naturellement continué à disposer des terres après leur division, chaque fois que son intérêt aurait été en jeu. Cette disposition n'aurait point paru choquante à des hommes habitués à ne détenir que la possession du sol.

Mais il est peu à croire qu'il en fut ainsi. Quand Rome fut fondée, la propriété était organisée en Italie. Le culte du dieu Terme, son protecteur, était déjà ancien quand Romulus traça l'enceinte sacrée où devait s'élever la cité, et Rome ne fit que l'emprunter aux Latins (Virg., *Énéide*, XII, 996.) Elle dut leur emprunter de même l'organisation de la propriété. La question est reculée et tombe dans le domaine des hypothèses ; elle revient à se demander ce qu'était la propriété à l'origine des sociétés latines, ce qui ne peut offrir aucune certitude.

Ce qui est probable, c'est que, dès sa fondation, il y eut à Rome une division individuelle de la propriété.

L'opinion qui voudrait que la propriété ait d'abord été collective chez les Romains s'appuie surtout sur une fausse interprétation de trois textes de Plutarque (*Numa* XVI), de Cicéron (*Répub.* II, 14) et de Denys (II, 74.) Ces trois auteurs disent, en effet, que Numa distribua des terres aux citoyens ; mais ils indiquent très clairement qu'il n'eut à faire ce partage qu'à l'égard des terres conquises par son prédécesseur (*Agri quos bello Romulus ceperat*) et non à l'égard du petit territoire primitif de Rome, l'*Ager Romanus* (*Cité antique*, page 63).

S'il en était ainsi, l'histoire de la propriété aux premiers temps de Rome ne peut amener aucun éclaircissement sur notre sujet ; il faut chercher ailleurs des documents.

Il reste à étudier, en dehors des textes, l'organisation sociale romaine, et l'esprit de la législation.

Là toutes les opinions trouvent des arguments, ce qui semblerait devoir en faire écarter l'examen. Cependant, outre qu'il en est un peu de même des textes

dont on voit parfois la même phrase invoquée par
deux auteurs d'opinion opposée et qui discutent sur
un mot que chacun d'eux interprète différemment, les
considérations générales, si peu sûres qu'elles puissent être, sont indispensables dans une étude juridique
quelconque. Il est impossible d'étudier d'une façon
fructueuse une institution détachée d'une législation,
si l'on ne connaît pas l'esprit général de cette législation, l'esprit et surtout les préjugés du peuple chez
qui elle s'est développée et contre lesquels les intérêts
les plus graves peuvent venir se heurter; seulement
elles ont besoin pour pouvoir être utiles d'une grande
bonne foi et d'une grande attention de la part de
celui qui les invoque. Il est nécessaire de ne pas les
étudier d'une façon trop spéciale à son sujet et surtout
de ne pas chercher de parti pris à en tirer des arguments destinés à défendre une opinion préconçue.
Rien en effet n'est aussi élastique et aussi délicat à
employer qu'un argument de principe, quand le principe est un peu vague. Un homme habile en peut
tirer ce qu'il veut : un homme prévenu n'y verra
jamais que ce qu'il a dans l'esprit.

Les auteurs qui soutiennent que l'expropriation
pour cause d'utilité publique fut inconnue chez le
peuple du monde qui fit le plus de travaux publics et
les travaux les plus grandioses, y trouvent de fort
bonnes raisons pour défendre leur opinion ; il semble
cependant qu'on en puisse trouver de meilleures pour
défendre l'opinion contraire en prenant les mêmes
arguments d'une façon plus large et à la condition

de ne pas envisager dans la constitution de la société romaine seulement ce qui se rapporte immédiatement au sujet ; en matière de principes c'est au
plus large qu'il faut remonter ; c'est de celui-là que
dépendent tous les autres.

On a soutenu que l'expropriation pour cause d'utilité publique n'a pas été connue à Rome, soit eu
égard à sa constitution aristocratique, soit· eu égard
au caractère sacré que revêtait la propriété.

La propriété, dit-on, devint assez vite, à Rome,
l'apanage exclusif des patriciens ; la classe moyenne
romaine avait à peu près disparu, disséminée dans les
colonies ou décimée sur les champs de bataille, et
avait fait place à une foule de nouveaux venus, citoyens
de la veille et ne possédant rien.

La propriété se trouva, un siècle avant l'ère chrétienne, concentrée dans les mains de moins de deux
mille citoyens (Cicéron, *De officiis*, II, 21). Or. l'État
romain, de la chute des rois aux guerres civiles qui
préparèrent l'avènement de l'empire, ayant été gouverné par ces patriciens, propriétaires privilégiés
(Cicéron, *De republica*, II, 22), on conclut que la propriété concentrée entre leurs mains dut s'y trouver
parfaitement à l'abri.

Cet argument aurait certainement une grande
force si, dès l'origine, la propriété s'était trouvée concentrée aux mains des patriciens. L'institution aurait
pu alors ne pas naître devant l'opposition d'une minorité intéressée et toute-puissante. Mais cette con-
centration ne s'est produite que lentement à une

époque où, déjà depuis longtemps, la théorie de l'expropriation devait être connue et mise en pratique,
si tant est qu'elle l'ait jamais été chez les Romains.
Cet argument peut seulement permettre de conclure
que son fonctionnement a dû se trouver paralysé,
en fait, aux derniers temps de la république, alors
que des patriciens peu nombreux étaient seuls détenteurs de la propriété foncière.

En outre, comment se ferait-il que les tribuns, toujours à la recherche des moyens de combattre cette aris-
tocratie territoriale, n'aient jamais, dans leurs décla-
mations, souvent si violentes, invoqué cet antagonisme
qui aurait existé entre l'intérêt public qui était aussi
l'intérêt populaire et l'intérêt de cette minorité contre
laquelle ils luttaient?

Objectera-t-on que le respect de l'intérêt privé, du
droit de propriété était si grand, si profondément en-
raciné à Rome, que l'idée de mettre en doute son inviolabilité, ne serait même pas venue à l'esprit d'un
Romain. L'objection n'aurait que peu de poids, et il
suffirait de se reporter à une époque quelconque des
troubles de Rome, pour se rendre compte de la désin-
volture avec laquelle tribuns et dictateurs en agis-
saient à l'égard des particuliers et de leurs droits,
dès qu'ils n'étaient pas retenus par un intérêt
politique.

Quant au caractère sacré de la propriété à Rome,
il n'est pas douteux. Il est aisé de l'établir sans se
livrer à des dissertations bien longues; il suffit de
se reporter au culte si profond rendu au dieu Terme,

le plus ancien de Rome, après celui de Vesta, pour se rendre compte du respect religieux dont on entourait la propriété foncière. Le bornage d'un champ était une consécration. Le dieu Terme prenait possession du champ qu'il devait protéger (*Siculus Flaccus*, éd. Gœz, p. 5). On le plaçait à la limite du champ en lui faisant des offrandes, et son caractère était si respecté qu'une fois posé suivant les rites, il ne pouvait plus être déplacé. La propriété qu'il protégeait devenait sacrée comme lui.

Mais ce n'était pas là un caractère particulier à la propriété. Tout, chez les anciens, revêtait un caractère religieux (Giraud, *Recherches sur le droit de propriété chez les Romains*, t. I, p. 89). A chaque chose était attachée une divinité protectrice à laquelle on sacrifiait. Les choses même les plus indifférentes de la vie étaient mises sous la protection des Dieux. Comment en eût-il été autrement de la propriété, la chose la plus chère à l'homme après la vie et la liberté sans lesquelles il n'en peut jouir. Mais le caractère sacré de la propriété n'implique nullement que l'intérêt ou le mauvais vouloir d'un seul pouvait tenir en échec l'intérêt de ce qu'il y avait de plus grand et de plus respecté dans l'antiquité, de la patrie.

La patrie, elle aussi, elle surtout avait un caractère sacré. Elle était plus sacrée que le foyer domestique lui-même, elle était ce qu'il y avait de plus sacré au monde; elle était la religion par excellence dans ces sociétés antiques où tout était l'objet d'un culte.

« L'amour de la patrie, c'est la piété des anciens »
(Fustel de Coulange, *Cité antique*, p. 236).

De là dérive la nature des gouvernements antiques, sur laquelle on ne s'est peut-être pas assez ap-
pesanti en étudiant la question qui nous occupe. La
forme en varie souvent, le fond reste toujours le
même. Que le chef de l'État fût roi ou consul ou empereur, il fut et avant tout Pontife.

Il était, dans cette organisation sociale où chacun
était prêtre, le chef de la religion nationale, comme le
père de famille était le chef de la religion familiale.

La tradition représenta toujours les rois à Rome
comme des prêtres. Les flamines ne furent institués
par Numa que pour remplacer les rois dans l'exercice
du culte, alors que les guerres les appelaient hors
de Rome. « Le sacerdoce romain n'était qu'une
sorte d'émanation de la royauté primitive » (*Cité antique*, p. 207).

C'est de ce pontificat que dérivait le pouvoir politique des rois, et on peut ainsi se faire une idée de
l'étendue de ce pouvoir.

Le roi était l'homme des prières et des sacrifices
duquel le salut de la cité dépendait. Il ordonnait au
nom des dieux qui l'écoutaient et dont il était en
quelque sorte l'oracle. C'étaient les Dieux qui par-
laient par sa voix. Lui résister c'était déplaire aux
dieux, exciter leur colère, attirer des calamités sur
la patrie et sur soi-même. Et cet homme n'aurait pu
ordonner à un citoyen d'abandonner son bien et de
le donner en sacrifice à la patrie sacrée !

Lorsque le gouvernement changea, que les charges d'abord rassemblées sur la tête d'un seul homme se divisèrent entre plusieurs, la nature du pouvoir ne se modifia pas. Les magistrats qui remplacèrent les rois furent comme eux des prêtres et, comme eux, possédèrent les formules qui doivent apaiser les dieux et les rendre favorables. Comme les dieux avaient choisi les rois, ce furent aussi les dieux qui les choisirent et ils héritèrent de tous les pouvoirs des rois : d'où l'état d'infériorité dans lequel resta le droit public à Rome alors que les autres branches du droit y prenaient un développement si considérable.

Le droit public ne sert qu'à « poser des brides » à la volonté des gouvernants, suivant la pittoresque expression du vieux Guy Coquille, et les gouvernants ne sont jamais soucieux de s'en poser. Le droit administratif à Rome, c'était la nécessité du moment.

Le citoyen était soumis en toutes choses et sans nulle réserve à la cité ; il lui appartenait tout entier. La religion qui avait enfanté l'État, et l'État qui entretenait la religion se soutenaient l'un l'autre et ne faisaient qu'un ; ces deux puissances associées et confondues formaient une puissance presque surhumaine à laquelle l'âme et le corps étaient également asservis (*Cité antique*, p. 262).

On sait quels étaient à Rome les pouvoirs exorbitants du censeur qui distribuait à son gré les citoyens dans les différentes classes de la société romaine et pouvait d'un sénateur faire un plébéien ou changer un citoyen de tribu ou même l'omettre sur les registres du cens. Dans ce cas il était exclu de toutes les cérémonies du culte, tous ses liens avec les autres Romains étaient rompus, il subissait une *media capitis deminutio* et ne faisait plus partie de la cité. Ses liens de famille étaient brisés. Il n'avait plus droit à aucune protection du droit civil. Il ne pouvait plus être propriétaire : sa succession s'ouvrait.

Ne serait-il pas étrange que dans une société où les pouvoirs des magistrats étaient sans bornes ou peu s'en faut, et où la personne des citoyens était aussi soumise à leurs déterminations, qu'il ait pu y avoir même un doute sur la possibilité, pour l'État, de s'emparer, si le besoin s'en faisait sentir, des biens d'un particulier ? D'ailleurs, ces pouvoirs donnés au censeur témoignent-ils d'un respect si absolu de la propriété, et le droit de propriété n'est-il pas atteint gravement par l'omission qu'il pouvait faire d'un citoyen sur ses registres, bien que le dépouillement dont ce dernier était victime n'eût lieu qu'indirectement par voie de conséquence.

On a voulu voir dans cette note du censeur un moyen pour la cité romaine d'amener les citoyens à consentir à l'expropriation de leurs biens, ce qui, pour quelques auteurs, aurait rendu tout à fait inutile l'emploi de l'expropriation forcée.

Ce serait au moins la preuve d'une bien grande faiblesse pour une législation que d'être obligée de recourir à ces moyens détournés pour obtenir un résultat nécessaire et qu'elle pouvait obtenir directe-

ment. Or ce n'a jamais été par la faiblesse que la
législation romaine a péché.

On se demande d'ailleurs comment ce magistrat
qui dispose *arbitrairement* de la nationalité d'un
citoyen et de sa fortune tout entière, ou tel autre
magistrat revêtu de pouvois, peut-être différents mais
non moins étendus, n'auraient pu disposer d'un bien
isolé ou d'une partie d'un bien d'un citoyen, lorsque
l'intérêt public venait à l'exiger.

Sous le rapport de l'étendue, dit Schweppe (*Histoire du droit*, § 156), la puissance de l'État n'était li-
mitée, d'après les idées des Romains, que par sa propre
volonté. Il n'y avait donc pas de droit des particuliers inviolable.

Quel intérêt, d'ailleurs, eût pu s'opposer à l'intérêt
de la patrie, cette divinité adorée avec une ferveur si
grande, synthèse de tous les cultes, protectrice de
tous les intérêts dont aucun ne doit subsister si elle
succombe alors que tout, vie, liberté, propriété dépend
de son salut et de sa prospérité.

Il est d'ailleurs une raison plus forte à elle seule
que toutes les autres ensemble qui doit faire penser
que les Romains pratiquèrent l'expropriation forcée,
c'est la nécessité.

Ce qu'il est permis de croire, seulement, c'est que
si l'idée vint de bonne heure d'exproprier (d'une façon
qui dut être plus d'une fois brutale) un citoyen trop
peu influent pour faire respecter ses biens, l'idée ne
dut venir que fort tard de l'indemniser du sacrifice
qu'on lui imposait.

C'est ce que les textes indiqueront d'une façon plus ou moins claire, après avoir dit si oui ou non nous avons raison de croire qu'il devait exister à Rome une institution qui nous paraît nécessaire au fonctionnement de toute société.

§ 1.

Les textes que nous avons à étudier concernent soit l'État ordonnant et exécutant des travaux publics, soit de simples particuliers ou le chef de l'État en exécutant ou cherchant à en exécuter en leur nom propre pour se faire une popularité.

Les exemples de travaux publics exécutés par de simples particuliers et à leurs frais n'étaient pas rares à Rome, dès les derniers temps de la République. L'empereur Auguste lui-même fit élever, comme simple citoyen, un assez grand nombre de monuments, les uns en son nom, les autres au nom de sa femme ou de sa fille. « *Quædam etiam opera sub nomine alieno, nepotum scilicet et uxoris sororisque fecit.* » (Suétone, *Vie d'Auguste*, ch. xxix.)

Les principaux personnages de Rome, désireux d'illustrer leur nom et d'acquérir de la renommée, imitèrent souvent l'empereur et celui-ci les y exhortait. « Cæteros principes viros sæpe hortatus est, ut pro facultate quisque monumentis vel novis, vel refectis et excultis, urbem adornarent multaque a

2

multis exstructa sunt. » (Suétone, *Vie d'Auguste*, ch. XXIX.)

Auguste restaura ainsi, entre autres, le temple de Jupiter Férétrien fondé par Romulus (Cornelius Nepos, *Vita Attici*, II). On évalue à 100 millions de sesterces (20 millions de francs) les sommes qu'il consacra à construire ou orner ces édifices (Momsen, Berlin, *Res gestæ divi Augusti*). Il aida à reconstruire les villes de Tralles, de Laodicée, et de Paphos, renversées par des tremblements de terre.

Jules César s'était imposé des sacrifices analogues. On lit dans Velleius Paterculus que le vainqueur des Gaulois, voulant se rendre populaire, se montrait prodigue de largesses envers la multitude, achetait des maisons qu'il destinait à l'usage public et élevait avec une grande magnificence des temples aux Dieux.

Il construisit entre autres un temple à Apollon et un portique autour de ce temple (V. P., liv. II, ch. LXXXI), et on peut citer comme exemple un particulier du nom de Lépide qui fit réparer et orner à son compte une basilique (Tacite, *Annales*, liv. III, ch. LXXII).

Ces derniers textes devraient rester en dehors de toute discussion. Il est bien évident que l'État ne peut intervenir ici pour obliger un citoyen à vendre ses biens à un autre citoyen, quel que soit le but que celui-ci se propose. Qu'il ait ou non en vue un intérêt public, son entreprise n'en est pas moins une entreprise privée, qui ne peut avoir d'autres protections que la protection des lois, ce particulier fût-il consul ou empereur. Dans ce dernier cas, si la force était

employée, le fait et son exécution resteraient encore
en dehors du sujet. Les incendies de Néron ne passe-
ront jamais pour des expropriations pour cause d'utilité publique.

Cependant, ces textes relatifs à des entreprises particulières étant invoqués par les auteurs qui soutiennent que l'expropriation fut inconnue à Rome, et
étant même les seuls ou à peu près qu'ils puissent
invoquer, il nous faudra discuter chacun de ceux qui
sont présentés par ces auteurs.

Aucun de ces textes n'est législatif, aucun ne fait
allusion à une loi ou une coutume quelconque; ils nous
rapportent des anecdotes que l'on peut interpréter
différemment, et qui, en dernière analyse, ne semblent
pas être très concluantes, quel que soit le côté sous
lequel on les envisage.

Cicéron, survivant à son ami Atticus, se plaint
d'avoir été obligé de payer un prix fabuleux des terrains de peu de valeur utiles à l'achèvement de travaux d'utilité publique qu'il avait entrepris.

« Cœsaris amici..., in monumentum illud quod
tu tollere laudibus solebas, in forum laxaremus et
usque ad ostium libertatis explicaremus, contempsi-
mus sex centies H. S. Cum privatis non poterat tran-
sigi minore pecunia (Cicero, *Ad Atticum*, liv. IV,
ch. XVI).

Est-il utile de faire ressortir que Cicéron n'était
qu'un particulier, et d'insister davantage sur ce texte ?

Un texte plus important est le passage de Suétone
où il raconte qu'Auguste renonça à son projet

d'agrandir le Forum par suite de la résistance des voisins dont il aurait fallu démolir les maisons. Il semble en effet fournir un argument sérieux.

Auguste, le chef tout-puissant de l'État, devait avoir de graves raisons pour renoncer à un projet qu'il avait formé, devant la seule résistance de quelques particuliers. On argue de là qu'il devait se sentir peu dans son droit, puisqu'il n'a pas agi, et on conclut que la loi ne lui donnait pas le droit d'exproprier les riverains du forum.

C'est justement tout cela qui est à démontrer, et un tout autre mobile a pu faire agir l'empereur.

Tout d'abord, il agissait comme simple particulier (Suétone, *Vie d'Auguste*, ch. xxix). Ensuite, il est manifeste qu'Auguste, le prince le plus adroit et le plus habile politique qui ait jamais existé, savait combien les intérêts individuels sont âpres et susceptibles à l'endroit des biens matériels et surtout des maisons servant à l'habitation. Son pouvoir usurpé avait toujours besoin de se dissimuler. Il devait rencontrer dans ce projet d'embellissement de Rome les demeures de riches citoyens regrettant la liberté perdue. On cédait donc, ici, à des ménagements, à des tempéraments pour ne pas s'exposer à des récriminations de la part des propriétaires de maisons qu'il aurait fallu abattre à l'effet de donner au Forum toute la largeur et toute l'étendue désirable. Ce trait de sa vie, cité par son biographe, n'a évidemment pas d'autre sens, et Suétone, qui n'était pas jurisconsulte, ne se doutait guère, en écrivant les deux lignes citées, du sens qu'on devait leur attribuer (Serrigny, *Droit public et administratif romain*, t. II, p. 250).

La lecture du texte de Suétone le dit elle-même, si toutefois on lit ce texte complet et non tronqué et réduit à de justes proportions. Suétone s'efforce de montrer combien grandes furent l'habileté et la modération d'Auguste : il avait « horreur du nom de maître comme d'une injure ; il tolérait les interruptions au Sénat et il continuait à voter à son rang. »

Tous les pouvoirs autrefois partagés se réunissaient peu à peu sur sa tête, mais il ne voulait rien changer aux anciennes habitudes et il s'efforçait par tous les moyens possibles de ménager la susceptibilité des citoyens influents ; *il renonça à son projet d'étendre et d'embellir le forum...* « Ferebat et ipse suffragium in tribubus ut unus e populo, testem se in judiciis et interrogari et repelli æquissimo animo patiebatur. Forum *angustius fecit, non ausus extorquere possessoribus proximas domos.* Nunquam filios suos populo commendavit : ut non adjiceret, si merebuntur. Eisdem, prætextatis adhuc, assurrectum ab universis in theatro et a stantibus plausum gravissime questus est... » (Suét., *Vie d'Aug.*, ch. LVI).

De plus, ne peut-on pas se demander quelle raison Suétone aurait eue d'admirer la modération d'Auguste qui ne dépossédait point les propriétaires riverains du forum, si ce dernier n'avait pas été en droit de le faire ?

Viennent ensuite deux textes de Cicéron qui, dans

l'un, raille Rullus qui propose, au sujet de sa loi agraire, d'acheter *à l'amiable* des terres pour y fonder des colonies : « Cavet enim vir optimus ne emat ab invito : quasi vero non intelligamus ab invito emere injuriosum esse » (Cicéron, *De lege agraria,* I, 5) ; et dans l'autre, tiré de son traité *Des devoirs,* trace la conduite d'un bon magistrat :

« In primis autem videndum erit ei qui rem publicam administrabit ut suum quisque teneat neque de bonis privatorum publice deminutio fiat » (Cic., *De off.*, II, 21. V. Momsen).

Tout le sens de ce passage repose sur le mot *publice* sur lequel on joue.

Si *publice* veut dire pour cause d'utilité publique, MM. Proudhon et De Recy ont raison ; s'il veut dire dans cette phrase que les magistrats doivent se garder d'accroître le domaine public aux dépens du domaine privé, ils ont tort, et leurs adversaires raison. Mais les uns et les autres s'accusent mutuellement de commettre un contre-sens ; qui viendra trancher le différend ? Quant à l'exclamation du texte *De Rullo*, elle proclame un principe d'une évidence absolue, principe qui est aussi vrai de nos jours qu'il l'était au temps de Cicéron et qui n'a pas de sens spécial et particulier. Ce texte a d'autant moins de portée qu'on sait combien, dans une plaidoirie ou dans un discours, l'ironie adressée à la personne ou à la tendance de l'adversaire bien plus qu'à la phrase moquée, se fait arme de tout et joue sur les mots et sur le sens des phrases.

Il reste enfin un texte de Tite-Live : La construction d'un aqueduc fut empêchée par Licinius Crassus qui ne permit point qu'on dirigeât ce travail à travers son fonds.

« *Censores* locarunt aquam adducendam..... impedimento operi fuit Licinius Crassus, qui per fundum suum duci non est passus. » (Tit., liv. XL, ch. LI.)

Tite Live cite ce fait en racontant les nombreux travaux effectués par Lepidus et Fulvius, censeurs. Ce texte semble établir que l'expropriation pour cause d'utilité publique n'était pas pratiquée chez les Romains. C'est même le seul des textes cités dans lequel on trouve un cas où l'expropriation pourrait s'exercer régulièrement, par la seule force de la loi et indépendamment de toute mesure violente.

Des travaux publics ont été régulièrement décidés, les censeurs ont été chargés de leur exécution et sont arrêtés par le mauvais vouloir d'un particulier. Il est à noter que ces travaux sont relatifs à un aqueduc, par conséquent à une entreprise d'une haute utilité pour la ville de Rome.

Mais ce texte est isolé ; seul, il ne peut servir de base à une théorie, alors que tous les autres sont insignifiants et qu'on en peut trouver qui le contredisent formellement, comme on le verra tout à l'heure. Et puis, Licinius Crassus n'était-il pas un de ces grands personnages devant l'opposition desquels tout s'arrête, soit parce qu'on redoute leur influence, soit parce qu'ils corrompent les magistrats chargés d'exécuter la mesure qui leur déplaît? On sait que les censeurs en question n'étaient pas à l'abri de la corruption.

§ 2.

Les textes qui sont invoqués par les auteurs d'après lesquels l'expropriation pour cause d'utilité publique fut connue et pratiquée à Rome, se rapportent presque tous à l'époque impériale ; deux seulement aux derniers temps de la République.

Cependant, un texte de Frontin (Sextus, Julius, Frontinus, prætor urbanus anno 70, Romæ), relatif à un sénatus-consulte proposé par les consuls Elius Tuberon et Paullus Fabius Maximus, fait allusion à une vieille coutume, et se trouve ainsi, sinon le plus ancien document que nous possédions sur la matière, du moins le document qui nous renseigne sur l'époque la plus reculée.

Frontin vante la sagesse de ce sénatus-consulte qui ordonne de laisser le long des aqueducs un espace libre dont la largeur variera suivant la nature de l'ouvrage, et parle à ce sujet de la coutume des anciens qui, ne voulant point faire tort aux particuliers de cette quantité de terrain *attribuée par la loi au domaine public* (quæ ad modum publicum pertinet), achetaient tout le fonds d'un propriétaire à qui il répugnait d'en vendre une partie, quitte à revendre après tout ce dont l'État n'avait pas besoin.

« Posset hoc senatus consultum æquissimum videri, etiam si ex rei tantum publicæ utilitate ea spatia vin-

dicarentur; multo magis quum *majores nostri*,
admirabili æquitate, ne ea quidem eripuere privatis,
quæ ad modum publicum pertinebant, sed quum
aquas perducerent, si difficilior possessor in parte
vendenda fuerat, pro toto agro pecuniam intulerunt,
et post determinata necessaria loca, rursus eum
agrum vendiderunt; ut in suis finibus proprium jus
tam res publica, quam privata haberent. Plerique
tamen non contenti occupasse fines, ipsis ductibus
manus attulere per... latera passim, tam ii, qui jus
aquarum impetratim habent, quam ii, qui quantula-
cumque beneficii occasione ad expugnandos nunc
abutuntur (1).

« Quod q. Ælius. Tubero. Paullus. Fabius Maximus.
Coss. V. F. aquarum. quæ. in. Urbem. venirent.
itinera. occupari. monumentis. et. ædificiis. et. arbo-
ribus. conseri. q. f. p. d. c. r. i. c. ad. reficiendos.
rivos. specusque. per. quæ. et. opera. publica. cor-
rumpuntur. placere. circa. fontes. et. fornices. et.
muros utraque. ex. parte. vacuus tacius. quinos. denos.
pedes. patere. et. circa. rivo. qui. sub. terra. essent.
et. specus. intra. urbem. et. extra. urbem. si. conti-
nentur. ædificia. utraque. ex. parte. quinos. pedes.
vacuos. relinqui. ita. ut. neque. monumentum. in. his.
locis. neque. ædificium. post. hoc. tempus. ponere.
neque. conserere. arbores. liceret. si. quæ. nunc.
essent. arbores. intra. id. spatium. exciderentur.
præterquam. si. quæ. villæ. continentes. et. inclusæ.

(1) Frontin, *de aquæductibus,* n° 128.

ædificiis. essent. si quis. adversus. ea. commiserit. in. singulas. res. etc. » (Frontin, *De aquæductibus*, n. 127).

Ainsi, de ce texte il résulte : d'une part que la loi attribuait au domaine public le terrain nécessaire aux travaux d'aqueducs, et d'autre part que si un propriétaire répugnait à vendre une parcelle de sa propriété, on la lui achetait en totalité.

On retrouve là, bien clairement écrits, les caractères de l'expropriation pour cause d'utilité publique : 1° l'utilité publique ; 2° le dépouillement du propriétaire ; 3° l'ordre donné par la loi ; 4° le paiement d'une indemnité. Il est à remarquer de plus que ce document se réfère à l'époque de la République où la propriété était le plus respectée.

On objecte (Recy, *France judiciaire*, numéro du 1ᵉʳ avril 1877) que le sénatus-consulte dont parle Frontin ne statue que pour l'avenir, et que tout en ordonnant d'arracher les arbres sur les espaces réservés, il défend de toucher à ceux qui se trouveraient renfermés dans des propriétés closes.

On peut répondre, tout d'abord, qu'il est ici moins question du sénatus-consulte transcrit par Frontin que du commentaire qui l'accompagne, et que ce commentaire fait allusion au passé et rappelle l'usage dans lequel étaient les ancêtres d'exproprier les particuliers pour construire leurs aqueducs. De plus, s'il est vrai que le sénatus-consulte cité défende de toucher aux arbres qui se trouvent renfermés dans des propriétés closes, il ordonne d'arracher tous les autres, sur le terrain qui borde l'aqueduc et où l'on ne pourra plus rien construire ou planter, ce qui constitue au moins pour l'avenir une véritable expropriation.

Ce sénatus-consulte était-il restreint à la construction des aqueducs, s'étendait-il à tous les monuments publics?

C'est ce que nous verrons en temps et lieu.

Deux documents, les bronzes d'Ossuna et l'Édit de Venafrum, viennent encore établir, qu'au moins en matière d'aqueducs, l'expropriation publique était pratiquée à Rome. Ce sont, il est vrai, des fragments de lois coloniales, non de lois relatives à Rome et à son territoire. Mais on sait que les colonies romaines étaient constituées sur le modèle de Rome. La législation civile ou publique était la même. (De Ring, *Mémoires sur les établissements romains du Rhin et du Danube*, t. II, p. 229. — Emile Pesson, *Essai sur l'administration des provinces romaines sous la République.* — Aulugelle, *Noct. att.*, XVI, 13: « coloniæ quasi effigies parvæ simulacraque. ») Cicéron, parlant de Narbonne, s'exprime ainsi : « Est in eadem provincia, Narbo, colonia nostrorum civium, specula populi Romani ac propugnaculum istis nationalibus oppositum. » C'est pourquoi les dispositions des statuts que recevaient les colonies peuvent servir à combler les lacunes que nous rencontrons faute de documents dans la législation romaine.

Les législations coloniales offrent même cette particularité précieuse que bien souvent on a dû y inscrire des dispositions correspondant à des coutumes qui, à Rome, ne furent jamais écrites. On sait que chez les Romains la loi n'intervenait le plus souvent que pour faire revivre une coutume qui commençait à s'effacer où à se défigurer dans la pratique.

Les bronzes d'Ossuna renferment la loi donnée par Jules César à la colonie de Genetiva Julia, qu'il avait fondée en Espagne, 45 ans av. J.-C. Cette loi contient un long paragraphe relatif à l'expropriation pour cause d'utilité publique.

Voici ce passage, traduit par M. Giraud :

« Quand il s'agira de mener des eaux publiques dans la cité même de la colonie de Genetiva, les décurions alors en fonctions devront en référer aux décurions réunis au moins au nombre des deux tiers pour déterminer les propriétés à travers lesquelles il sera permis de diriger les eaux. La décision devra être prise, dans ce cas, à la majorité des membres présents, et, suivant la direction indiquée par le décret, il sera permis de traverser les propriétés privées, en respectant toutefois les constructions non destinées à la conduite des eaux, et nul ne pourra s'opposer à l'exécution des travaux ordonnés dans ces termes par le magistrat.

« Quæ aquæ publicæ in oppido colon (iæ) Gen (etivæ) ad — du — centur, II — vir, qui tum erunt, ad decuriones, | cum duæ partes aderunt, referto, per quos agros | aquam ducere liceat. Qua p[ar]s maior decurion (um), | qui tum aderunt, duci decreverint, dum ne | per it ædificum, quot non ejus rei causa factum | sit, aqua ducatur, per eos agros aquam ducere | j(us) p(otestas) que esto, neve quis facito, quo minus ita | aqua ducatur. » (Bronzes d'Ossuna, p. 23, n° XCVIII.)

L'édit de Venafrum offre une disposition analogue et indique qu'un espace de huit pieds devait rester libre de chaque côté des conduits d'eau et que les propriétaires devaient être indemnisés de tous les dommages que pourraient leur causer les travaux de construction ou de réparation.

Cette dernière disposition, analogue à celle que Frontin mentionne dans son Traité des aqueducs, est à remarquer. Le législateur n'aurait évidemment pas pris le soin de prévenir les magistrats qu'ils auraient à indemniser les particuliers, si ces magistrats n'avaient point eu le droit de les exproprier de force. Il est bien évident que s'ils en avaient été réduits à traiter à l'amiable avec les propriétaires, ceux-ci auraient pu se faire indemniser grassement sans le concours du législateur.

Il est à remarquer, de plus, que cet édit de Venafrum était destiné à une ville d'Italie, émanait d'Auguste et par conséquent date d'une époque où le droit quiritaire était étendu à tout le territoire italien, et où, par conséquent, l'expropriation ne portait plus sur une possession consentie par le peuple romain, et toujours révocable, mais sur la pleine propriété quiritaire. Si le droit de propriété quiritaire avait été inviolable à Rome, il n'y avait aucune raison pour qu'il n'en fût pas de même à Venafrum, qui était régie par le même droit. (Giraud, *Novum Enchiridion*, p. 643 ; Momsen, 4601.)

On trouve enfin dans Cicéron, au *Traité des devoirs* (liv. III, 16), un passage qui indique un cas bien net d'expropriation pour cause d'utilité publique. Les augures ayant eu à exercer leurs fonctions sur le Capitole, ordonnèrent à T. Claudius Centumalus, qui avait une maison située sur le mont Célius, d'en démolir une partie dont la hauteur gênait les observations.

« Ut cum in area augurium augures acturi essent, jussissent que T. Claudium Centumalum, qui ædes in Celio monte habebat, demoliri, ea, quorum altitudo officeret auspiciis, etc. »

Le texte ne dit pas si les augures indemnisèrent Claudius Centumalus, mais ce n'est pas à croire puisqu'il mit sa maison en vente, et que ce fut pour l'acheteur une source de dommages-intérêts. C'est même à ce propos, en tant que vice de la chose vendue, que Cicéron conte cette anecdote.

Dans le droit bysantin les monuments relatifs à la matière sont plus nombreux, plus explicites et ne laissent pas planer le même doute.

On trouve au code Théodosien un grand nombre de lois qui ont trait à l'expropriation (p. ex. § 4, 9, 17, 18, 22, 25, 38, 39, 46, 50, 51 et 53 au titre *De operibus publicis*). L'une d'elles (f. 4 *De operib. publ.*) décide que l'on ne pourra plus bâtir de maisons particulières dans un rayon de cent pieds autour des greniers publics de Constantinople, que des incendies avaient détruits à plusieurs reprises ; et elle ajoute que toutes les maisons actuellement existantes dans ce même rayon devront être détruites.

« Omnis intra centum pedes vicinitus quantum ab horrea si quid constructum fuerit diruatur, quoniam experimentis superrimis super palam factum est, ædificiorum quæ horreis adhærebant incendies, fiscales copias laborasse. »

C'est bien là un cas d'expropiation caractérisé, bien que la question de l'indemnité paraisse y être peu prévue.

Deux constitutions d'une date postérieure, relatives au même sujet, ont été rendues par les empereurs Honorius et Arcadius (f. 38 et 39). Ces constitutions adressées l'une au préfet du prétoire, l'autre au préfet Urbain sont dans le même esprit, et étendent à tous les édifices publics la mesure que la loi 4 n'avait prise que pour les greniers de Constantinople.

« Excellens eminentia tua cuncta privata ædificia quæ conjuncta horreis publicis esse cognoverit dirui ac demoliri præcipiet ; ita ut ex quatuor lateribus privatorum consortio separata sint ac libero spacio secernantur ut a principio fuerint fabricata » (L. 38).

« Ædificia quæ vulgi more paropetasia nuncupantur, vel si qua aliqua opera publicis mœnibus vel privatis sociata cohærent ut ex his incendium vel insidias vicinitas reformidet, aut angustentur spatios platearum, vel minuatur porticibus latitudo, dirui ac prosterni præcipimus » (L. 39).

La loi 50 nous montre l'empereur Théodose dé-
pouillant les particuliers de leurs immeubles pour la
construction du portique des Thermes d'Honorius,
et leur donnant comme dédommagement une vieille
basilique dont la valeur était supérieure à celle de
leur terrain.

« Opus cæptum extruatur, et porticus Thermas Ho-
norianas præcurrat acie columnarum cujus decus
tantum est, ut privata juste negligeretur paulisper
utilitas : sed ne census sui, quisquam intercepta lucra
deploret, sede contrario cum pulchritudine civitatis
etiam fortunas suas auctas esse lætetur, pro loco quod
quisque possederat, superædificandi licentiam habeat :
nam in locum privati ædificii, quod in usum publicum translatum est occupationem basilicæ jubemus
vetustæ succedere, ut contractus quidam et permu-
tatio facta videatur, cum dominus qui suum dederat
civitati, pro eo habiturus sit ex publico, remota omni
formidine, quod inconcusso robore et ipse habere et
quitus velit, tradere habebit liberam facultatem (Loi 50
C. th. *De operib. pub.*). »

On rencontre dans tous ces textes les caractères de
l'expropriation : l'utilité publique. le dépouillement,
l'indemnité.

Une autre constitution du même empereur expro-
prie des particuliers pour la construction des nouveaux
murs de Constantinople et les indemnise en les autorisant à habiter les tours de ces murailles.

« Turres novi muri, qui admunitionem splendi-
dissimæ urbis exstructus est, completo opere, præ-

cipimus eorum usui deputari, per quorum terras idem murus studio ac provisione suæ magnitudinis ex nostræ serenitatis arbitrio celebratur. »

« Eadem lege in perpetuum et conditione servanda ut annis singulis hi, vel ad quorum jura terrulæ demigraverint, proprio sumptu eorum instaurationem sibimet intelligant procurandam eorumque cum publico beneficio potientes, curam reparationis ac sollicitudinem ad se non ambigant pertinere. Ita enim et splendor operis et civitatis munitio cum privatorum usu et utilitate servabitur (loi 51 C. th. *De op. pub.*). »

Je citerai, pour en terminer avec la législation théodosienne, une dernière constitution des empereurs Arcadius et Honorius. Cette loi, qui prévoit également des cas d'expropriation pour cause d'utilité publique, offre ce caractère précieux qu'elle contient une règle générale. Elle décide que le magistrat chargé d'exécuter les travaux publics ordonnés par l'empereur pourra procéder à la démolition des maisons d'une valeur de moins de cinquante livres d'argent. Au-dessus de cette somme il devra en référer à l'empereur afin que celui-ci puisse arrêter les travaux ou leur donner une autre direction, s'il juge que l'indemnité à fournir est trop considérable.

« Si quando concessa a nobis licentia fuerit exstruendi, id sublimis magnificentia tua sciat esse servandum ut nulla domus inchoandæ publicæ fabricæ gratia diruatur nisi usque ad quinquaginta libra argenti pretii ad nostram scientiam referatur, ut ubi amplior poscitur quantitas imperialis exstet auctoritas (loi 96 Th. *De op. pub.*). »

De là il résulte clairement que, tout au moins, la légitimité du principe de l'expropriation n'était pas contestée au temps d'Honorius et d'Arcadius empereurs, le but de cette loi étant de veiller à ce que l'indemnité à payer ne soit pas trop onéreuse pour le Trésor.

A l'opposé de la législation théodosienne, la législation de Justinien nous offrira très peu de documents. On y trouve cependant une novelle fort importante et quelques textes au Digeste (nov. VII ; ajoutez : nov. XX, ch. 1 ; nov. XXV, ch. IV, 31 ; nov. XXVI, ch. IV ; XXX, ch. VIII), dans lesquels on distingue toujours les travaux nouveaux des travaux d'entretien (M. Fresquet, *Revue historique,* t. VI, p. 112).

La novelle VII décide que, dans le cas d'utilité publique, l'empereur peut exproprier même les immeubles des églises. Or, il est à remarquer que, d'après la même novelle, ces immeubles sont inaliénables. Il faut donc admettre que, si des immeubles en principe inaliénables étaient soumis à l'expropriation, à plus forte raison devait-il en être ainsi des immeubles qui se trouvaient dans le commerce: «Sinimus igitur ab imperio si qua communis commoditas est, et ad utilitatem reipublicæ respiciens talis alicujus immobilis rei qualem proposuimus, hoc et a sanctissimis ecclesiis et reliquis venerabilibus domibus et collegiis percipere licere, undique sacris domibus indemnitate servata et recompensenda re eis ab eo qui percipit, æqua aut etiam majore quam data est (nov. VII, ch. II, § 1). »

Les textes du Digeste sont rares. On a voulu voir là un argument pour soutenir que, même au temps de Justinien, l'expropriation n'était pas admise par le droit romain. L'argument porte peu, le Digeste étant un recueil de lois civiles, non de lois administratives.

On cite le f. 11 *De evict.;* le f. 15, § 2 *De reivindicatione* et la loi 33 *locali conducti.*

La loi 11, ayant trait à des fonds provinciaux situés en Germanie et appartenant à l'Empereur, ne rentre pas dans le sujet.

La loi 15 est relative à des assignations de terres aux soldats, et bien que M. Pellat voie dans ce texte un cas d'expropriation (*propriété et usufruit*, p. 170), je l'écarterai, les assignations de terre n'étant pas des expropriations. Les unes, on le sait, qui eurent lieu pendant les guerres civiles, ne furent qu'un dépouillement violent des propriétaires, basé sur le droit du plus fort, et n'eurent d'autre consécration que le temps, d'autre valeur légale que celle du fait accompli.

Les autres eurent lieu sous Auguste, qui, pour récompenser les légions, acheta sur sa cassette particulière, ou sur les deniers de l'État, des terres qu'il leur distribua.

Dans un cas comme dans l'autre, aucune trace d'expropriation.

Le troisième texte, la loi 33 *Locati conducti* est

discuté. « Si fundus, quem mihi locaveris, *publicatus sit*, teneri te de actione ex conducto, ut mihi foris liceat, quamvis per te non stet. Quominus id præstes. »

Toute l'argumentation repose sur le sens du mot *publicatus*. Que signifie-t-il dans la phrase? Beaucoup d'auteurs le traduisent par confisqué. Dans ce cas, il ne reste plus aucune trace d'expropriation dans ce texte. Cependant, le sens plus général du mot *publicare* est : attribuer au public, exproprier. D'ailleurs, la confiscation étant une peine, celui qui la subit est en faute. La confiscation ne peut donc pas être regardée comme un cas de force majeure comme la *publicatio* de la loi 33. L'individu dont les biens ont été confisqués est responsable de sa faute qui a entraîné la confiscation.

Ainsi, pour les premiers temps de la législature romaine on n'a que de simples présomptions. Aucun texte, aucun indice certain. Cependant, il est probable que l'expropriation pour cause d'utilité se pratiquait, sauf peut-être l'indemnité.

Sous la république et l'empire elle dut se pratiquer d'une manière générale. Elle se pratiqua tout au moins en matière d'aqueducs.

Sous le Bas-Empire de nombreux textes en établissent l'application constante.

On objecte qu'aucun texte ne pose les principes de la matière. Tous règlent des situations, des hypothèses spéciales, des cas, si l'on veut, d'expropriations, non l'expropriation. C'est exact. Mais aucun de ces textes, au moins de ceux que j'ai invoqués au cours de cette étude, ne signalent ces cas d'expropriations comme des mesures d'exception. On n'y trouve, au contraire, que l'application d'une règle qui n'est écrite nulle part et qu'on lit partout.

Les textes ne posent pas le principe, ils le supposent.

CHAPITRE II

DE L'APPLICATION DE L'EXPROPRIATION.

Le principe admis, quels étaient les modes d'application? Dans une question où le principe même est discuté faute de documents, où tout est et reste vague, les modes d'application seront plus difficiles encore à déterminer que le principe. Tout d'abord, y eut-il jamais des règles de détail sur ces questions dans le droit romain? Il est permis d'en douter; en tout cas n'en reste-t-il guère de traces. Il était, d'autre part, peu dans l'esprit romain de limiter l'action des magistrats, à l'arbitraire desquels l'application de l'expropriation dut toujours rester soumise. (Serrigny, *Traité du droit public et administratif des Romains*, t. II, p. 257.)

Cette deuxième partie sera donc consacrée plutôt à la recherche du *quod plerumque fit* que de règles fixes et invariables.

§ 1. — Au profit de qui l'expropriation peut-elle être exercée?

Le principe étant admis, il devient évident que l'État peut, s'il y est intéressé, exercer l'expropriation. De toutes les collectivités qui peuvent exister dans une société humaine, l'État est la plus importante, et son utilité doit être tout d'abord respectée. L'intérêt de l'État c'est l'intérêt de tous.

L'expropriation au profit de l'État put s'exercer sur l'*ager romanus* seul jusqu'aux guerres sociales, sur le sol italique tout entier des guerres sociales à Caracalla, puis enfin sur le sol tout entier de l'empire. On sait qu'avant les époques qui viennent d'être indiquées, l'expropriation ne pouvait s'appliquer aux fonds provinciaux, parce que ces derniers appartenaient au peuple romain qui en les reprenant sans indemnité ne faisait qu'agir en propriétaire.

L'Édit de Vennafrum et les bronzes d'Ossuna ont établi que l'expropriation pour cause d'utilité publique pouvait avoir lieu au profit des colonies. Pouvait-elle avoir lieu au profit des municipes, des *vici*, des *pagi*!

Tout d'abord, il fallait, pour qu'elle pût y avoir lieu, que ces municipes, *vici et pagi* jouissent du *jus Italicum* afin que le sol fût susceptible d'être l'objet d'un droit de pleine propriété de la part des détenteurs, ce qui fut l'exception avant que l'Italie puis l'empire eussent reçu le droit de cité. Dans le cas contraire, les municipes, etc., n'auraient pu qu'être en possession d'une institution analogue, sorte de délégation du pouvoir qu'avait le peuple romain de reprendre aux concessionnaires leurs concessions dans le cas où il le jugerait convenable.

Il est d'ailleurs impossible de rien déterminer devant l'absence de tout document, eu égard à la diversité qui existait dans l'organisation des provinces.

Cependant, on trouve un exemple d'expropriation dans l'intérêt des municipes à la loi 27 § 3 Dig. *de Usufructu*, liv. 7, tit. 41, 1 dans laquelle Ulpien décide que l'usufruitier devra supporter les pertes dérivant de certaines circonstances, entre autres celle provenant de l'obligation où il se trouve de fournir des vivres aux armées de passage ou *de vendre des denrées aux municipes à un prix minime*. Ce passage est relatif à un mode particulier d'expropriation que nous étudierons en temps et lieu ; la loi 3 cod. Just. *Ut nemini liceat*, liv. 10, tit. 27, décide également que, bien qu'en principe les habitants d'une ville ne soient point tenus de fournir des denrées alimentaires aux villes voisines, cette règle doit fléchir en présence d'une disette ou d'autres considérations exceptionnelles. Dans ce cas ces denrées seront vendues au prix qu'en auraient obtenu les propriétaires dans leur propre ville.

§ 2. — Dans quel cas l'expropriation peut-elle avoir lieu?

Frontin nous apprend que l'on pouvait exproprier pour construire des aqueducs. On a prétendu que le sénatus-consulte qu'il cite et que nous avons déjà étudié était tout spécial à la matière. Cela peut être ; mais il est à croire que quelque disposition analogue devait s'appliquer aux grandes routes, par exemple, dans lesquelles, on le sait, la ligne droite était toujours suivie, ce qui n'eût pas été possible si la mauvaise volonté d'un particulier avait pu arrêter les travaux entrepris.

Les textes du droit bysantin offrent des exemples d'expropriation pour tous les genres de travaux publics.

§ 3. — Sur quoi l'expropriation pouvait-elle porter ?

L'expropriation pouvait porter sur les immeubles. Les textes cités l'ont suffisamment démontré. Elle pouvait également porter sur des matériaux de construction ou même sur des meubles quelconques.

« Quod. Q. Ælius. Tubero. Paullus. Fabius. Maximus. Coss. V. F. de. rivis. specubus. fornicibusque. Juliæ. Marciæ. Appiæ. Tepulæ. Anionis. reficiendis. q· d. e. r. f. p. d. e. r. i. c. uti. cum. Il. rivi. fornices. quos. Augustus. Cœsar. se refecturum. Impensa sua. Pollicitus. Senatui. est. reficerentur. ex. agris. privatorum. terram. Limum. Lapidem. testam. arenam. ligna. ceteraque. quibus. ad. eam. rem. opus. esset. unde. quæque. eorum. proxime. sine. injuria. privatorum. tolli sumi. portari. possint. viri. boni. arbitratu, œstimata. darentur. tollerentur. sumerentur. exportarentur. et. ad. eas. res, omnes. exportandas. earumque. rerum. reficiendarum. causa. quotiens. opus esset. per. agros. privatorum sine. injuria. eorum itinera. actus. paterent. darentur. (Frontin, n° 125.)

Les exemples d'expropriation mobilière sont fréquents dans la législation romaine.

Les propriétaires pouvaient être contraints de fournir des chevaux et des vivres aux armées. F. 18,

§ 21 *Muneribus* et f. 27, § 3 Dig. *De usufructu.* Les habitants d'une ville pouvaient être obligés de vendre pour un prix déterminé leurs denrées à une autre cité qui souffrait d'une disette. (2. *Code Just.* liv. 10, tit. 27, conf. loi 2 *Code Theod.* liv. 12, tit. 15.)

Tibère ordonne aux marchands de blé de ne point vendre au-dessus d'un prix déterminé, en leur promettant une indemnité. « Sæviteam annonæ incusante plebe, (Tiberius) statuit frumento pretium quod emptor penderet, binosque nummos se additurum negotiatoribus in singulos modios. » (Tacite, *Annales*, liv. II, ch. LXXXVII.)

On trouve même dans une constitution adressée en 390 par l'empereur Valentinien à Polemius, préfet d'Illyrie, un exemple assez curieux d'expropriation mobilière. Lorsqu'une ville importante, une capitale de province, par exemple, se trouvait à bout de ressources, elle pouvait puiser dans la caisse des cités moins considérables. « Quotiens clariores urbes per singulas quasque provincias expensis propriis et vectigalibus, majorem pecuniam absolvendi cujuslibet operis necessitate deposcunt id ex minorum viribus vindicetur. » (Loi 26. C. Th. *De operibus publicis.*)

C'est relativement aux esclaves que l'on trouve le plus grand nombre d'exemples d'expropriations mobilières.

Dans certains cas, on expropriait les esclaves pour les mettre à la torture et les faire témoigner contre leurs maîtres, de telle façon que, n'étant plus sous la puissance de l'accusé, leur déposition ne puisse en être influencée.

« Ratio autem publicandorum servorum ea est, ut
sine ullo metu verum dicant, et ne dum timeant se
in reorum potestatem regressuros, obducent in quæs-
tione ; — non tamen prius publicantur quam quæstio
de illis habita fuerit ; — sed se et servi accusatoris si
de his quæstio habita sit publicantur. » (Fr. 27, § 11,
12, 13, 14 ; *De quæstionibus*, Dig., liv. XLVIII, tit. v.)

Silanus, proconsul d'Asie, étant accusé de concus-
sion et poursuivi en outre comme coupable du
crime de lèse-majesté, l'accusateur public acheta ses
esclaves afin de les soumettre à la torture et de leur
arracher quelque aveu compromettant pour leur
maître. (Tacite, *Annales*, liv. III, chap. LXVII.)

Lorsque les esclaves que l'on voulait faire torturer
pour prouver un crime appartenaient à un autre-in-
dividu que l'accusé, on pouvait toujours les acheter
sans que le maître pût, en refusant le prix, arrêter le
cours de la justice criminelle.

« Si postulaverit accusator ut quæstio habeatur de
servo adulterii accusato, sive voluerit ipse interesse,
sive noluit, jubent judices eum servum æstimari, et
ubi æstimaverint, tantam pecuniam et alterum tantum eum qui nomen ejus servi detulerit, ei ad quem
ea res pertinet dare jubebunt. » (Fr. 27 in prin. D.
De adulteriis, liv. XLVIII, tit. v.)

Le fisc achetait l'esclave qui dénonçait le faux
monnayeur (L. 2 Cod. *Pro quibus causis*, liv. VII, tit. XII)
et celui qui faisait retrouver un déserteur (F. 4 Cod.
Pro quibus causis, liv. VIII, tit. XIII) et leur donnait la
liberté.

L'utilité publique est ici l'intérêt qu'a la société de découvrir les coupables et de les châtier. Elle promet donc aux dénonciateurs esclaves la liberté, pour encourager la dénonciation. On retrouve également dans ces cas le dépouillement du propriétaire et l'indemnité.

On affranchissait de même l'esclave qui avait dénoncé le meurtre de son maître. (L. 1, Cod. Just. *Pro quibus causis*, liv. 7, tit. 13.) Cette loi ne parle point d'indemnité. Il est probable que les héritiers n'en recevaient pas. La famille avait comme la société intérêt à ce que le coupable fût découvert et puni.

De même l'esclave qui dénonçait le rapt d'une jeune fille alors que les parents gardaient le silence obtenait la liberté. Dans ce cas encore la loi ne parle pas d'indemnité.

Cependant, il peut se présenter deux hypothèses : ou l'esclave appartenait aux parents de la jeune fille enlevée, ou il appartenait à un tiers. Dans le premier cas on conçoit que les parents qui, par une raison ou une autre, se rendaient complices d'un crime en gardant le silence, ne soient point indemnisés de la perte de leur esclave : ils sont en faute.

Mais dans le second cas il serait juste d'indemniser le tiers, qui ne devrait point être lésé. L'était-il ou non? Le texte étant muet, il est permis de faire toutes les suppositions. L'État donnait encore la liberté à un esclave qui avait dénoncé un complot (Val. Max. V, VI, § 8, tit. xxxii, 26).

Il arrivait aussi que dans des moments difficiles l'État appelait sous les drapeaux les esclaves : les propriétaires étaient indemnisés (Tit., liv. XXII, tit. 56).

L'esclave commun à plusieurs maîtres se trouvait émancipé par ce fait qu'un seul de ses maîtres l'avait affranchi. Cette disposition ne date que de Justinien. Elle est contraire absolument à la décision primitive du droit romain qui décidait que dans le cas où un propriétaire d'un esclave affranchirait cet esclave, sa part accroîtrait à ses copropriétaires. (Loi 1, Cod. *De communi servo manu misso*, liv. 7, tit. 7.)

Le citoyen qui accusait un esclave d'adultère devait fournir au maître de cet esclave une indemnité en argent plus un esclave de la même valeur. (Loi XXVII. Dig. *De adulteriis*, liv. XLVIII, tit. 5.)

Le christianisme, qui améliora le sort des esclaves, fit introduire dans la législation un certain nombre de cas nouveaux dans lesquels les esclaves étaient affranchis par le pouvoir social.

Un rescrit d'Antonin le Pieux (Institutes, liv. I, tit. viii, § 2) enjoint aux gouverneurs de faire vendre *bonis conditionibus* les esclaves maltraités par leurs maîtres et qui se sont réfugiés près de la statue de l'empereur.

Par analogie avec ce rescrit il fut décidé que lorsqu'un maître prostituerait malgré elle une esclave chrétienne, elle serait vendue, mais seulement à des membres du clergé ou à des chrétiens d'une moralité reconnue. (Loi I, Cod. Théod. *de Lenonibus.* liv. XV, tit. 7.)

Les évêques et les magistrats furent chargés de l'exécution de cette mesure. (Loi II au même titre.)

On sait que, d'après le droit romain primitif, le maître avait le droit de prostituer ses esclaves, même malgré une clause contenue dans l'acte de vente. Ce ne fut que sous l'empereur Adrien que l'on accorda la liberté à la femme esclave prostituée par son maître malgré une clause de l'acte de vente (L. I, C. *Si mancipium ita vencerit*, liv. IV, tit. LVI).

M. de Fresquet voit dans ces deux dernières hypothèses des cas d'expropriation pour cause d'utilité publique. Je ne puis partager son avis. Il n'y a point ici une expropriation, mais une peine infligée à un individu qui s'est rendu coupable d'un acte regardé comme répréhensible, en même temps qu'un acte de protection à l'égard d'une esclave que sa religion devait faire regarder avec plus d'intérêt par le législateur à une époque où le sort de tous les esclaves commençait à le préoccuper.

M. de Fresquet cite un dernier cas assez curieux dans lequel le maître perdait, par une raison purement religieuse, la propriété de son esclave.

Une loi défendait aux juifs, étant païens, d'avoir des esclaves chrétiens. S'ils en avaient, ces esclaves devenaient libres. S'ils avaient des esclaves païens, juifs ou hérétiques ils n'avaient qu'à se convertir à la religion chrétienne orthodoxe pour devenir libres *ipso facto*. Dans tous ces cas, le maître ne recevait aucune indemnité.

Etait-ce bien là une expropriation ? Pas d'indemnité, et intérêt social douteux.

« Jubemus ut nullus judæus vel paganus, vel hæreticus servos christianos habeat : quod si inventi in tali reatu fuerint, sancimus servos omnibus modis liberos esse... Si quis ex prædictis judæis, vel paganis, aut hæreticis habuerit servos nundum catholicæ fidei sanctissimis mysteriis imbutos, et prædicti servi desideraverint ad orthodoxam fidem venire, postquam catholicæ ecclesiæ societati fuerint, in libertatem modis omnibus ex præsenti lege eripiantur.... nihil pro eorum pretiis penitus accipientibus dominus. » (Loi 6, § 3, C. *De episcopis et clericis*, liv. i, t. III.)

§ 4. — Par qui était ordonnée l'expropriation.

Pour les premiers temps de Rome, on ne peut rien préciser. On peut cependant supposer que les grands travaux d'utilité publique étaient décidés suivant la forme adoptée pour la confection des lois. C'était ainsi que se tranchaient toutes les questions dont l'importance était telle qu'elle pût intéresser l'Etat.

Les magistrats chargés de l'exécution de ces travaux étaient ceux qui prononçaient l'expropriation. C'étaient peut-être les rois d'abord, puis les consuls. Plus tard, ce fut le sénat qui vota les grands travaux d'utilité publique, déterminant la somme à y attribuer et choisissant les magistrats qui devaient les diriger.

« Post biennium deinde actum est in senatu de consummando ejus aquæ opere... tum ex senatusconsulto decemviri aquæ perducendæ creati sunt : Curius qui eam locaverat et Fulvius Flaccus... cum Appiæ Anionisque ductus vetustate quassati privatorum etiam

fraudibus interciperentur, datum est a senatu nego-
tium Marcio, qui tunc prætor inter cives et peregrinos
jus dicebat, eorum ductuum reficiendorum et vindi-
candorum. Et quoniam incrementum Urbis exigere
videbatur ampliorem modum aquæ, eidem mandatum
a senatu est, ut curaret quatenus alias aquas quas
posset, in Urbem perduceret per ampliores ductus. Le-
gimus apud Fenestellam in hæc opera Marcio deretum
sestercium IV et octogies » (Frontin, *De aq.*, n° 6 et 7).

Ces magistrats étaient le plus souvent les censeurs.
C'est eux qui dans l'organisation sociale romaine
étaient le plus spécialement chargés de l'exécution
des travaux publics ou plutôt de sa surveillance. On
mettait généralement cette exécution en adjudica-
tion. (Tables d'Héraclée, texte de Blondeau, p. 82, et
Frontin.)

« Censores censum idibus decembribus, severius
quam ante habuerunt... Ad opera publica facienda,
quum iis dimidium ex vectigalibus ejus anni attribu-
tum ex *senatusconsulto*, a quæstoribus esset. Sem-
pronius ex ea pecunia, quæ ipsi attributa erat, ædes
P. Africani posse veteres ad vertumni signum.

« Carvienasque et tabernas conjunctas *in publicum*
emit, basilicamque faciendam curavit, quæ Sempronia appellata est (Tit. Liv., l. XLIV, ch. XVI). '

« .... Opera deinde facienda, ex *decreta* in eam rem
pecunia, lacus sternendos lapide, detergendasque,
qua opus esset, cloacas, in Aventino et in aliis parti-
bus, qua nundum erant faciendas locaverunt et sepa-
ratim Flaccus molem ad Neptunias aquas, ut iter po-

pulo esset, et viam per Formianum montem. Cato
atria duo, Mœnium et Titium in Lautumiis, et quatuor tabernas in publicum emit; basilicamque ibi
fecit quæ Porcia appellata est (Tit. Liv. XXXIV-
XLIV). Censores vacui ab operum locandorum cura,
propter inopiam ærarii. » (Id., XXIV-XVIII.)

A défaut des censeurs cet office était rempli par
d'autres magistrats, souvent des préteurs ou des édiles,
quelquefois même des consuls. (Cicéron, *contre Verrès*,
liv. I, ch. xlix à lxviii.) On se rappelle que les augures pouvaient ordonner l'expropriation. (Cicéron, *De
officiis*, liv. III, § 16.)

Ce fut le censeur Appius qui fit exécuter l'aqueduc
qui porte son nom. (Frontin, *De Aq.*, n° 6.) Le censeur
Curius Dentatus fit un traité pour conduire l'Anio dans
Rome (Frontin, n° VI-VII) et l'aqueduc qui fit venir
au Capitole l'eau appelée Tepala fut aussi construit
par des censeurs (Frontin, n° 8). Ce furent encore des
censeurs qui édifièrent les basiliques Sempronia et
Porcia (Tit.-Liv., l. XXXIX, ch. lxiv et XLIV, ch. xvi).

Les édiles avaient pour principale mission de sur-
veiller et d'entretenir les travaux édifiés par les censeurs.

« Ædilis curulis ædilis plebis... inter se paranto aut
sortiunto qua in parte Urbis, quisque eorum vias pu-
blicas, in urbe Roma propiusve urbem Romani passus
mille reficiundas sternendas curet, ejusque rei procu-
rationem habeat. » (Table d'Héraclée, Blondeau, textes relatifs au droit antéjustinianéen.)

Pendant les premiers temps de l'empire il n'y eut

rien de changé. Le changement de forme gouverne-
mentale s'était opéré par une transition douce presque insensible. Le sénat, les consuls, les préteurs con-
servèrent au moins en apparence leur rôle dans l'État.
Les travaux publics furent encore décrétés par le
sénat.

« Eodem anno, continuis imbribus auctus Tiberis
plana urbis stagnaverat; sed remedium coercendi
fluminis Ateio Capitoni et L. Arruntio mandatum
(Tit. Liv., *Annales*, 1, LXXVI). Actum deinde *in senatu*
ab Arruntio et Ateio an, ob moderandas Tiberis exun-
dationes, verterentur flumina et lacus per quos augcs-
cit » (*Idem,* ch. LXXIX. Adde Suétone, *Tibère,* ch. XXX;
Paul. fr. 23 *De aquæ.* Dig. liv. XXXIX, tt. III).

Mais l'importance du sénat diminua graduelle-
ment devant le pouvoir de plus en plus absolu des
princes. Sous le Bas-Empire, l'empereur seul ordonne
l'expropriation, sauf, pour les maisons, celles dont
l'indemnité ne devait pas dépasser 50 livres d'argent.

Loi 30, cod. Th. *De operibus public.* liv. XV, tit. X et
loi 9, cod. Just. *De op. pub.* liv. VIII, tit. XVI. — Fr. 3,
§ 1, D. *De op. publ.* liv. L, tit. X. — Nov. VII, ch. II,
§ 1. — Nov. CXX, ch. I. — Nov. XXV, ch. IV, § 1. —
Nov. XXVI, ch. IV. — Nov. XXX, ch. VIII, loi II. *De
op. public.* — Lois 31, 37 eod. cod. Theod. liv. XV,
tit. I; loi 13 *De op. public.* Cod. Just. liv. VIII, tit.
XIII. Les constitutions impériales ont remplacé les sé-
natus-consultes.

Le magistrat chargé de l'exécution des travaux est
habituellement le préfet de la ville ou le préfet du

prétoire. (L. 50, Cod. Théod. *De op. pub.*; L. 53 ;
L. 39 ; L. 51 ; L. 38 Cod.)

§ 5. — Forme de l'expropriation.

M. de Fresquet pense que lorsqu'il s'agissait de
travaux importants, on commençait par faire une
enquête de commodo et incommodo. Ici encore il est
à peu près impossible de préciser. Quelques textes
font bien mention de renseignements pris par l'autorité avant que de commencer les travaux (Tacite,
liv. I, ch. LXXIX ; L. 34, Cod. Just. *De ædif. privat.*,
liv. VII, tit. x). Mais était-ce bien une enquête de commodo ou n'était-ce pas plutôt des renseignements pris
par le pouvoir dans son propre intérêt et sans qu'il y
soit contraint par aucune règle ou par aucun usage ?

Ce genre d'enquête paraît tout au moins en désaccord avec le caractère absolu des gouvernements
antiques. Eût-elle été en usage sous la république
qu'elle aurait dû cesser de l'être sous l'empire.

Quant à la dépossession, elle devait avoir lieu en
vertu de l'*Imperium* du fonctionnaire qui désignait
les terrains sur lesquels devaient porter les travaux.

Quelquefois, ces terrains étaient désignés par la
constitution impériale qui les prescrivait.

§ 6. — Indemnité.

Il paraît difficile de dire si, sous les Rois et aux
premiers temps de la République, les propriétaires

dépouillés étaient indemnisés. Cela est peu probable.
Cependant M. Von Ihering (*L'Esprit du droit romain*,
t. II, p. 70) pense que même dans la pratique les
droits des particuliers furent toujours respectés; et
Sweppe (*Das Romische privatrecht*, I, § 1) a rassemblé
quelques passages des sources pour prouver que les
Romains reconnaissaient la nécessité de ménager les
droits acquis.

Il est permis de penser que, vers l'époque à laquelle
remontent les documents les plus anciens que nous
ayons, époque bien vague puisqu'elle n'est déterminée
que dans une phrase de Frontin qui parle d'un usage
des « ancêtres » qui se place sous la République, l'u-
sage d'indemniser dut prendre droit de cité dans la
procédure de l'expropriation. Un grand nombre de
textes en parlent, beaucoup y font allusion, quelques-
uns l'excluent ou n'en parlent pas.

Frontin, 128 — 125. L. 53 Cod. Théod., *De operib.
public.*, liv. XV, tit. i. Nov. VII, ch. ii. Inst. Loi 1,
et 2 Cod. Théod. *De lenonibus*, liv. XV, tit. viii.
— Lois 1, 2 et 3, Cod. Théod. *Pro quibus causis servi*,
liv. VII, tit. xiii. — L. 2 Cod. Just. *Ut nemini liceat*,
liv. X, tit. xxvii. — *Basilique*, liv. LVI, tit. ix,
ch. 2. L. 53, § 3 Cod. Just. *de Episcopis*, liv. I, tit.
iii. — *Suétone*, ch. viii, fr. 7 Dig., *De officio præsid.*,
liv. I. tit. xviii et L. 4. *De jure reipublicæ*, liv. XI,
tit. xxix.

a. En quoi consistait l'indemnité.

Cette indemnité consistait quelquefois en argent
(L. 53 Cod. Théod. *De op. pub.* l. 2 Cod. *Ut nemini*

liceat; Frontin, *Aquæduct.*, n° CXXVIII. L. 1 § 2 Cod. *De communi servo manumisso*), quelquefois en des dispenses d'impôts (l. II Cod. Just. *Ut nemini liceat*), quelquefois dans des concessions de droits, pas toujours très rémunérateurs, mais souvent fort curieux.

Théodose autorisa les propriétaires dont il avait pris les terrains pour édifier le portique d'Honorius, à construire des habitations au-dessus de ce monument. (L. 50 Cod. *De op. publ.*, liv. XV, tit. I.)

De même il autorisa les propriétaires expropriés pour la construction des nouvelles murailles de Constantinople à habiter les tours qui en dépendaient. Il donna même à des citoyens expropriés une vieille basilique en échange de leurs terrains. (C. Cod. Thëod. *De op. publ.*)

b. Par qui était fixé le montant de l'indemnité ? M. de Fresquet pense que le montant de l'indemnité était déterminé en cas de contestation par ce que nous appellerions, chez nous, l'autorité judiciaire ; qu'en d'autres termes, il y avait un procès pour établir *quanti res erat.* M. Serrigny est d'un avis contraire et son opinion paraît vraisemblable.

En premier lieu, cette façon d'agir n'a rien qui soit conforme aux habitudes du gouvernement romain. En second lieu aucun indice ne permet d'en décider ainsi.

M. de Fresquet cite à la vérité un texte où le juge détermine l'indemnité, mais ce texte traite d'une matière spéciale et sa décision ne peut être généralisée. C'est la loi I du Code, liv. VII, tit. VII, qui est relative à l'affranchissement de l'esclave commun. Dans ce cas, il est naturel que l'indemnité soit réglée par le juge. Il y a un procès entre particuliers et c'est devant le juge qu'il est porté. Ce procès porte sur le quantum de l'indemnité, le juge le termine en la fixant. Il y a bien loin de là au cas où l'autorité compétente aura ordonné l'expropriation. Ce cas, par exemple, des augures contraignant Centumelus à abattre sa maison, ou de l'empereur expropriant des particuliers pour construire sur leur terrain un aqueduc, ou édifier une basilique.

Dans le cas prévu par le texte que cite M. de Fresquet à l'appui de son opinion, l'intérêt de l'État n'est point en jeu, relativement au moins à l'indemnité. Cette dernière est en effet fournie par un particulier, le trésor n'est par conséquent pas exposé à débourser, sur l'estimation d'un tiers, une somme supérieure à celle qu'il veut donner.

Un texte de Frontin (*De aquæduct.*, n° 125) parle bien d'une indemnité appréciée *boni viri arbitratu* et un plébiscite cité par Denys d'Halicarnasse (liv. X, ch. vii, § 5) portait que le particulier qui aurait construit sur un terrain du domaine public et serait obligé à démolir, recevrait une indemnité égale à sa dépense et fixée par expert.

Mais cela ne permet pas de conclure à une règle générale. On voit au contraire que souvent l'indemnité est fixée par la loi elle-même. On se rappelle que les habitants d'une ville qui sont obligés de vendre leurs denrées à une autre ville dans laquelle sévit la famine, en recevront le prix qu'ils auraient trouvé dans leur propre cité (L. 2, C. *Ut nemini liceat*, liv. X, tit. xxvii). Lorsqu'un individu voulait exploiter des carrières de marbre sur le terrain d'autrui, la loi fixait à un dixième du produit de l'exploitation la somme dont il était redevable au maître du terrain (L. 1, C. Th. *De metallis*, liv. X, tit. xix), et si l'on réfléchit, que malgré les principes proclamés par la constitution de 1791, ce n'est que depuis la loi du 8 mars 1810, que l'indemnité est calculée judiciairement chez nous, il est difficile d'admettre qu'il en fut autrement sous le gouvernement absolu des empereurs ou même sous la République, sous laquelle le respect des droits des citoyens était grand, mais l'omnipotence de l'État absolue (Serrigny, 257. — Schweppe, *Hist. du droit*, § 155).

Il est plus probable que dans tous les cas où la loi ne déterminait pas l'indemnité ou n'ordonnait pas l'intervention d'un arbitre, le montant de l'indemnité devait être réglé par le magistrat qui expropriait.

M. de Fresquet pense que, à partir de leur création, sous Nerva, les questions d'indemnité durent être jugées par le préteur chargé de statuer sur les questions pendantes entre le fisc et les particuliers. Rien ne l'indique, et on ne peut en cela, comme en tant d'autres choses relatives à notre sujet, que faire des suppositions.

§ 7. — Par qui l'indemnité était payée.

L'indemnité dut être payée, le plus souvent, par les questeurs, qui étaient détenteurs des fonds destinés aux travaux publics.

§ 8. — L'indemnité était-elle préalable à la dépossession.

Il paraît difficile de poser une règle générale. Quelques textes exigent le paiement préalable (Frontin, n. 128 ; *Ulpien*, Fr. xiii, *Commun. præd.* D. liv. VIII, tit. iv ; L. 2, Cod. Just. *Ut ne, mini liceat,* liv. X, tit. xxvii).

Bien souvent, par sa nature même, l'indemnité ne pouvait être préalable, par exemple quand elle consistait en dispenses d'impôts, en rentes, en droit d'habitation ou droit de construire.

D'ailleurs, dans la plupart des cas, les textes sont muets. On peut faire toutes les suppositions, on n'en peut vérifier aucune.

M. Serrigny (*Dr. pub.*, p. 257) pense que, au moins sous l'empire, le paiement au préalable était chose inconnue. C'est peut-être aller loin. M. de Fresquet est d'avis que le paiement préalable doit être considéré comme la règle générale ; c'est peut-être aussi aller un peu loin, puisque d'un côté comme de l'autre on manque de preuves.

Il est à croire que l'arbitraire dut souvent trancher les difficultés qui pouvaient se produire, en matière d'indemnité comme en toute autre matière. D'ailleurs le fisc ne devait pas toujours être embarrassé de payer les indemnités, dont les magistrats qui expropriaient savaient quelquefois se préoccuper fort peu ; les augures du mont Célius en sont la preuve.

En résumé, l'expropriation s'exerça certainement au profit de l'État et des colonies romaines. Elle eut lieu sous la République pour la construction des aqueducs, les textes en témoignent, et dut pouvoir l'être chaque fois qu'un intérêt l'exigeait. Elle portait sur les immeubles et sur les meubles, par exemple sur les matériaux, les denrées, les esclaves. Elle était ordonnée sans doute par les magistrats chargés de l'exécution des travaux qui la nécessitaient, probablement les rois, puis les consuls ; plus tard les censeurs et les édiles ; enfin le préfet du prétoire ou le préfet urbain. On a un exemple d'expropriation ordonnée par les augures.

Quant aux formes, aucune certitude.

L'indemnité, qui ne dut devenir qu'assez tard un des éléments de l'expropriation et ne dut jamais être un de ses éléments essentiels, consistait tantôt en argent, tantôt en concessions de droits ou dispenses de charges. Le montant en était souvent déterminé par la loi. Dans les autres cas il devait être déterminé par le magistrat qui ordonnait l'expropriation.

L'indemnité était vraisemblablement payée par les questeurs qui étaient détenteurs des fonds destinés aux travaux publics. Était-elle préalable ? Il est impossible de découvrir aucune règle.

DROIT FRANÇAIS

BIBLIOGRAPHIE

Aucoc : *Conférences sur l'administration et le droit administratif.* — Batbie : *Cours théorique et pratique de droit public et administratif.* Bavoux : *Les conflits,* 1827. — Boulatigner : *Dictionnaire général d'administration de Blanche,* mot CONFLIT. — Adolphe Chauveau : *Code d'instruction administrative; principe de compétence et de juridiction administrative.* — De Cormenin, *Droit administratif.* — Dalloz : *Répertoire.* — Dareste : *La justice administrative en France.* — Deloynes : *Précis de droit administratif.* — Ducray : *Droit administratif.* — Dufour : *Traité général de droit administratif appliqué.* — Foucart : *Eléments de droit public et administratif.* Ledru Rollin, *Répertoire.* — Lebon : *Recueil des arrêts du conseil d'Etat et des décisions du tribunal des conflits.* — Poisson : *Les conflits d'attribution.* — Reverchon : *Dictionnaire de l'administration française de Block,* mot CONFLIT. — Serrigny : *Traité du droit public des Français, Traité de l'organisation, de la compétence et de la procédure en matière contentieuse et administrative.* — Taillandier : *Commentaire sur l'ordonnance des conflits.* — Trolley : *Traité de la hiérarchie administrative.*

DES CONFLITS D'ATTRIBUTION

INTRODUCTION

Il est un fait que l'observation enseigne et que l'on peut poser en principe, sans qu'il soit utile de le démontrer, c'est que, au fur et à mesure que l'état social se perfectionne, le pouvoir social tend à se ramifier.

C'est le principe de la division du travail transporté dans l'ordre politique.

Le pouvoir, qu'il soit une émanation libre de la volonté populaire, qu'il soit né de la force des choses, a pour raison la protection et la sauvegarde des intérêts sociaux. Ces intérêts sont multiples et variables : multiples dans chaque civilisation, variables d'une civilisation à l'autre; les formes et les divisions du pouvoir seront multiples et variables comme eux.

On peut, cependant, distinguer deux grandes classes d'intérêts, qui serviront de base à la division du pouvoir et se retrouveront dans toute société :

les intérêts publics et les intérêts privés. Le pouvoir supérieur se réservera la direction des intérêts publics, sous diverses modifications dérivant des nécessités. Le soin de veiller aux intérêts privés sera délégué, soit par lui, soit par le peuple, à d'autres magistrats.

Dès le moment que les attributions seront ainsi distinguées, il importera que chacune des autorités constituées se meuve dans la sphère qui lui aura été tracée. C'est une simple règle d'ordre, à laquelle on a donné le nom de *principe de la séparation des pouvoirs*.

Je n'entrerai pas, au cours de cette étude, dans la discussion du point de savoir combien il y a de pouvoirs dans l'État et quels sont ces pouvoirs.

Cette discussion offre un intérêt à ceux qui ont à défendre les législations qui donnent au pouvoir exécutif la juridiction des conflits : s'il n'y a que deux pouvoirs dans l'État, le pouvoir législatif et le pouvoir exécutif, et si les autorités judiciaires et administratives sont des subdivisions du pouvoir exécutif, il sera sinon prudent, du moins logique, que ce dernier serve d'arbitre entre les deux autorités. Si, au contraire, on admet l'existence de trois pouvoirs égaux entre eux, le pouvoir législatif, le pouvoir exécutif et le pouvoir judiciaire, la règle ne sera même plus logique. Cet intérêt écarté, la discussion devient oiseuse, dans une étude sur les conflits. Il n'y a en réalité qu'un pouvoir dans l'État : le pouvoir de la nation, abdiqué dans les pays de monarchie absolue, délégué dans les pays libres. Les autres pouvoirs, ou ce que l'on est convenu d'appeler ainsi, ne sont que des fonctions déléguées, soit par le souverain qui, dans les pays de monarchie absolue, se substitue au peuple, soit par le peuple dans les pays libres. Mais il n'en importe pas moins, quelles que soient l'origine et la nature de leurs fonctions, que les divers représentants du pouvoir restent dans les limites de leurs attributions, et ne s'entravent pas les uns les autres par des empiètements qui ne peuvent amener que la confusion et le trouble. Il importe surtout au fonctionnement régulier des institutions, que l'autorité supérieure, celle qui détient les intérêts les plus graves, reste indépendante des autres et ne subisse que le contrôle qu'a voulu lui imposer la Constitution.

S'il s'élève une contestation sur leur compétence réciproque entre deux organes de la puissance publique, on dit qu'ils sont en conflit.

Le conflit est donc un dissentiment sur la compétence.

Il peut s'élever entre les organes d'une même autorité ou entre les organes de deux autorités.

Dans le premier cas, il prend le nom de conflit de juridiction, et nous n'avons point à nous en occuper dans cette étude. Les conflits de juridiction sont réglés par les articles 363 et suivants du code de procédure civile : s'ils s'élèvent entre deux tribunaux de l'ordre judiciaire, ils ne sont réglementés par aucune loi ; s'ils s'élèvent entre les organes de l'autorité administrative, la jurisprudence seule indique la marche à suivre.

Dans le second cas, il y a conflit d'attribution.

Le conflit d'attribution est donc un dissentiment qui s'élève sur leur compétence réciproque entre deux autorités d'ordres différents.

Nous verrons que dans la pratique ces deux autorités sont l'*administration* et l'*autorité judiciaire*.

Il se peut que les deux autorités en conflit veuillent, toutes deux, retenir la même affaire.

Dans ce cas le conflit est positif.

Il se peut qu'elles proclament toutes deux leur incompétence.

Dans ce cas le conflit est négatif.

Le conflit positif d'attributions est donc la contestation qui s'élève entre l'administration et l'autorité judiciaire qui veulent toutes deux connaître d'une même affaire.

Le conflit négatif d'attribution, la contestation qui s'élève entre l'administration et l'autorité judiciaire refusant toutes deux de connaître d'une affaire.

On appelle élever le conflit, remplir les formalités indiquées par la loi pour le porter devant le juge compétent pour en connaître.

Sous un régime absolu, il suffit d'un acte de la volonté du souverain pour maintenir les diverses autorités dans leurs sphères respectives ou pour les y ramener lorsqu'elles en ont dépassé les limites. Aucune législation n'est nécessaire ; ce n'est qu'une question de force. Sous l'ancien régime, la législation ne s'est

jamais préoccupée des conflits qui pouvaient s'élever
entre les divers pouvoirs. Quand les parlements ou
d'autres juridictions semblaient ne pas se renfermer
dans les limites de leurs attributions, le roi cassait
leurs arrêts, et, s'il le jugeait opportun, si son intérêt
l'exigeait, retenait les affaires en jeu et les renvoyait
devant son conseil. C'était logique. Dans un pays
de monarchie absolue, tout pouvoir émane du souverain ; tout est organisé en vue de la couronne et dans
son intérêt. Ce qu'elle accorde, c'est qu'elle le veut
bien ; elle peut enlever ce qu'elle a accordé. Il n'y a
pas de droits, il n'y a que des privilèges et des concessions révocables. Le roi, qui est le dispensateur et
le régulateur universel, est celui qui doit régler les
conflits qui s'élèvent entre les diverses autorités qu'il
a instituées et qui fonctionnent en vertu de son bon
plaisir.

Seul il peut être juge du point de savoir si
l'on est resté dans les limites qu'il a lui-même tracées (1).

Longtemps en France ce fut le *Conseil du roi* qui
régla les questions de compétence. Au xviie siècle
sa participation à l'administration de la justice était
de tous les instants. Louis XIV avait organisé dans
son sein une chambre spéciale, le conseil des parties,
qui remplissait les fonctions de cour de cassation, mais
avec des attributions infiniment plus étendues. Les

(1) Dareste, p. 209 ; — de Tocqueville, *l'Ancien régime et la révolution*, chap. ii, p. 2 et suiv.; — Reverchon, n° 2.

pourvois pouvaient avoir lieu devant lui, en matière civile, pour simple mal jugé, cause fort élastique, surtout quand le litige portait sur le droit du roi, cause du fisc, intérêts domaniaux, ou dans le cas d'erreur énorme (1).

Deux exemples pourront indiquer comment les conflits étaient tranchés sous l'ancien régime. Le premier est du règne de Charles V, le second du règne de Louis XIV.

En 1375, le conseil du roi, réuni en la chambre des comptes de Paris, rédige des instructions pour les commissaires chargés de percevoir le droit de francfief. Ces instructions portent que toutes contestations devront être renvoyées à la chambre des comptes. Elles ajoutent qu'à Béziers, à Carcassonne et ailleurs, les officiers des lieux font souvent citer, devant eux, les commissaires, pour rendre compte de leurs actes et qu'ils troublent ainsi l'opération administrative. Les commissaires se sont adressés au conseil pour savoir ce qu'ils doivent faire en pareil cas ; le conseil leur donne comme instruction de comparaître sur l'assignation donnée, et d'entendre la demande formée contre eux. Si cette demande touche en quoi que ce soit le fait des finances, ils devront opposer un déclinatoire et s'abstenir de conclure au fond. Que s'il s'agit de poursuites d'office, le conseil se réserve de donner des ordres particuliers, suivant les

----

(1) Voir Pothier, *Traité de la procédure civile*, 3ᵉ partie, section III, art. 2 ; — Fuzier Hermann, *la Séparation des pouvoirs*, page 189.

circonstances, afin d'empêcher que les juges ordinaires ne se mêlent en aucune façon des affaires de finance (1).

Voici le second exemple :

Le parlement de Metz avait sursis à l'enregistrement d'un traité conclu le 28 février 1661 entre le roi et le duc de Lorraine. Un arrêt du conseil, du 18 décembre 1663, cassa l'arrêt de ce parlement par le motif suivant :

« D'autant qu'il n'appartient nullement aux officiers de ces cours de parlement ni autres, de délibérer sur les traités que Sa Majesté fait avec des princes étrangers, ni d'entrer en aucune connaissance des motifs desdits traités, mais bien de les faire publier et de tenir la main en ce qui les concerne à l'exécution d'iceux, suivant ce qui leur est ordonné par Sa Majesté, et que ce que les officiers du parlement ont entrepris en cette occasion, est au-dessus du pouvoir de la cour et préjudicie au service de Sa Majesté. A quoi étant nécessaire de pourvoir, Sa Majesté étant en son conseil a cassé, révoqué et annulé ledit arrêt (2).

Le besoin de maintenir les divers organes du pouvoir social dans la limite de leurs attributions se fait sentir d'une façon plus générale, plus énergique au fur et à mesure que les institutions se rapprochent de

---

(1) Dareste, *la Justice administrative*, page 210. Le texte latin se trouve conservé dans le *Recueil de Gosset*, t. I.

(2) Dareste, p. 211.

la forme démocratique et que le pouvoir central perd
de la force.

Sous un régime absolu, où le peuple s'est absorbé
dans le gouvernement, la volonté nationale n'a
aucun moyen direct de se faire respecter ou même
connaître. Le point d'appui que l'organisation sociale
ne lui donne pas, la nation le cherche fatalement
dans les corps judiciaires qui, sous les gouvernements
despotiques, s'ils sont organisés avec quelque force,
sont ses protecteurs nés et, lorsqu'ils jouissent de
l'inamovibilité, le refuge des libertés et des revendications.

Leurs membres, sortis de la nation, en demandant
des droits pour eux, les font naître pour tout le
monde. En empiétant sur les fonctions administratives, en traduisant devant eux les fonctionnaires
pour des actes commandés par l'autorité supérieure
alors que ces actes paraissent excessifs, et pour répondre de leurs abus de pouvoir, ils donnent quelques garanties de sécurité aux citoyens qui ont en
leur équité une confiance qu'ils n'ont pas en le pouvoir capricieux du souverain.

Le gouvernement, grâce à l'antagonisme qui
existera presque fatalement entre ses intérêts et
ceux du peuple, sera seul à désirer le maintien des
corps judiciaires dans les limites de leurs attributions.

Dans un pays dont le gouvernement est représentatif, la scène change, surtout dans un pays de suf-
frage universel. Aucun citoyen n'est exclu du droit
de faire connaître ses revendications; le peuple

n'a plus besoin de demander à un corps puissant une protection illégale, un moyen d'action que la constitution elle-même lui donne.

Les parlements, lorsqu'ils contrôlaient les actes du gouvernement, n'étaient qu'une sorte de représentation nationale bâtarde. En réalité même, n'étant point élus, leurs membres ne représentaient rien que les souffrances qui leur étaient communes avec le peuple ou celles dont ils se faisaient les champions pour acquérir de la popularité et accroître leur influence.

Ils n'étaient qu'un pis-aller représentatif.

Avec une constitution représentative, le pis-aller n'a plus sa raison d'être. Il devient nécessaire, à tous les points de vue, que les tribunaux se bornent à rendre la justice. C'est pour cela qu'ils ont été institués, de même que le pouvoir exécutif a été organisé pour gouverner et administrer le pays : la volonté nationale serait violée s'il en était autrement. Les tribunaux devront se faire les protecteurs de tous les droits dont on leur demandera de prendre la défense, et cela dans tous les cas ; mais ils ne devront pas aller au delà. Il leur faudra s'arrêter dès que leurs jugements pourraient devenir un acte de contrôle ou d'opposition aux actes du pouvoir exécutif. Ce dernier a reçu de la nation un mandat spécial et n'en doit compte qu'à ses mandants. Il en répondra devant le peuple ou ses représentants, suivant le mécanisme organisé par la constitution. A quelle responsabilité pourrait-on soumettre un ministre qui verrait ses ordres sans cesse paralysés par des décisions judiciaires?

Mais où s'arrêteront les actes de justice? où commenceront les actes d'ingérence? jusqu'à quel point le pouvoir exécutif doit-il être libre? jusqu'à quel point la protection des intérêts privés doit-elle entraîner les tribunaux? Il y a là un point d'appréciation délicat, une ligne de démarcation à établir, qui variera avec le degré de civilisation des peuples et avec leurs besoins. C'est aux constitutions à l'indiquer.

La puissance nationale ne s'exerçant pas directement, le règlement des conflits demandera dans un État démocratique ou même dans un État de monarchie constitutionnelle un mécanisme plus parfait que dans un État absolu.

Tout ce qu'il importerait au souverain de laisser à l'arbitraire, il importera de le soumettre à l'empire de la loi. On devra craindre sans cesse de donner à un fonctionnaire ou à un corps un pouvoir trop étendu, de peur qu'il n'en abuse; on devra craindre de le voir dépasser les limites qui lui ont été tracées, augmenter ses prérogatives, au détriment d'autres fonctionnaires ou d'autres corps et rompre ainsi l'équilibre sans lequel un État ne peut subsister. C'est l'origine de la règle posée par l'article 13 de la loi des 16 et 24 août 1790 dans ces termes, et qui a été dans notre pays le point de départ de la législation des conflits :

Les fonctions judiciaires sont distinctes et demeureront toujours séparées des fonctions administratives.

Les juges ne pourront, à peine de forfaiture, troubler de quelque manière que ce soit les opérations des corps administratifs, ni citer devant eux les administrateurs pour raison de leurs fonctions.

Il est à remarquer que cette loi, la première qui ait régi la matière, ne pose pas le principe de la séparation des pouvoirs, mais le suppose et se borne à en indiquer une application. C'est seulement entre deux des pouvoirs ou autorités de l'État, qu'elle marque une séparation. La loi des 16 et 24 août 1790 était issue d'un besoin général, mais sa rédaction était commandée par des circonstances particulières et pressantes que l'on a eues surtout en vue en la faisant.

On voit d'ailleurs, dans toute la législation sur la matière, que la pensée dominante du législateur des conflits a toujours été de protéger l'autorité administrative et d'enlever aux tribunaux certaines attributions des parlements. Ce fut la conséquence d'une préoccupation due à ce fait, que dans le passé l'usurpation, et par suite la confusion, étaient venues de l'autorité judiciaire, et l'effet inévitable de la loi des réactions (1).

_____

(1) Lois des 7 et 14 octobre 1790 ; 21 fructidor an III ; constitution de l'an VIII ; règlement du 5 nivôse an VIII, etc. On n'a d'ailleurs, pour s'en rendre compte, qu'à lire le discours prononcé devant le conseil des Cinq-cents par M. Cuvier pour défendre le droit du pouvoir exécutif à régler les conflits :

« Le conflit est le moyen accordé au pouvoir amovible et responsable pour se défendre contre le pouvoir inamovible et irresponsable. Les affaires judiciaires, en France, seul pays connu où il en soit ainsi,

Il ne suffisait pas d'avoir indiqué qu'il existait
une ligne de démarcation entre l'administration et

étant entièrement confiées à des corps collectifs et inamovibles, la
cassation, qui, avant la révolution, appartenait au conseil du roi, ayant
été elle-même attribuée à un corps de ce genre, il était rigoureusement nécessaire, si l'on voulait conserver un gouvernement responsable, d'enlever soigneusement aux tribunaux toutes les matières
administratives, c'est-à-dire, tout ce qui a rapport au gouvernement
général, à la police, à l'exercice des droits qui appartiennent à la communauté comme telle; ces matières étant, par leur nature, l'objet de
l'ambition des individus et des corps, parce qu'ils donnent plus d'autorité, plus de crédit et plus de moyens de favoriser ses créatures,
l'autorité judiciaire a une tendance naturelle à s'en emparer, et chacun
se souvient que dans l'ancien régime les parlements s'en étaient
emparés en grande partie, et ils étaient sans cesse en guerre, à ce
sujet, avec le gouvernement. Le gouvernement avait cependant alors
une arme qu'il n'a plus, la cassation dont il est dépouillé aujourd'hui.

« L'Assemblée constituante, composée d'hommes qui avaient été
témoins de ces débats, s'aperçut promptement que si elle n'y portait
pas remède le pouvoir législatif lui-même serait anéanti, car il n'aurait
aucun moyen d'arrêter les autorités judiciaires, ni de les faire répondre de leurs actes. Quelqu'impartiale que puisse être la cour de
cassation, elle appartient à l'ordre judiciaire; elle est composée des
mêmes éléments et, en matière d'attributions, elle a les mêmes
intérêts; enfin, et surtout, il n'y a aucun moyen de réformer ses
arrêts : la disposition, qui donnait au roi, sous la responsabilité de ses
ministres, le droit de juger les conflits, était donc une conséquence
mathématique de l'établissement du gouvernement représentatif.
Admettons, en effet, une disposition contraire, insensiblement les
tribunaux jugeront les questions administratives ; ils s'empareront de
la police, ils entraveront le gouvernement; ils finiront par faire des
lois par leurs arrêts. Sans cesse les ministres auront à dire qu'ils ne
peuvent répondre d'opérations dans lesquelles leur action n'est pas
libre; et que pourra faire le corps législatif? Il sera toujours muet
devant des arrêts. Au contraire, que le gouvernement abuse des conflits,
qu'il enlève les citoyens à leurs juges naturels; qu'il intervertisse les
juridictions; ses ministres peuvent, à chaque instant, être appelés à en
répondre devant les chambres. Il y a à l'abus de ce remède un autre
remède toujours prêt. Ce n'est donc pas seulement la loi positive, c'est
la raison, c'est la nature des choses qui veut que le jugement des

les cours judiciaires. Il fallait prévoir que cette ligne serait franchie, et donner un juge aux conflits qui devaient fatalement s'élever entre les deux autorités.

Le législateur de 1790 ne le fit pas tout d'abord. Il pensa que la sanction pénale qui accompagnait la règle suffirait pour en assurer l'exécution.

Cette sanction offrait pourtant un inconvénient majeur. Toute pénalité implique une intention criminelle, et dans le plus grand nombre des cas, cette intention ne devait pas exister. C'est de bonne foi que le juge ferait une application fausse de la loi et outre-passerait ses droits. Ainsi la sanction était destinée à n'être jamais appliquée. Eût-elle trouvé un champ d'application, qu'elle aurait offert un danger. L'appréciation du point de savoir si l'ordre des compétences avait été violé serait restée à la juridiction chargée d'appliquer la peine, soit à une juridiction de l'ordre judiciaire. La loi était faite pour arrêter les usurpations de cet ordre, et elle le laissait seul juge de l'existence de ces usurpations. C'était poser la règle et l'anéantir aussitôt. On craignait l'esprit judiciaire et on s'en remettait à lui. Il est certain que

conflits appartienne au gouvernement. Qu'on le règle de manière à ne pas choquer sans nécessité les tribunaux, à ne point traîner mal à propos les citoyens devant l'autorité administrative dans les matières judiciaires, rien de plus juste, rien de plus utile à la conservation d'une prérogative nécessaire ; mais transférer cette prérogative à un membre quelconque de l'ordre judiciaire, c'est renverser la constitution. » (Taillandier, p. 106 et suiv.)

les mêmes tendances qui l'auraient porté à étendre les limites de sa compétence l'auraient également porté en toute bonne foi, à trouver ses empiètements licites.

Une difficulté qui surgit entre le directoire du département de la Haute-Saône et la municipalité de Gray, et fut portée devant le bailliage de cette ville, vint montrer la nécessité d'une sanction plus efficace.

La Constituante décréta que :

« Les réclamations d'incompétence à l'égard des corps administratifs ne sont en aucun cas du ressort des tribunaux ; qu'elles doivent être portées au roi, chef de l'administration générale (1).

Il ne faut voir dans ces décrets qu'un jalon posé pour l'organisation qu'il restait à faire et la démarcation qu'il fallait établir entre les pouvoirs. Cependant, par eux, la théorie des conflits était fondée ; on avait posé la règle et institué le juge. Il restait à déterminer la procédure ; cela ne fut fait que plus tard, dans une législation toujours restée fort incomplète, mais dont il n'est pas inutile de suivre en

_____

(1) Loi des 7 et 14 octobre 1790. Depuis ce moment le principe fondamental de la législation du conflit a été, en France, que le pouvoir exécutif devait en être le juge. Ce fut le Roi en 1790 ; le Directoire en l'an III, le premier Consul en l'an VIII, puis l'Empereur et de nouveau le roi en 1813, enfin l'Empereur en 1853. Cette règle n'a souffert d'exception, avant la législature actuelle, qu'en 1848 où les conflits furent, comme on le verra, jugés par un tribunal mixte. Elle devint un non-sens du moment où en réalité ce fut le conseil d'État qui jugea les conflits sous le couvert du souverain. Elle ne servit plus qu'à masquer cet état de choses déplorable que l'administration était elle-même juge des conflits qu'elle avait élevés.

quelques mots les modifications et les développements successifs.

L'institution des conflits a, jusqu'à ce jour, traversé sept sortes de régimes.

1° Le régime antérieur à la loi du 21 fructidor an III ;

2° Le régime de la loi du 21 fructidor an III ;

3° Le régime de l'arrêté du 13 brumaire an X ;

4° Le régime de l'ordonnance du 1er juin 1828 ;

5° Le régime de la constitution du 4 novembre 1848 ;

6° Le régime du décret organique des 18-25 février 1852 ;

7° Le régime de la loi du 24 mai 1872.

1° *Régime antérieur à la loi du 21 fructidor an III.* — De la proclamation du principe de la séparation des pouvoirs qui fut faite dans la loi des 16-24 août 1790 à la loi du 21 fructidor an III, l'exercice du conflit fut laissé à l'arbitraire. La loi des 7-14 octobre 1790 qui attribuait au roi la connaissance des contestations de compétence cessa d'avoir sa raison d'être à la chute de la royauté. La Convention nationale, toute-puissante, ne songea pas à réglementer l'exercice du conflit. On peut même se demander s'il y eut, tant qu'elle dura, un véritable exercice du conflit. Il y eut plutôt un retour vers le procédé qu'employait l'ancien régime pour maintenir les diverses juridictions dans la limite de leur compétence. La Convention annulait les jugements qui lui paraissaient entachés d'incompétence, par la même raison que le roi les annulait sous l'ancien régime (1).

La Convention réunissait tous les pouvoirs; pas plus que le roi absolu, elle ne sentait le besoin de se lier les mains par une réglementation ; elle ne pouvait d'ailleurs agir autrement : les étrangers au dehors, et les conspirations au dedans ne lui laissaient que la possibilité et le devoir de parer aux dangers qui menaçaient la République : la Convention était à la tête d'une sorte d'état de siège civil. Une réglementation du conflit eût été, dans les circonstances où elle siégeait, une faute, alors qu'elle était pressée de toutes parts et que tous les moyens semblaient bons pour accabler la France républicaine.

2° *Régime de la loi du 21 fructidor an III.* — C'est de la loi du 21 fructidor an III (2) que date, à proprement parler, la législation des conflits. Bien que cette loi laissât encore une grande place à l'arbitraire, cependant elle établit un commencement de réglementation qui offrait aux justiciables un commencement de sécurité.

Les cas dans lesquels le conflit pourrait être élevé ne furent pas déterminés par la loi du 21 fructidor,

(1) V. Décrets législatifs des 21 prairial an II ; 15 pluviôse et 1er fructidor an III, etc. ; loi du 16 fructidor an III qui porte : « La Convention décrète qu'elle annule toutes les procédures et jugements intervenus dans les tribunaux judiciaires contre les membres des corps administratifs, etc., et ajoute que défenses itératives sont faites aux tribunaux de connaître des actes d'administration, de quelque espèce qu'ils soient, aux peines de droit. »

(2) Décret relatif aux fonctions des corps administratifs et municipaux en exécution du titre VII de l'acte constitutionnel (*Bull.* CLXXXV, n° 1128; *B. L.* LVIII, p. 209 ; Duvergier à la date).

non plus que les personnes qui pouvaient l'élever
et les moments de l'instance où on pouvait l'élever ;
mais elle détermina quel serait le juge du conflit et
quel en serait l'effet (1).

Le conflit était jugé par le ministre de la justice
sauf approbation du Directoire exécutif qui devait
en référer — s'il en était besoin — au corps législatif. Il y avait là une difficulté d'interprétation.
Quand y aurait-il besoin d'en référer ? La loi ne le
disait nulle part ; elle s'en rapportait à l'appréciation
du Directoire.

Le Directoire estima qu'il ne devait avoir recours
au corps législatif que dans le cas où il se rencon-
trerait, dans les espèces qui lui seraient soumises,
une difficulté d'interprétation (2).

La théorie du Directoire a été l'objet de critiques (3).
On y a vu la préoccupation, d'ailleurs trop commune
chez les gouvernants, de se soustraire au contrôle des
représentants du peuple. Cette préoccupation existait
peut-être dans l'esprit des Directeurs ; cependant leur

---

(1) Art. 27.

(2) Voir l'arrêté du 16 floréal an V et le message du Directoire
exécutif du 18 floréal de la même année. La disposition de l'article 27
qui ordonnait le référé ne fut jamais appliquée. M. de Cormenin,
rapporteur de la commission de rédaction de l'ordonnance du
1er juin 1828, déclare (t. II, appendice, p. 47) n'avoir pu, malgré ses
recherches, trouver un seul exemple que le Directoire ait référé, pour
la décision du conflit, au corps législatif. M. Taillandier, cependant
(page 3), croit avoir trouvé un exemple. Le 2 prairial an V, le Directoire
aurait adressé un message au conseil des Cinq-Cents relativement à un
conflit élevé entre l'administration de la marine et un juge de paix.

(3) De Cormenin, t. II, appendice, p. 47, rapport, n° 88.

doctrine était sage. Il fallait craindre d'occuper le législateur de débats trop particuliers. Le roulement des affaires est toujours énorme dans une assemblée législative, et c'est à peine si le temps des sessions suffit à les examiner toutes et à régler les plus importantes ; l'appeler trop souvent au règlement des conflits, eût été augmenter encore l'impuissance dans laquelle il se trouve toujours de donner une solution à toutes les questions qui se posent devant lui.

La doctrine du Directoire était conforme au bon sens, elle devait être conforme à l'intention des rédacteurs de la loi du 21 fructidor de l'an III, et reçut une sorte de sanction législative dans le vote qui, au conseil des Cinq-Cents, adopta les conclusions d'un message du 18 floréal, où l'on trouvait ces mots : « La décision en est laissée au corps législatif, ou, *dans les cas qui n'exigent pas une interprétation de la loi*, au Directoire exécutif (1). »

La loi n'ayant pas indiqué quelles personnes pourraient élever le conflit, la jurisprudence accorda ce droit aux différents organes de l'autorité administrative (2).

Les corps judiciaires qui, bien qu'électifs et investis de mandats temporaires, semblaient avoir hérité de l'esprit des parlements, avaient, sous la Conven-

---

(1) Voir p. 21.
(2) De Cormenin, t. II, appendice, p. 47 ; Foucart, t. I, n° 1902 ; Serrigny, t. I, n° 161.

tion, fait aux actes du gouvernement une opposition restée impuissante devant l'omnipotence de la grande Assemblée. Cette opposition, systématique et tenace comme l'est toujours celle qui émane d'un corps impersonnel et irresponsable, continua sous le Directoire.

Sous forme de jugements rendus dans l'intérêt des plaideurs, les tribunaux s'efforçaient d'entraver la marche du gouvernement, que les circonstances rendaient déjà mal aisée (1).

On voyait, par exemple, des juges déterminer, contre la décision administrative, un mode illégal de percevoir les contributions et vouloir forcer les receveurs à s'y conformer; ou bien, et ceux-là étaient le plus grand nombre, traduire devant eux, au mépris de la constitution, les administrateurs, en raison de leurs fonctions; leur demander compte de leurs actes administratifs, et poursuivre souvent, au criminel, des actes prescrits par la loi, par l'autorité supérieure, et sur les motifs desquels le secret, seul garant de leur réussite, leur était recommandé (2).

Le Directoire voulait essayer d'un régime de liberté, après le régime de fer de la Convention; il semblait faible, et était peu redouté. Il se trouvait menacé de voir se tarir devant lui les sources de la richesse publique et de ne plus pouvoir trouver de fonction-

---

(1) Rapport de M. de Cormenin.
(2) Message de M. Merlin, ministre de la justice, au conseil des cinq-cents, 18 floréal an V. Voir p. 21.

naires, alors que ces derniers étaient toujours sous le coup d'une condamnation. Il aurait vu l'autorité judiciaire enlever à l'administration ses prérogatives une à une, de telle façon qu'un jour, à l'abri de l'inviolabilité que la constitution assurait à ses jugements, elle aurait gouverné seule le pays en dépit de la représentation nationale : l'administration n'aurait plus été que son instrument.

Le conflit sauva le gouvernement qui, en s'en servant pour obliger l'autorité judiciaire à rester dans la limite de ses attributions, ne faisait que répondre au vœu du législateur. N'alla-t-il pas plus loin ? il est facile, quand on a sous la main une arme dont on peut user à son gré, de se laisser aller à en abuser. M. de Cormenin, qui, pour faire son rapport devant la commission de rédaction de l'ordonnance de 1828, — tira les conflits de la poudre des archives et les trouva tout empreints de l'esprit et des nécessités du temps — reproche au gouvernement du Directoire, de n'en avoir pas usé avec toute la modération désirable. Cependant, s'il y eut des abus, ils ne frappèrent pas alors. Une proposition fut faite, dans le sein du corps législatif, par les membres de l'opposition, et tendant à enlever au gouvernement le règlement des conflits, pour le transporter à la cour de cassation ; mais ce ne furent pas des abus que l'on invoqua.

On cherchait seulement à enlever une arme au gouvernement et on ne songea qu'à arguer d'une soidisant inconstitutionnalité de l'article 27 de la loi du

21 fructidor an III. L'argument était que l'article 254 de la constitution chargeait le tribunal de cassation de statuer sur les règlements de juge, et que l'article 263 imposait au Directoire exécutif l'obligation de lui dénoncer les actes par lesquels les juges avaient excédé leurs pouvoirs (1).

M. Merlin, alors ministre de la justice, chargé de défendre l'article 27 devant le conseil des Cinq-cents, répondit que, outre que les rédacteurs de la loi du 21 fructidor étaient les mêmes que ceux de la constitution, l'article 254 de cette constitution et l'article 27 de la loi de fructidor, loin de se contredire, prévoyaient des hypothèses différentes.

L'article 254 avait prévu le cas où les juges ont excédé leur pouvoir en se tenant circonscrits dans les limites de la ligne judiciaire ; l'article 27 de la loi de fructidor, le cas où les juges ont franchi ces limites et se sont attribué des fonctions étrangères à l'objet de leur institution.

Dans ce dernier cas, d'ailleurs, le tribunal de cassation aurait été sans caractère pour prononcer. Il n'est lui-même qu'un tribunal de l'ordre judiciaire ; et s'il venait à s'ingérer, lui aussi, dans les fonctions administratives, il n'existerait aucun moyen constitutionnel de réparer ses erreurs, puisque d'après l'article 264 de la constitution, en décorant du nom de jugement les actes qu'il aurait produits, il pourrait les mettre à l'abri de la réformation même du

_____

(1) Boulatignier, p. 456.

corps législatif. Il établit solidement la nécessité, que le juge des conflits soit une autorité supérieure aux deux autorités en conflit. Il indiqua le danger qu'offre dans un État libre la coalition des corps judiciaires, la nécessité, pour la sûreté de l'État, de l'indépendance des corps administratifs, et rappela les envahissements les plus récents de l'autorité judiciaire. Le corps législatif adopta les conclusions du message et ne jugea pas qu'il fût nécessaire de rien changer à la législation existante sur les conflits.

Le nombre des conflits élevés de l'an III à l'arrêté de brumaire fut de 196 ; 33 furent annulés en entier, 5 en partie, 158 furent maintenus.

3° *Régime de l'arrêté du 13 brumaire an X.* — Cette période se prolonge jusqu'à la publication de l'ordonnance du 1ᵉʳ juin 1828. Elle embrasse donc le Consulat, l'Empire et une partie de la Restauration.

Le Consulat apporta à la législation du conflit deux modifications profondes, qui la mirent en harmonie avec la nouvelle organisation administrative, que la constitution du 22 frimaire, le règlement du 5 nivôse et la loi du 28 nivôse an III avaient donnée à la France, et répondaient aux tendances centralisatrices et autoritaires du premier consul.

Le conseil d'État avait été rétabli par la constitution de frimaire, et chargé de rédiger les projets de lois et les règlements d'administration publique, et de résoudre les difficultés qui s'élevaient en matière administrative.

L'article 2 du règlement du 5 nivôse an VIII lui attribua, en même temps que l'explication des lois obscures au moyen d'avis et la connaissance des affaires contentieuses jusque-là jugées par les ministres, la connaissance des conflits d'attribution.

Ce fut la première réforme.

La seconde fut d'attribuer aux préfets créés par la loi du 28 pluviôse an VIII l'initiative des conflits qui, jusque-là, avait été laissée à la détermination de la jurisprudence, et abandonnée par la jurisprudence à tous les organes de l'administration (1).

Cette dernière mesure put être regardée comme un progrès. Il paraissait peu naturel de voir des conseils de préfecture, qui sont des corps quasi-judiciaires, élever le conflit (2) alors que ce droit était refusé à l'autorité judiciaire, sous prétexte qu'il répugnait à sa nature.

Il était rationnel au contraire de charger de ce soin le préfet, agent de l'administration active, seul chargé d'exercer les actions qui intéressent l'État (3). L'autre mesure était une faute. Le Conseil d'État, sous cette constitution qui permettait au gouvernement seul de proposer des lois nouvelles, participait à l'œuvre du législateur, et aurait pu, à ce point de vue, être un

---

(1) Arrêté du 13 brumaire an X.

(2) Voir, par exemple, l'espèce du décret du 15 brumaire, an X, *Bull.* n° 958.

(3) Voir les lois des 28 octobre, 5 novembre 1798, tit. 3, art. 13 et cod. procéd., art. 69, n° 1 ; Serrigny, t. I, n° 161.

juge compétent pour le conflit. Mais il remplissait des fonctions judiciaires. Le Conseil d'État était aussi un tribunal suprême, une sorte de cour de cassation administrative, avec des attributions plus étendues, et le caractère judiciaire du conseil d'État, qui dès le début était des plus marqués, ne fit que s'accentuer dans la suite.

Le conseil d'État, tribunal administratif, était et devait être aussi incompétent pour trancher un différend entre l'administration et l'autorité judiciaire, que l'était la cour de cassation. Les raisons parfaitement plausibles que M. Merlin avait fait valoir pour détourner le législateur d'attribuer à la cour de cassation le jugement des conflits, alors que cette cour offre toutes les garanties de lumière et d'impartialité, auraient pu se présenter à l'esprit du législateur consulaire. Le danger était d'une autre nature, l'incompétence était aussi grande. La cour de cassation aurait, en réglant les conflits, fait passer les rênes du gouvernement entre les mains de l'autorité judiciaire ; les jugements sur conflit, prononcés par le conseil d'État, étaient appelés à rester sans valeur aux yeux de la cour de cassation, et il ne tarda pas à s'établir sur les mêmes points deux jurisprudences aussi opposées que persistantes, la cour de cassation reconnaissant la compétence de l'autorité judiciaire, alors que le conseil d'État concluait à son incompétence.

Cette anomalie fut rendue plus choquante encore par le caractère contentieux donné au conflit, d'a-

bord par la jurisprudence, et enfin par un avis du
conseil d'Etat des 19-22 juillet 1813.

L'assimilation des conflits aux affaires contentieuses eut pour autre conséquence de permettre
aux parties appelées d'abord à titre de renseignement, d'intervenir au jugement des conflits, et il
semble résulter d'un décret du 22 juillet 1813,
rapporté dans la jurisprudence du conseil d'État,
par Sirey, tome II, page 402, que les ordonnances rendues sur conflit, sans avoir entendu les
parties, étaient susceptibles d'opposition depuis l'avis
du conseil d'État des 12-22 juillet 1813 (1). Cela
amena des lenteurs de procédure, et un avis du conseil d'État, du 6 février 1821, revint sur la décision de
l'avis du 19 juillet 1813, tout en reconnaissant que ce
dernier ne pouvait être réformé que par une ordonnance, parce qu'il avait reçu l'approbation impériale.

Cela motiva la publication de l'ordonnance du
12 décembre 1821, qui décida que les parties qui
croiraient devoir présenter des observations sur les
conflits, les adresseraient par simple mémoire, dans
les délais fixés par le règlement du 22 juillet 1806,
en matière contentieuse (articles 4 et 5), et que,
faute par les parties d'avoir, dans le délai fixé, remis
leurs observations et les documents à l'appui, il sera
passé outre au jugement du conflit sans qu'il y ait
lieu à opposition ni à révision des ordonnances intervenues.

(1) Duvergier, t. XXIII, p. 545, note 1.

L'avis du conseil d'État des 13 et 22 juillet 1813, et
le décret du 22 juillet 1813, avaient sacrifié la célérité
à la sûreté des parties, et l'ordonnance de 1821 sacrifiait la sécurité des parties à la célérité (1).

La législation restait incomplète. L'arrêté de brumaire avait déterminé qui élèverait le conflit ; le
règlement du 5 nivôse an VIII, qui en serait le juge ;
l'ordonnance de 1821 avait indiqué quelques règles
de procédure. Rien ne disait à quel moment de
l'instance il pourrait être élevé.

La jurisprudence du conseil d'État avait fini par
poser en principe que le conflit ne pouvait plus être
élevé quand la contestation était terminée par des
jugements ayant acquis l'autorité de la chose
jugée (2). Mais il s'était empressé d'ajouter qu'il n'y
avait chose jugée qu'après les délais du pourvoi en
cassation ; cela laissait encore à l'administration trop
de latitude pour casser les jugements et arrêts rendus,
et elle n'eut garde d'en profiter.

La législation de brumaire n'indiquait pas non
plus dans quel cas et devant quelles juridictions on
pourrait élever le conflit. L'administration sembla
conclure de ce silence, que son intérêt était la seule
règle qu'elle dût suivre, et en profita pour étendre
outre mesure ses prérogatives au moyen d'un usage
de plus en plus exagéré du conflit.

---

(1) Voir la note de Sirey sous l'ordonnance de 1821.
(2) 15 janvier 1813, *Recueil des arrêts du conseil d'État*, de Lebon,
t. I, p. 397.

Les affaires les plus étrangères à l'administration furent enlevées à leurs juges naturels sans que l'autorité de la chose jugée fût une protection pour les plaideurs. En voici un exemple : Grétry avait légué son cœur à la ville de Liège où il était né. C'était certainement une contestation peu administrative, que celle de savoir si le cœur de Grétry serait remis aux légataires pour être transporté à Liège. La cour de Paris décida la question en faveur des légataires. Après l'arrêt, le conflit fut élevé, l'autorité judiciaire dessaisie, et l'arrêt resta sans exécution (1).

Les choses en étaient venues à ce point, la marge était tellement large et l'abus si facile, que le chef d'un des départements ministériels put affirmer qu'il dépendait de lui de donner, à quelque affaire litigieuse que ce fût, une couleur administrative et, par conséquent, de la détacher provisoirement de la main du juge par l'intermédiaire du conflit (2).

C'est surtout en matière électorale que, sous la Restauration, on fit un usage scandaleux du conflit. S'il s'élevait une difficulté quelconque au sujet de la capacité d'un électeur et qu'on craignît un jugement défavorable, on élevait le conflit; l'élection passée, le conflit était annulé et l'affaire reprenait son cours (3).

---

(1) Taillandier, p. 133.
(2) Rapport de M. de Cormenin, V. Taillandier, p. 59.
(3) Taillandier, p. 130. Dupin, discussion de la loi sur la revision des listes électorales. *Moniteur* du 9 août 1828.

Le conseil d'État, sous prétexte d'impôts, avait attiré à lui presque toutes les affaires électorales. L'abus en était venu au point que, sur 95 ordonnances rendues en ces matières, 8 seulement ont pu être classées dans le tableau fourni à la commission de rédaction de l'ordonnance de 1828, comme se rapportant à des difficultés relatives aux impositions. Encore serait-il plus exact de dire qu'aucune n'intéressait réellement l'assiette ou la répartition de l'impôt; mais qu'il s'agissait seulement de savoir si des propriétaires de maisons affranchies d'impôts pouvaient faire valoir les impôts qu'ils ne payaient pas; si des droits d'octroi, substitués dans certaines villes à des impositions directes, pouvaient en tenir lieu pour conférer le droit électoral; enfin lequel du propriétaire ou du locataire devait être admis à présenter l'impôt des portes et fenêtres (1).

Le fondement du conflit n'était pas l'important : l'important, c'était qu'il fût élevé.

C'est alors que, pressé par les murmures qui s'élevaient de toutes parts, et menacé de perdre la totalité des droits dont il avait abusé, s'il n'en sacrifiait pas une partie, le gouvernement réunit une commission composée de dix membres (2), qui devaient étudier les réformes à apporter à la législation du

---

(1) M. de Caze, *Chambre des pairs*, 18 juin 1828 ; Dalloz, n° 8.
(2) MM. Henrion de Pansey, Allent, Cuvier, Jacquinot de Pampelune, Zangiacomi, de Cormenin (*rapporteur*); Agier, Lepoitevin, Delacroix Frainville et Taillandier (*secrétaire*).

conflit et rédiger une ordonnance consacrant ces réformes (1).

Les commissaires devaient se heurter à d'énormes difficultés, et leur œuvre s'en ressentit.

Ils étaient tous hommes de valeur et presque tous partisans de réformes complètes ; mais ils étaient limités, d'une part, par la légalité qu'ils ne pouvaient pas franchir, et gênés, de l'autre, par les exigences du pouvoir qui ne voulait concéder que le moins possible. Ce qu'ils désiraient, c'était satisfaire l'opinion dont les réclamations étaient justes, et ils avaient les mains liées. Après des discussions et des travaux qui nous ont été conservés par l'un d'entre eux, M. Taillandier, ils rédigèrent une ordonnance, qui remplissait tant bien que mal le but proposé, et qui régit encore aujourd'hui la matière.

4° *Régime de l'ordonnance du* 1er *juin* 1828. — Cette ordonnance détermina les cas dans lesquels le conflit pourrait être élevé et les formes qui devraient être observées. Son plus grand défaut est de ne

---

(1) Cette commission, formée par le ministère Martignac, avait pour mission :

1° D'examiner suivant quelle règle et quelle forme et dans quelles limites le droit de revendiquer les affaires dont la connaissance appartient à l'administration, soit en vertu des lois qui ont réglé ses attributions, soit en vertu des lois spéciales, pouvait être exercé aux termes des lois existantes ;

2° De proposer et rédiger, s'il y avait lieu, les dispositions réglementaires qui pouvaient paraître nécessaires ou utiles pour maintenir l'autorité de la chose jugée et la compétence des tribunaux sans porter atteinte à l'indépendance de l'autorité.

pas être une loi. Elle statue sur une matière qui est du domaine législatif, puisqu'il s'agit de déterminer dans quels cas la chose jugée doit être respectée, et ne donnait, par conséquent, qu'une satisfaction très relative aux réclamations de la magistrature, dont un des membres avait réuni les doléances dans deux gros volumes fort curieux à consulter (1), et du public.

Il suffisait en effet d'une autre ordonnance pour enlever ce qu'on avait accordé, et déterminer à nouveau jusqu'à quel point il plairait à l'administration de respecter la chose jugée.

De nombreuses voix s'élevèrent, même au sein de la commission, pour demander que l'on réglât l'usage des conflits au moyen d'une loi, afin qu'il ne restât plus à la merci d'un caprice du pouvoir. Mais le roi n'osa pas soumettre la question aux chambres ; l'opinion était irritée à ce point qu'il craignait de tout perdre en la livrant à la discussion. Il préféra publier une ordonnance peu complète, et dont la légalité était tellement douteuse, qu'elle a pu être contestée encore dans ces derniers temps (2).

Les points sur lesquels avaient surtout porté les réclamations sont les suivants :

1° Le droit donné aux préfets d'arrêter l'action la plus juste.

L'ordonnance y mit des limites et dans ses trois

---

(1) Bavoux, *Des conflits*, Paris, 1827.
(2) Voir Dalloz périodique 1881, 2ᵉ cahier mensuel.

premiers articles prescrivit des règles qui offrent
quelques garanties.

2° Le défaut de motif dans les arrêtés de conflit; le
droit de les élever dans tous les temps.

L'ordonnance, dans ses articles 6 et 9, décida
que le préfet devrait insérer dans son arrêté le texte
de la loi qui attribue à l'administration la connaissance du point litigieux, et dans ses articles 8 et 11
qu'après un certain délai le conflit ne pourrait plus
être élevé.

3° La suspension indéfinie de l'action.

L'ordonnance détermina dans son article 15 le délai
dans lequel il serait satué.

4° L'obstacle que le conflit opposait à l'exécution
d'un jugement ou d'un arrêt.

Cet obstacle fut restreint.

La question qui avait été agitée au sein du conseil
des Cinq-cents se souleva de nouveau dans la commission chargée de rédiger l'ordonnance. M. Lepoitevin revendiqua pour la cour de cassation le droit
de régler les conflits, parce que « il répugne à toute
idée de justice que ce soit le même pouvoir qui élève
les conflits et qui les juge ». Cela était vrai et n'avait
jamais cessé de l'être, malgré le principe que toute
justice émane du roi, malgré la théorie qui veut que
l'autorité judiciaire et l'autorité administrative soient
deux subdivisions du pouvoir exécutif.

Mais le remède indiqué par M. Lepoitevin était
mauvais. Il ne valait ni plus ni moins que sous le Directoire, et les mêmes raisons, qui avaient servi à

Merlin pour le faire rejeter, furent reproduites par MM. Cuvier et de Cormenin, qui insistèrent sur ce point que la garantie contre les abus possibles se trouvait dans la responsabilité ministérielle ; ils n'avaient pu prévoir qu'il viendrait, plus tard, un régime qui supprimerait cette responsabilité, tout en laissant au pouvoir exécutif le règlement des conflits. Le conseil d'État garda le jugement des conflits, le débat s'étant circonscrit jusqu'alors entre lui et la cour de cassation, sans que la pensée fût encore venue de donner au conflit un juge mixte pouvant offrir des garanties d'impartialité, dont le pouvoir exécutif n'avait pas été prodigue.

L'exécution de l'ordonnance de 1828 souleva des difficultés de procédure. La négligence des administrations apportait des lenteurs (1), la publicité des audiences du conseil d'État (établie par l'ordonnance du 12 août 1830) des nécessités, auxquelles on voulut répondre en publiant l'ordonnance du 12 mars 1831 qui n'eut pour objet que de mettre le mode de procéder des conflits en harmonie avec l'organisation nouvelle donnée au conseil d'État. Le régime établi en 1828 n'en fut point altéré (2).

En 1836 un projet de loi fut présenté aux chambres, dans le but de donner enfin à la matière une réglementation législative. Ce projet fut très vivement critiqué par la presse et par les auteurs. M. de Cor-

---

(1) Circulaire du garde des sceaux du 22 novembre 1830. Dalloz, n° 81.
(2) Dufour, t. III, p. 628, n° 580.

menin lui-même qui, en 1828, avait réclamé à grands cris la réglementation législative, se demandait, dans le style mordant que l'on sait, quelle était la nécessité de cette proposition (1) ?

Ce projet ne fut pas adopté.

Une ordonnance du 18 septembre 1839, une ordonnance du 19 juin 1840 vinrent ajouter quelques articles à la législation du conflit, sans y apporter aucune amélioration, ni aucune modification importante. La loi du 19 juillet 1845, sur le conseil d'État, comprit les conflits dans les affaires contentieuses, sans contenir aucune disposition expresse à leur égard.

En résumé, cette période apporta quelques progrès, en sauvegardant la chose jugée, en limitant les cas dans lesquels le conflit pourrait être élevé, en édictant quelques règles protectrices de procédure.

Le chef de l'État demeura juge des conflits, non comme administrateur suprême, dans l'autorité administrative, mais comme dépositaire du pouvoir exécutif, à l'effet de rétablir l'accord entre les agents de l'administration et les tribunaux qui s'en partagent l'exercice. Mais il n'en est pas moins vrai qu'en fait, c'était du conseil d'État qu'émanait la décision ; que le conseil d'État, tel qu'il était constitué, c'était l'autorité administrative, et que cette autorité était juge et partie dans le débat. Il en résulta que l'opinion

(1) De Cormenin, supplément, p. 51.

publique garda ses défiances, et que la magistrature elle-même eut peine à accepter les décisions sur conflit comme émanant d'un supérieur commun aux autorités administrative et judiciaire (1).

5° *Régime de la constitution du 4 novembre* 1848. — Cette période inaugura une ère nouvelle dans la législation des conflits. Le progrès des idées avait amené le changement des institutions politiques. Le changement des institutions politiques provoqua une modification profonde dans la législation des conflits.

Le pouvoir exécutif en perdit le jugement.

La charte de 1814, confirmée en ce point par celle de 1830, avait proclamé que toute justice émane du roi. La révolution de 1848 reprenait l'idée que toute justice émane du peuple. Le gouvernement n'avait plus aucun titre à régler les conflits ; la constitution du 4 novembre 1848 décida, dans son article 89, la création d'un tribunal mixte, composé de conseillers à la cour de cassation et de conseillers d'État, et présidé par le ministre de la justice. Cette création fut faite par la loi des 15-27 janvier et 3-8 mars 1849 qui organisa le tribunal, régla le nombre des membres qui devaient le composer (2) et décida, ce qui était une innovation importante, que le ministre de la justice pouvait revendiquer, devant le tribunal des conflits, les affaires portées devant la section du contentieux du conseil

---

(1) Dufour, t. III, p. 629.
(2) Article 64.

d'État, et qui n'appartiendraient pas au contentieux administratif (1).

Cette disposition a été reproduite dans la loi du 24 mai 1872 qui régit aujourd'hui la matière.

La législation de cette période fut complétée par un règlement d'administration, des 26-28 octobre 1849, qui déterminait les formes de procéder devant le tribunal des conflits, et par une loi des 4-8 février 1850 qui est venue combler les lacunes que le règlement du 26 octobre avait laissées (2).

Le règlement du 26 octobre 1849 et la loi du 4 février 1850 ont été remis en vigueur par la loi du 24 mai 1872, qui fit revivre le système de la constitution du 4 novembre 1848, en modifiant les trois premiers articles de la loi du 4 février (3).

Leur étude trouvera place plus loin.

Le tribunal des conflits a été installé le 7 mars 1850, date de sa première décision (4).

6° *Régime du décret organique des* 18-25 *février* 1852. — La dernière période que l'on ait à étudier, avant d'arriver à la législation en vigueur, n'offre aucun intérêt; elle s'étend de 1852 à 1872. Le tribunal des conflits devait disparaître. Il était de nature à éveiller les inquiétudes du gouvernement qui était sorti du

---

(1) Article 47.

(2) Rapport de M. Thomine-Desmasures, *Moniteur* du 16 décembre 1856; Duvergier, 1850, p. 23, note.

(3) Article 25, loi du 24 mai 1872.

(4) Lebon, *Recueil des arrêts du conseil d'État*, p. 215 et suivantes, note; Serrigny, n° 155.

coup d'État du 2 décembre : il y trouvait trop peu de garanties pour ses nécessités. Le décret organique des 18-25 février 1852 rendit au conseil d'État le règlement des conflits et en revint à l'ancienne législation, privée bientôt des pseudo-garanties qu'elle pouvait offrir. Les régimes précédents l'avaient défendue, en alléguant la responsabilité ministérielle, qui devait servir de contre-poids au pouvoir du chef de l'État. L'empire avait remplacé la responsabilité des ministres par celle du souverain, ce qui a toujours été pour un gouvernement le moyen le plus sûr de décliner toute responsabilité devant les chambres (1).

Statistique. — De 1799 à 1814, le nombre moyen de conflits d'attribution a été de 65 à 70 par an. Sous la Restauration, la moyenne annuelle a été de 40. Mais, pour l'année 1827 et les premiers mois de 1828, le nombre des conflits en matière électorale, soulevés par l'application d'une loi qui ne tarda pas à être abrogée, s'est élevé à 103 (2).

De 1830 à 1846 (les statistiques officielles des travaux du conseil ne dépassent pas l'année 1845), le nombre total des conflits a été de 415, soit environ 27 par an. Ces conflits ont presque tous été élevés dans des litiges relatifs aux travaux publics et aux cours d'eau.

En 1850 et 1851 le tribunal des conflits a été saisi

---

(1) Dufour, t. III, p. 631, n° 583.
(2) Ces chiffres sont indiqués dans le rapport fait par M. Hély d'Ois-sel, à la chambre des députés, sur la proposition de M. Gaëtan de la Rochefoucauld, déposé le 26 juin 1828.

de 144 conflits; mais, par suite de la suspension des délais prononcés par la loi du 3 mars 1849 qui organisait le conseil d'Etat, il a jugé en réalité les affaires introduites pendant trois années ; la moyenne s'est élevée à 47 par an.

De 1852 à 1865 (la statistique de 1865 à 1870 n'a pas été publiée) le total des conflits positifs n'a été que de 268, c'est-à-dire en moyenne de 19 par an.

Du 19 septembre 1870 au mois d'août 1872 le nombre des conflits jugés a été de 23, c'est-à-dire environ 12 par an.

Depuis le rétablissement du tribunal des conflits à la fin de l'année 1872, jusqu'à la fin de l'année 1878, le tribunal a été saisi de 118 conflits, ce qui donne une moyenne annuelle de 19. Mais ce nombre aurait été sensiblement moindre, si les événements de la guerre n'avaient pas fait naître des questions nouvelles, et si plusieurs conflits relatifs à des questions identiques n'avaient été élevés au même moment devant les tribunaux.

Si l'on recherche enfin le nombre des conflits positifs qui ont été confirmés et de ceux qui ont été annulés on trouve les chiffres suivants :

Depuis le mois d'octobre 1828 jusqu'au 1er janvier 1847, sur 548 conflits élevés, il y en a eu 344 confirmés intégralement, 50 confirmés en partie, et 153 annulés, dont 42 pour vice de forme.

Du 7 mars 1850 au 22 novembre 1851 le tribunal des conflits a statué sur 144 conflits : 61 ont été confirmés intégralement, 17 confirmés en partie, 26 annulés au fond, 8 pour vice de forme.

De 1852 à 1865, 96 arrêtés de conflit ont été confirmés intégralement, 49 l'ont été en partie ; 101 ont été annulés au fond et 22 pour vice de forme.

De 1872 à 1878, 57 conflits ont été validés intégralement, 7 partiellement, 49 ont été annulés au fond et 4 pour vice de forme.

La proportion des conflits annulés au fond a été, dans ces diverses périodes, de 20 % (1828 à 1847), de 20 % (1850 à 1852), de 37 % (1852 à 1865), de 41 % (1872 à 1878) (1).

---

(1) Rapport présenté au tribunal des conflits par M. Aucoc, président de section au conseil d'État, membre de tribunal. Imprimerie nationale, mars 1879.

CHAPITRE PREMIER

DU JUGE DES CONFLITS

Loi du 24 mai 1872, article 25 ; loi du 14 février 1850, articles 4, 5, 6, 7, 9 et 11 ; règlement du 26 octobre 1849, articles 1, 4, 5, et 6 ; ordonnance du 12 décembre 1821, article 7 ; décret du 11 octobre 1849.

On sait que la loi a proclamé, en l'élevant à la hauteur d'une institution fondamentale, la séparation des autorités judiciaire et administrative, sans déterminer la limite de leur compétence, et que de ce manque de limitation résultent des incertitudes, qui se traduisent par des contestations de compétence auxquelles on donne le nom de conflit.

A qui devra rationnellement appartenir le règlement de ces conflits ?

Plusieurs systèmes sont possibles. Il peut être attribué, soit à l'un des trois pouvoirs ou autorités, législatif, exécutif ou judiciaire, soit à un tribunal mixte dont la composition peut varier à l'infini. Il n'est aucun de ces systèmes qui ne soit pratiqué quelque part.

La plupart des cantons suisses font juger le conflit par le grand Conseil, c'est-à-dire par le pouvoir législatif (1).

_____

(1) Berne, Constitution de 1846, art. 27 ; — Lucerne, Const. de 1848, art. 19 ; — Fribourg, Const. de 1848, art. 45 ; — Schwitz, Const. de 1848,

7

L'Espagne, l'Italie, le Wurtemberg en attribuent la juridiction soit au conseil d'État, soit au pouvoir exécutif ; l'Angleterre et les États-Unis, la Belgique (1) et la Hollande (2) l'ont laissée au pouvoir judiciaire. La Saxe (3), la Prusse (4), la Bavière (5) ont institué des tribunaux ou commissions mixtes ainsi que Zurich (6), Vaud (7) et Bâle-Campagne (8).

Dans ces trois cantons, les pouvoirs législatif, exécutif et judiciaire sont représentés au jugement des conflits.

L'Autriche a un système qui lui est propre. Les conflits sont réglés par la cour suprême de justice qui s'entend avec le ministre de l'intérieur. En cas de dissentiment, c'est le souverain qui prononce.

§ 1. — Les conflits sont réglés par l'autorité judiciaire.

Le système le plus difficile à défendre est celui qui remet à l'ordre judiciaire le soin de trancher entre lui-même et l'ordre administratif. Ce système n'offre d'ailleurs qu'un intérêt purement théorique. Il n'a jamais été pratiqué en France.

art. 69 ; — Uri, Const. 1850, art 27 ; Zug, Const. 1848, art. 21 ; — Schaffouse, Const. 1852, art. 35 ; — Neufchatel, Const. 1848, art. 27.
(1) Constitution de 1831, art. 106.
(2) Arrêté du roi des Pays-Bas du 20 mai 1844.
(3) Loi de 1840.
(4) Loi de 1847.
(5) Loi de 1850.
(6) Const. de 1831, art. 37.
(7) Loi vaudoise du 26 janvier 1839
(8) Const. de 1850, art. 33.

L'ordre judiciaire manque d'un caractère essentiel pour servir d'arbitre en matière de conflit ; il ne peut pas être considéré comme une autorité commune à lui-même et à l'ordre administratif. Bien au contraire, dans le règlement du conflit il serait juge et partie, ce qui, au point de vue de l'organisation de notre pays, serait un danger, et rendrait la législation du conflit inutile. Cette législation est née de l'appréhension qu'avait la Constituante de voir se continuer les empiétements des parlements sur le domaine de l'autorité administrative. Elle n'aurait plus sa raison d'être si ceux-là même qui ont consommé les empiétements étaient appelés à en juger la légitimité.

§ 2. — Le pouvoir exécutif est juge des conflits.

Le système qui confie au pouvoir exécutif le soin de juger les conflits s'appuie sur la théorie, qui fait de l'autorité administrative et de l'autorité judiciaire des subdivisions du pouvoir exécutif.

Ce système met entre les mains du chef de l'État un moyen puissant de gouverner qui peut être précieux dans des moments de troubles, utile dans des périodes révolutionnaires alors que le pouvoir constitué se maintient à grand'peine, mais est toujours dangereux, même entre des mains honnêtes.

Dans des temps de calme, au milieu du fonctionnement régulier des institutions, ce système perd ses avantages et ne conserve que ses dangers. Le pouvoir de juger les conflits, que plusieurs constitutions don-

nent au souverain, peut même tourner contre lui s'il
en abuse : on a vite perdu toute confiance en un juge
qui se sert de la justice à son profit ; l'histoire est là
pour le montrer.

La théorie même sur laquelle on base ce système
est impuissante à le justifier. En effet, que l'autorité
judiciaire constitue un pouvoir spécial, égal et semblable au pouvoir exécutif et au pouvoir législatif ou
bien qu'il ne soit, conjointement à l'autorité administrative, qu'une subdivision du pouvoir exécutif, peu
importe : il est un fait qui reste certain, c'est que dans
toute contestation qui s'élève, entre l'autorité administrative et l'autorité judiciaire, et dont le pouvoir
exécutif sera juge, le gouvernement sera à la fois
juge et partie. Le gouvernement est solidaire des
actes de l'administration ; c'est lui qui les a ordonnés
ou c'est sous sa direction qu'ils ont été accomplis. La
distinction que l'on peut établir entre le gouvernement
et l'administration est factice et purement théorique.
Elle peut servir à faciliter l'étude de quelques points de
droit, mais n'a aucune importance en pratique. L'administration n'est, en réalité, que l'ensemble des
rouages d'un mécanisme, dont le gouvernant serait
le grand ressort. L'administration ne marche que par
l'impulsion qu'elle a reçue, et, dans le système dont
nous nous occupons, c'est celui qui a donné cette
impulsion, qui est appelé à statuer sur le point de
savoir si elle est bonne ou mauvaise (1).

_____

(1) Lorsque c'est un corps administratif comme le conseil d'État qui,

§ 3. — **Le pouvoir législatif est juge des conflits.**

Le conflit n'est pas un procès. C'est une contestation d'une nature particulière. Il ne s'agit pas de savoir si un tel intérêt est lésé, mais à laquelle de deux autorités, que l'esprit de corps rend rivales, revient la connaissance d'une affaire donnée, ou mieux d'une classe d'affaires. C'est l'ordre social lui-même qui est en jeu : il s'agit de déterminer une compétence et de suppléer ainsi à l'obscurité ou au silence de la loi. Il semble donc naturel de laisser le législateur combler le vide qu'il a laissé dans la législation ou compléter la règle qu'il n'a qu'insuffisamment posée. Les systèmes qui lui donnent le règlement des conflits ont, en outre, l'avantage de trancher définitivement les difficultés. Les décisions judiciaires ne peuvent jamais avoir un caractère général et réglementaire ; elles doivent se renfermer dans les limites du litige même qui les a provoquées. Les décisions, au contraire, que le législateur prendrait à propos des conflits qui lui seraient soumis auraient la même force que la loi ; elles décideraient pour l'avenir.

Cependant, en se plaçant au point de vue particu-

---

en fait, décide, l'ombre de vraisemblance que la théorie des deux pouvoirs à subdivisions donnait à ce système disparaît. Ce n'est plus le souverain, autorité commune qui décide, lui qui est censé tenir une balance égale entre les deux autorités qui dépendent de lui ; c'est l'autorité administrative elle-même qui juge, dans son propre procès, si elle a eu tort ou raison d'empiéter sur les prérogatives judiciaires.

lier de la législation française, ce procédé serait en contradiction avec les principes généraux.

Le législateur fait la loi, il ne l'interprète pas. Le juge interprète la loi sans jamais pouvoir la faire. C'est donc à un corps judiciaire que doit revenir en matière de conflit, comme en toute autre matière, le soin de suppléer à ses lacunes et d'en éclaircir les obscurités. Reste à donner à ce corps l'organisation particulière que nécessite la nature des fonctions qu'il est appelé à remplir.

§ 4 — Les conflits sont réglés par un tribunal mixte.

Le règlement du conflit, par le pouvoir exécutif, qui a sa raison d'être dans un pays dont le gouvernement est absolu, la perd dans une société démocratique. Le pouvoir exécutif n'est investi que des fonctions qui lui ont été déléguées par la volonté nationale, et il n'existe aucune raison de principe pour qu'il soit appelé à régler les conflits. La seule chose qui importe est de savoir a qui le jugement des conflits pourra être confié le plus utilement, quel est le fonctionnaire ou le corps qui offrira les plus grandes garanties d'impartialité, de lumières et d'autorité ; et il devient évident que le pouvoir exécutif doit être écarté. Ce n'est pas lui qui est appelé à fournir au plus haut point la principale de ces garanties, l'impartialité.

Il faudra que le juge puisse être également respecté des deux parties. Donner à l'une d'elles le jugement des conflits, c'est tomber dans tous les inconvénients que l'on peut craindre : donner trop de pouvoir à celui des deux corps qu'on fera juge et partie, et lui subordonner l'autre, tout en rendant ses jugements sans autorité.

Le seul juge possible, entre l'administration et l'ordre judiciaire, est un juge qui n'appartienne à aucun de ces ordres et les domine tous les deux, ou appartienne à l'un et à l'autre.

Dans un État, dont le gouvernement n'est pas absolu, un juge de la première sorte ne peut se trouver, si l'on excepte le législateur. Le gouvernement et l'administration ne sont, comme l'ordre judiciaire, que des mandataires du peuple, des rouages du mécanisme social.

Il faut donc recourir à un juge qui soit commun à l'un et l'autre des ordres en conflit parce qu'il appartient à tous deux. Ainsi, on obtiendra des décisions qui seront une sorte de transaction consentie par l'un et l'autre de ces ordres, et qui offriront toutes les garanties désirables : la célérité pour les parties, la lumière apportée par la discussion soutenue en commun par les membres des deux ordres ; l'impartialité : les membres de chaque ordre ne devant abandonner les intérêts qu'ils sont appelés à défendre, que s'ils reconnaissent la justice de cet abandon ; l'autorité, qui sera la conséquence de toutes les raisons précédentes.

Telle est la pensée qui a présidé à la création du tribunal des conflits. Ce tribunal institué par l'art. 89 de la constitution du 4 novembre 1848 et entré en fonctions le 7 mars 1850, a enlevé pour la première fois au pouvoir exécutif le règlement des conflits qui jusqu'alors avait appartenu au chef de l'État.

Le tribunal des conflits se composait, on se le rappelle, d'un nombre égal de conseillers d'État et de conseillers à la cour de cassation, élus par leurs collègues pour trois ans, et présidé par le ministre de la justice (1).

Les services qu'on attendait de lui, le tribunal des conflits les a rendus.

Il s'est montré l'interprète impartial des règles de compétence : les prérogatives du gouvernement ont su trouver en lui le gardien le plus vigilant, et, sans se laisser égarer par le sentiment exagéré de ses droits ou de sa force, il a su imprimer à ses décisions assez d'autorité pour les faire accepter à titre d'actes régulateurs. Les conseillers d'État et les magistrats qui le composaient apportaient dans le sein de cette assemblée les idées puisées, pour les uns, dans l'étude des faits, pour les autres dans la pratique des lois, et en rentrant dans leurs corps respectifs, ils y rapportaient et y faisaient pénétrer des convictions acquises dans les discussions les plus approfondies. Le conseil d'État et la cour de cassation se sont, comme par l'effet d'un commun accord, tenus pour réciproquement liés pour les arrêts du tribunal des conflits, et les dissidences ont cessé sur tous les points qu'il a réglés (2).

---

(1) Voir le rapport de M. Thomine-Desmasures sur la loi des 4-8 février 1850 présenté le 3 décembre. — *Moniteur* du 24. Voir aussi les observations de Dupin (aîné) sur l'art. 89 de la constitution du 4 novembre 1848 ; Duvergier, en note sous l'art. 89 de la constitution.

(2) Dufour, t. III, p. 630, n° 582.

Grâce à lui, le conflit devenait ce qu'il aurait toujours dû être, un moyen de maintenir les diverses
autorités dans la limite de leurs attributions, sans
pouvoir jamais devenir un moyen de gouvernement.
Malgré cela, il disparut, on le sait, après le 2 décembre.

Cette combinaison ingénieuse avait en outre cet
avantage que les membres qui composaient le tribunal des conflits ne formaient pas un corps distinct,
intéressé à se créer des prérogatives et à empiéter sur
d'autres pouvoirs, puisqu'ils n'avaient point d'existence propre et permanente ; ils ne pouvaient donc
pas travailler à se donner une autorité profitable à
leur corps, puisque ce corps n'existait pas, chacun des
membres rentrant les uns dans le conseil d'État, et
les autres dans la cour de cassation après avoir siégé
accidentellement dans une réunion éphémère (1).

§ 5. — **Législation en vigueur.**

La loi du 24 mai 1872 sur le conseil d'État a réorganisé le tribunal des conflits. Il a remis en vigueur
la loi du 4 février 1850 et le règlement du 28 octobre 1849, en les modifiant légèrement.

Son article 25, qui organise le tribunal, a abrogé et
remplacé les articles 1, 2, et 3 de la loi de 1850 ; l'article 2 du règlement de 1849 avait déjà été remplacé
par l'article 3 de la loi de 1850.

(1) Serrigny, t. I, n° 155. Voir Dareste, p. 209, et Batbie, t. VII,
p. 390.

Loi du 24 mai 1872, tit. IV, *art.* 25. — Les conflits d'attribution entre l'autorité administrative et l'autorité judiciaire sont
réglés par un tribunal spécial composé : 1° du garde des sceaux
président; 2° de trois conseillers d'État en service ordinaire élus
par les conseillers en service ordinaire ; 3° de trois conseillers à
la cour de cassation nommés par leurs collègues; 4° de deux
membres et deux suppléants, qui seront élus par la majorité
des autres juges désignés aux paragraphes précédents.

Les membres du tribunal des conflits sont soumis à la réélection tous les trois ans et indéfiniment rééligibles.

Ils choisissent un vice-président au scrutin secret et à la majorité des voix.

Ils ne pourront délibérer valablement qu'au nombre de cinq
membres présents au moins.

Ainsi le nouveau tribunal se compose de trois conseillers d'État en service ordinaire élus par les conseillers en service ordinaire ; de trois conseillers à la
cour de cassation élus par leurs collègues; de deux
membres et deux suppléants élus par les membres
déjà désignés. Ce tribunal est présidé par le garde
des sceaux, et, ses membres, élus pour trois ans et
indéfiniment rééligibles, choisissent un vice-président au scrutin secret et à la majorité des voix (1).

La composition du tribunal de 1848 était différente.

Il se composait de quatre conseillers d'État, de
quatre conseillers à la cour de cassation, et de deux
suppléants pris dans le conseil d'État ou la cour de
cassation suivant la qualité des membres qu'ils de-

(1) Art. 64 de la loi des 15 et 27 juin et 3-8 mars 1849 organique du
conseil d'État.

(2) Art. 2 du règlement d'administration publique du 28 octobre
1849.

vaient remplacer (2). Il était présidé par le garde des sceaux (1) et à son défaut par le ministre de l'instruction publique (2).

Cette composition offrait un inconvénient, au moins en théorie : il pouvait se faire que, dans un grand nombre de cas, le tribunal se partageât en deux camps, et que les quatre voix de la cour de cassation tinssent en échec les quatre suffrages du conseil d'État.

C'était alors le ministre de la justice ou de l'instruction publique qui départageait, et la jurisprudence du tribunal se trouvait exposée aux variations ministérielles si fréquentes même sous les régimes absolus, si brusques sous les régimes parlementaires (3).

Cependant ce danger n'avait pas frappé les législateurs de 1848. M. Dupin (aîné) avait cru pouvoir justifier la disposition qui attribuait la présidence du tribunal au ministre de la justice par ces seuls mots : « Il faut un président. Eh bien, on n'a voulu subordonner ni la cour de cassation au conseil d'État, ni le conseil d'État à la cour de cassation. Il fallait un lien entre ces autorités. Nous avons pris le ministre de la justice, qui représente la puissance publique dans cette branche du pouvoir. »

« Le ministre est le chef de la justice... ayant jusqu'à présent la suprématie sur les deux ordres, l'ordre

---

(1) Art. 89 de la constitution du 4 novembre 1848.

(2) Art. 2 de la loi des 4-8 février 1850 sur l'organisation du tribunal des conflits.

(3) Batbie, t. VII, p. 390.

administratif et l'ordre judiciaire ; c'est lui qui est le lien naturel qui doit concilier entre elles les deux autorités dont sera composé le tribunal des conflits.

« D'ailleurs ce n'est pas un jugement que le tribunal des conflits aura à prononcer : il aura seulement à rendre son libre cours à l'administration de la justice. Il n'agira que comme pouvoir régulateur (1). »

Ce danger d'ailleurs était peu redoutable, puisque des auteurs peu favorables à l'institution du tribunal des conflits et qui, comme M. Batbie, pensent que « c'est avec raison qu'il a été sacrifié (2), », avouent qu'en fait il ne s'est jamais présenté.

Cependant, il suffisait qu'il pût se produire pour qu'il fût utile de le prévenir, ce que l'on a essayé de faire en 1872, au moyen de l'introduction d'un élément étranger dans le tribunal.

Le Gouvernement avait proposé le rétablissement pur et simple de l'organisation de 1848, sauf une différence : le garde des sceaux président aurait délégué un autre ministre choisi par lui pour remplir le rôle de vice-président et le remplacer.

Le projet de la commission ôtait la présidence au garde des sceaux, et introduisait un troisième élément, propre à prévenir ou à faire cesser l'antagonisme, qui pourrait s'élever entre les délégués de l'autorité judiciaire et les représentants de l'administration ; il était rédigé dans ces termes :

---

(1) Voir Duvergier, note sous l'art. 89 de la constitution du 4 novembre 1848.

(2) Batbie, t. VII, p. 390.

« Les conflits d'attribution entre l'autorité administrative et l'autorité judiciaire sont réglés par un tribunal spécial composé de :

« 1° Trois conseillers d'État en service ordinaire
élus par les conseillers d'État en service ordinaire ;

« 2° Trois conseillers à la cour de cassation nommés par leurs collègues ;

« 3° Trois membres désignés par l'Assemblée nationale.

« Les membres du tribunal des conflits sont soumis
à réélection tous les trois ans et indéfiniment rééligibles. Ils choisissent leur président au scrutin secret
et à la majorité des voix. »

Ce système a été combattu au moyen des arguments
suivants : l'Assemblée ne doit en rien intervenir
dans la composition d'un corps entièrement judiciaire ; une des plus heureuses pensées des auteurs
de la constitution de 1848 et de la loi organique de
1849 avait été de confier la présidence au garde des
sceaux : le garde des sceaux est le chef de la justice
administrative et de la justice civile ; il est le trait
d'union indiqué entre ces deux justices ; il est membre du gouvernement, et, à ce titre, qui pourrait s'inspirer mieux des nécessités de l'administration ?

D'un autre côté, il est placé à la tête de la magistrature, et plus que personne il dit s'opposer à tout
empiètement illégitime sur les attributions judiciaires (1).

(1) M. Gaslonde, *Journal officiel*, numéro du 4 mai 1872, p. 2989.

Ces arguments sont à peu près ceux qui avaient été émis déjà par M. Dupin, sauf le premier qui semble fort critiquable. Il tend à empêcher l'introduction dans le tribunal des conflits de l'élément parlementaire. Pourquoi? Le tribunal des conflits est bien moins un corps judiciaire qu'un pouvoir pondérateur, et l'on ne voit pas l'inconvénient qu'il y aurait à y introduire un élément parlementaire ainsi que cela se pratique dans plusieurs cantons suisses. Cette intervention du législateur dans le tribunal des conflits aurait été peut-être le moyen le plus certain d'opérer le départage que l'on souhaitait.

On chercha à concilier les deux projets en excluant l'intervention parlementaire, en admettant le garde des sceaux à la présidence, en lui adjoignant un vice-président élu dans le tribunal par ses collègues, en ajoutant deux juges et deux suppléants élus par les autres membres du tribunal, et, en troisième lecture, la commission put présenter à l'Assemblée la rédaction actuelle.

Le but que l'on se proposait en introduisant dans le tribunal deux membres élus par lui fut-il atteint? On espérait qu'ils départageraient le tribunal et qu'ainsi la jurisprudence ne serait plus exposée à changer avec les ministères. Mais ce fait devait se produire que les deux membres élus appartiendraient l'un à la cour de cassation, l'autre au conseil d'État, et que le ministre départagerait encore le tribunal.

Quant au choix du vice-président, il avait été déjà

pour les rédacteurs de la loi de 1850 l'objet d'hésita-
tions nombreuses (1). On avait tout d'abord songé à en
laisser le choix au président de la République ; mais on
pensa qu'attribuer ainsi au chef du pouvoir exécutif
le droit de choisir, pour chaque affaire, et peut-être
selon le caractère de chaque affaire, le magistrat
chargé de présider le débat et de diriger la délibération, serait sortir de toutes les règles établies dans
l'administration de la justice et ouvrir la porte à de
graves abus. On chercha autre chose. La commission
voulut d'abord compléter le tribunal des conflits
sans sortir du sein même de ce tribunal. Mais elle
s'est trouvée dans l'alternative, ou d'altérer la juste
pondération établie par la constitution entre les membres qui la composent si le magistrat chargé momentanément de la présidence n'était pas compté dans le
nombre des magistrats appelés également, de part et
d'autre, pour statuer sur chaque affaire ; ou, s'il n'y
était pas compris, de constituer ce tribunal en nombre
pair, c'est-à-dire d'ouvrir dans son sein même la porte
à une nouvelle sorte de conflits (2). Elle rejeta donc
cette idée qui a été reprise et adoptée par le législateur de 1872 et recourut à la vice-présidence du minis
tre de l'instruction publique qui lui semblait offrir
les plus grandes garanties (3).

---

(1) Art. 1ᵉʳ de la loi du 4 février 1850.
(2) Art. 25 de la loi du 24 mai 1872.
(3) Voir le rapport de M. Thomine-Desmasures, *Moniteur* du 20 février 1850.

Le tribunal de 1848 ne pouvait prendre ses décisions qu'au nombre de neuf juges.

Le tribunal de 1872 peut statuer si cinq membres seulement sont présents.

Le tribunal des conflits se compose, en résumé :

1° Du garde des sceaux président ; 2° de trois conseillers d'État élus par le conseil d'État en séance ordinaire ; 3° de trois conseillers à la cour de cassation choisis par leurs collègues ; 4° de deux juges, deux juges suppléants et d'un vice-président élus par le tribunal.

Ces magistrats sont soumis à la réélection tous les trois ans et indéfiniment rééligibles.

A cela il faut ajouter : 1° un secrétaire greffier nommé par le ministre de la justice ; 2° deux commissaires du gouvernement nommés pour un an par le Président de la République, avant l'époque fixée pour la reprise des travaux du tribunal ; 3° deux suppléants choisis de la même manière.

Le Tribunal des conflits, on l'a déjà vu, peut délibérer si cinq de ses membres sont présents.

Règlement du 26 octobre 1849, *art.* 4. — Les avocats au conseil d'État et à la Cour de cassation peuvent être chargés, par les parties intéressées, de présenter devant le tribunal des conflits des mémoires et des observations.

Art. 1er. — Le tribunal des conflits se réunit sur la convocation du ministre de la justice son président.

Loi du 4 février 1850, *art.* 4. — Les décisions du Tribunal des conflits ne pourront être rendues qu'après un rapport écrit fait par l'un des membres du Tribunal et sur les conclusions du ministère public.

Art. 5. — Les fonctions de rapporteur seront alternativement confiées à un conseiller d'État et à un membre de la Cour de cassation, sans que cet ordre puisse être interverti.

Règlement du 26 octobre 1849, art. 6. — Les rapporteurs sont désignés par le ministre de la justice, immédiatement après l'enregistrement des pièces au secrétariat du tribunal.

Loi du 4 février 1850, *art.* 6. — Les fonctions du ministère public seront remplies par deux commissaires du gouvernement choisis tous les ans par le président de la République, l'un parmi les maîtres des requêtes au conseil d'État, l'autre dans le parquet de la Cour de cassation.

Il sera adjoint à chacun de ces commissaires un suppléant choisi de la même manière et pris dans les mêmes rangs pour le remplacer en cas d'empêchement.

Ces nominations devront être faites, chaque année, avant l'époque fixée pour la reprise des travaux du Tribunal.

Règlement du 26 octobre 1849, art. 7. — Dans aucune affaire, les fonctions de rapporteur et celles du ministère public ne pourront être remplies par deux membres pris dans le même corps (1).

Art. 5. — Un secrétaire est nommé par le ministre de la justice et attaché au tribunal des conflits.

La nécessité d'un rapporteur et d'un organe du ministère public se fait aisément comprendre : les décisions du tribunal des conflits ont un caractère

---

(1) Cet article a fait naître une difficulté. Lorsqu'il a été rédigé, le tribunal des conflits se composait exclusivement de membres de la Cour de cassation et de conseillers d'État. Depuis la loi de 1872 le tribunal se compose en outre de deux membres élus par lui-même. Le plus souvent ces deux membres seront choisis l'un dans le conseil d'État, l'autre dans la Cour de cassation. Mais il peut se faire qu'il n'en soit pas ainsi. Un professeur de la faculté de droit de Paris, par exemple, a été nommé membre du tribunal des conflits. Dans quel corps le classer ? En fait, il a été assimilé, et avec raison, aux conseillers à la Cour de cassation.

grave ; on ne peut négliger aucun des moyens d'apporter la lumière dans ses débats et de les rendre fructueux. Il est inutile d'insister sur ce point. Mais le mode de formation du ministère public pourrait soulever des critiques. Il est recruté, on a pu le voir en lisant l'article 6 de la loi du 4 février 1850, à la fois dans la Cour de cassation et dans le Conseil d'État ; comme, d'une part, dans aucune affaire, les fonctions de rapporteur et celles du ministère public ne pourront être remplies par deux membres pris dans le même corps ; que, d'autre part, les fonctions de rapporteur sont alternativement confiées à un conseiller d'État et à un membre de la cour de cassation, sans que cet ordre puisse varier, il s'ensuivra que le ministère public subira les mêmes changements, et que le commissaire du gouvernement sera représenté alternativement par un maître des requêtes au conseil d'État et un membre du parquet de la cour de cassation. On pourrait voir là une atteinte au principe de l'unité du ministère public, principe qui est une des nécessités de cette institution. Cependant, si l'on réfléchit, on voit que l'atteinte est plus apparente que réelle ou, plutôt, que eu égard aux fonctions spéciales du tribunal des conflits et à son organisation, elle ne peut porter aucun préjudice à l'administration de la justice.

L'intervention d'un ministère public, auprès du tribunal des conflits, n'a d'autre utilité que d'environner ses décisions de plus de garanties, d'y apporter plus de lumières et de leur donner plus d'activité.

Il n'a pas besoin de cette indivisibilité d'action, de cette discipline nécessaires au ministère public devant les juridictions ordinaires ; celui-ci, dont les fonctions sont essentiellement actives, doit veiller sans cesse à l'exécution des lois, s'efforcer de découvrir les délits et de les faire punir. Son action étant active doit être continue et une. Le principe ne s'applique qu'à cette unité et à cette continuité d'action, qui ne sont d'aucune nécessité devant le tribunal des conflits, où le représentant du ministère public voit son rôle se borner à chercher la vraie doctrine, dans les affaires qui sont soumises à son examen, et à s'efforcer de la faire triompher. Il n'est donc pas violé. Si on lui cherchait, en dehors de cela, une application dans la matière, on ne pourrait la trouver que dans les opinions que les organes du ministère public pourraient avoir à exprimer dans les discussions agitées devant eux, ce qui serait le renversement de toutes les bases de la justice et l'atteinte la plus inexcusable aux droits de la conscience humaine.

D'ailleurs, on a largement obvié à l'inconvénient que pouvait offrir la variation d'opinion, qu'apporterait dans le ministère public la variation d'origine de ses membres, en ne prenant point le rapporteur dans le même corps. L'un des deux suivant les tendances judiciaires, l'autre obéissant aux tendances administratives, le tribunal ne pourra qu'être mieux éclairé. En choisissant le rapporteur et le commissaire du gouvernement alternativement dans l'un et l'autre corps,

la balance est également tenue entre les deux autorités et le principe même qui a fait instituer le tribunal des conflits est sauvegardé le mieux possible.
Il n'en serait pas de même, si le ministère public était
choisi exclusivement dans l'un des deux corps.

Reste l'hypothèse d'un ministère public spécial et
trouvant en lui-même sa propre hiérarchie ; mais des
inconvénients et des difficultés d'exécutions, qui lui
ont paru attachés à ce système, ont déterminé la commission chargée d'examiner le projet qui est devenu
la loi du 4 février 1850, à le rejeter (1).

Art. 9. — Les décisions du Tribunal des conflits portent en
tête la mention suivante :
Au nom du peuple français, le tribunal des conflits.
Elles contiennent les noms et conclusions des parties, s'il y a
lieu, le vu des pièces principales et des dispositions législatives
dont elles font l'application. Elles sont motivées. Les noms des
membres qui ont concouru à la décision y sont mentionnés.
La minute est signée par le président, le rapporteur, le secrétaire. L'expédition des décisions est délivrée aux parties intéressées par le secrétaire du Tribunal. Le ministre de la justice
fait transmettre administrativement aux ministres expédition
des décisions dont l'exécution rentre dans leurs attributions.
Art. 11. — Sont applicables au Tribunal des conflits les articles 88 et suivants du Code de procédure civile sur la police des
audiences.

Ces articles ne demandent aucun commentaire.

Les audiences du tribunal des conflits sont publiques (2).

---

(1) Voir le rapport de M. Thomine-Desmasures.
(2) Règlement du 28 octobre 1849, art. 8.

Une question a été soulevée devant le tribunal des conflits : ses membres sont-ils susceptibles de récusation?

Elle a été résolue par la négative, tant devant le tribunal de 1848, que devant celui de 1872.

Cette solution s'appuie sur les arguments suivants :

Le tribunal des conflits est une juridiction *sui generis*, ayant son caractère propre, se mouvant d'après des formes particulières, ne rendant pas de jugements dans le sens habituel et légal du mot; les parties intéressées ne peuvent saisir de leur chef, élever elles-mêmes le conflit ; elles n'ont pas le droit d'intervenir ni de former opposition; la loi ne leur reconnaît pas le droit de poser des conclusions, elle tolère seulement de simples observations orales, car ce n'est pas, en effet, entre des parties et à raison de leur intérêt privé, que le tribunal des conflits est appelé à statuer; c'est entre l'autorité administrative et l'autorité judiciaire, sans qu'il puisse jamais connaître du fond de l'affaire et seulement pour déterminer leurs attributions respectives qui intéressent l'ordre public. En réalité, le tribunal est, dans le cercle de ses pouvoirs, une fraction de la souveraineté.

Avant la République, les règles de la procédure n'étaient pas applicables à celui qui était alors le souverain et que ne liait pas la délibération prise par le conseil d'État, dont les attributions étaient les mêmes que celles que le tribunal des conflits exerce aujourd'hui. Ces règles ne s'appliquent donc pas au tribunal puisqu'il a conservé le même caractère et les mêmes pouvoirs. Et cela se conçoit. Qui peut récuser dans les termes du droit commun? Les parties ; or il n'y en a pas devant le tribunal des conflits (1)....

La dernière décision du tribunal des conflits prise sur cette question est ainsi motivée :

« Considérant que le tribunal des conflits, institué pour assurer l'application du principe de la séparation des pouvoirs administratif et judiciaire, n'est appelé à trancher aucune contestation d'intérêt privé ; que le débat porté devant lui, par le préfet agissant au nom de la puissance publique, s'agite uniquement entre l'autorité judiciaire et l'autorité administrative :

« Qu'il suit de là que les parties engagées dans l'instance qui donne lieu à l'arrêté de conflit ne figurent ni comme demanderesses ni comme défenderesses devant le tribunal chargé de le juger ; que si les parties peuvent fournir des mémoires et des observations orales, elles ne sont recevables à prendre aucunes conclusions ; que, dès lors, elles ne sauraient être admises à proposer une récusation, par application des articles 358 et suivant du code de procédure civile (2).... »

_____

(1) M. Ronjat, commissaire du gouvernement. — C'était en 1850 que la question s'était présentée devant le premier tribunal des conflits (30 mai ; V. Dalloz, 1880, p. 121, note 1). Un membre du tribunal avait été formellement récusé, et la question fut nettement posée de savoir si la récusation proposée était recevable. On ne parla pas du magistrat qui ne fut même pas nommé dans la délibération, on se demanda seulement si la récusation pouvait être exercée devant le tribunal ; et le tribunal ayant résolu négativement la question, la jurisprudence se trouva ainsi faite sur ce point. (_Gazette des tribunaux_ du 5 novembre 1880.)

(2) _Gazette des tribunaux_, 5 novembre 1880.

De même que le tribunal de 1872 diffère du premier tribunal des conflits quant à la composition, de même il en diffère quant aux attributions. L'article 90 de la constitution de 1848 donnait, au tribunal des conflits, la connaissance des recours pour excès de pouvoir contre les arrêts de la cour des comptes. Cet article n'a point été reproduit par la loi du 24 mai. Le nouveau tribunal ne connaît que des conflits d'attribution, c'est-à-dire des contestations qui s'élèvent sur leur compétence réciproque, entre l'autorité judiciaire et l'autorité administrative (1).

Le tribunal des conflits ne pourra, dans aucun cas, retenir le fond des affaires qui lui seront soumises. Cela était déjà vrai, au temps où le juge des conflits était le conseil d'État. Cependant, comme le conseil d'État était en même temps le juge administratif par excellence, il semblait naturel, au premier abord, qu'il pût retenir les affaires qui se présentaient devant lui, au cas où elles étaient de sa compétence et où, par conséquent, elles étaient destinées à lui revenir. Cette doctrine aurait été contraire aux principes. Ce n'est pas la qualité du juge qu'il faut envisager, mais le rôle qu'il joue. Le conseil d'État juge des conflits exerçait une juridiction analogue à celle de la cour de cassation. Le caractère distinctif des décisions sur conflit, c'est de ne jamais porter sur le fait. D'autre

(1) Voir toutefois le chap. VI.

part, les parties n'ayant pas, ainsi qu'on le verra, le droit de figurer dans l'instance sur conflit, ni d'y prendre aucune conclusion, comment aurait-il pu statuer au fond et condamner les parties sans les entendre?

Ce qui était vrai pour le conseil d'État est vrai à plus forte raison pour le tribunal des conflits. Comme autrefois le conseil d'État, il n'est chargé que de prononcer sur la compétence, et il n'est, lui, juge ni de l'ordre judiciaire ni de l'ordre administratif (1).

Le tribunal des conflits ne pourrait pas même désigner le juge qui doit connaître de l'affaire, soit qu'il reconnaisse la compétence de l'ordre judiciaire, soit qu'il renvoie les parties devant l'autorité administrative.

Dans les deux cas, il ferait un règlement de juges qui ne peut être fait, dans l'ordre judiciaire, que par le supérieur hiérarchique saisi par les parties, au moyen de l'appel, ou par la cour de cassation saisie par les parties au moyen de la procédure spéciale réglée par les articles 363 et suivants du code de procédure civile. Dans l'ordre administratif, ce règlement sera fait par le conseil d'État saisi par les parties, soit par la voie de l'appel, soit au moyen du règlement de juges pour lequel la loi n'a établi en matière administrative aucune procédure (2).

(1) Solon, n° 42; — Dalloz, p. 167, n° 220 et 225.
(2) Batbie, t. VII, p. 391.

Le tribunal des conflits, étant supérieur aux deux autorités administrative et judiciaire, peut décider entre elles; mais n'appartenant ni à l'une ni à l'autre, il ne peut servir d'arbitre entre les divers corps qui les composent.

Si la question de compétence s'élève après coup, elle sera résolue par qui de droit (1).

Ne devant trancher que la question de compétence, le tribunal des conflits ne pourra statuer sur les frais qui ont été faits devant la juridiction qu'il dessaisit (2).

De ce que les conflits sont des actes de haute administration qui, de leur nature, par leurs effets et dans l'ordre constitutionnel, ne peuvent être assimilés à des arrêts, on a tiré la conséquence : 1° que les décisions rendues en cette matière (3) ne sont pas passibles de droits d'enregistrement, alors même que les parties intéressées auraient produit des mémoires ; 2° qu'aucune condamnation de dépens ne peut être prononcée (4); cette dernière règle résulterait d'ailleurs de ce seul fait que les plaideurs ne sont pas parties dans l'instance en conflit.

Le tribunal des conflits ne peut être saisi que dans les formes de la procédure du conflit, soit, comme on

---

(1) Avis du conseil d'État du 6 février 1821.

(2) Ordonnance réglementaire du 12 déc. 1821, art. 7 ; — Dalloz, p. 166, n° 215.

(3) Foucart, t. III, p. 702, n° 1924 ; — Adolphe Chauveau, t. I, p. 286, n° 515 ; — Dalloz, p. 167, n° 221, p. 168, n° 226.

(4) 23 février 1844 ; — Foucart, t. III, p. 702, n° 1824.

le verra plus tard, par un arrêté du préfet pour le conflit dans l'intérêt de l'administration, par le ministre pour les revendications devant la section du contentieux du conseil d'État des affaires qui ne seraient pas de sa compétence, et qui y auraient été portées, recours réorganisé par la loi du 24 mars 1872 (1).

Le costume des membres du tribunal des conflits a été réglé comme suit par un décret des 11-18 octobre 1849 :

Art. 1. Les juges composant le tribunal des conflits porteront, à l'audience et dans les cérémonies publiques, la robe de soie noire bordée d'hermine avec la toque en velours ornée de deux galons d'or, le rabat en dentelle et la ceinture noire frangée d'or à l'extrémité. — Le président portera en outre l'épitoge en hermine, avec quatre galons d'or à la toque, qui sera bordée d'hermine. La ceinture sera terminée par des torsades en or.

Art. 2. Le greffier du même tribunal portera la robe de soie noire, sans hermine, et la toque de velours, sans galons d'or. Le rabat sera en mousseline.

En résumé, les conflits d'attributions sont jugés par un tribunal, composé d'un nombre égal de conseillers à la Cour de cassation et de conseillers d'État, et présidé par le ministre de la justice. Le tribunal comprend, outre son président et des juges, un commissaire du gouvernement, choisi alternativement

---

(1) Dalloz, p. 166, n° 214.

dans le ministère public du conseil d'État et de la cour de cassation, et un secrétaire-greffier. Les avocats appelés à prendre la parole devant le tribunal des conflits sont les avocats à la Cour de cassation et au conseil d'État.

Le tribunal des conflits peut délibérer si cinq de ses membres sont présents ; il est convoqué par son président le garde des sceaux. Ses audiences sont publiques. Ses membres ne sont pas susceptibles de récusation. Il ne connaît que des conflits d'attribution (1) et ne peut ni évoquer le fond de l'affaire, ni même désigner le juge qui doit en connaître, ni statuer sur les frais qui ont été faits devant la juridiction qu'il dessaisit, ni condamner les parties aux dépens de l'instance qui s'est déroulée devant lui.

Ses décisions ne sont pas passibles d'enregistrement.

Le tribunal des conflits ne peut être saisi que par le préfet ou les ministres suivant les cas.

---

(1) Voir toutefois le chap. VI.

CHAPITRE II

DES CAS OU IL Y A LIEU D'ÉLEVER LE CONFLIT

SECTION I. — EN QUELLES MATIÈRES IL Y A LIEU D'ÉLEVER LE CONFLIT.

Ordonnance du 1ᵉʳ juin 1828. Articles 1, 2, 3, 4 et 6.

Ordonnance du 1ᵉʳ juin 1828, art. 6. — Lorsqu'un préfet estimera que la connaissance d'une question portée devant un tribunal de première instance est attribuée, par une disposition législative, à l'autorité administrative, il pourra, alors même que l'administration ne serait pas en cause, demander le renvoi de l'affaire devant l'autorité compétente.

On ne trouve nulle part dans la législation, clairement énoncée dans un article rédigé à cet effet, une règle générale sur les cas où le conflit peut être élevé.

Le principe est supposé dans l'article 6 de l'ordonnance que l'on vient de lire, et qui se trouve parmi ceux qui sont destinés à indiquer la procédure à suivre pour élever le conflit. La rédaction de cet article est peu claire. Il signifie que toutes les fois qu'une affaire de la compétence de l'administration, soit active, soit contentieuse ou, à plus forte raison, du gouvernement, sera portée devant un tribunal de l'ordre judiciaire, le conflit pourra être élevé. L'article 6 ne parle que

des tribunaux de première instance. Les articles suivants indiquent la marche à suivre devant les cours
d'appel. La restriction qu'il semble indiquer n'a donc
aucun sens et la règle est la suivante :

Le conflit pourra être élevé devant tous les tribunaux de l'ordre judiciaire devant lesquels les formalités prescrites par l'ordonnance pourront être remplies. On aura plus tard à déterminer quels sont ces
tribunaux. L'article 6 exige, en outre, que la compétence de l'administration dérive d'une disposition législative. Cela veut-il dire que toutes les affaires qui
ne sont pas attribuées expressément à l'administration
par une disposition législative ne pourront pas faire
l'objet d'un conflit ?

Ce serait exclure le plus grand nombre des affaires,
la partie la plus considérable des attributions administratives dérivant de la nature des choses sans que
la compétence soit indiquée par aucun texte positif (1).

Il est bien évident qu'il était loin de l'esprit des
rédacteurs de l'ordonnance, et surtout du gouvernement, d'édicter cette exclusion en masse, et de rendre
inutile et dérisoire le droit d'élever le conflit; aussi,
dans la pratique, s'est-on montré fort peu difficile relativement à cette disposition législative, ainsi qu'on
le verra en étudiant l'arrêté de conflit.

Après avoir dit qu'il fallait, pour que le conflit pût
être élevé, qu'une affaire administrative eût été portée
devant un tribunal de l'ordre judiciaire, l'ordonnance

_____

(1) Ducroq, t. I, n° 246 ; — Adolphe Chauveau, t. I, p. 269, n° 485.

ne dit pas quelles affaires sont administratives. Elle ne le pouvait pas : elle n'avait pas la prétention d'être le code administratif, elle n'essaie même pas de le déterminer d'une manière générale et s'en remet à la science des juges (1). Ce n'est pas ici le lieu d'être plus explicite qu'elle. La compétence administrative, dont l'étude trouve sa place dans des traités sur la séparation des pouvoirs, est déterminée dans des ouvrages spéciaux.

On ne peut ici que poser le principe dont on trouvera ailleurs les développements, et donner quelques exemples.

De ce que le conflit ne peut être élevé que lorsque l'autorité judiciaire est saisie d'une contestation de la compétence de l'autorité administrative, il résulte que si la contestation est de la compétence de l'autorité judiciaire sur certains points et de la compétence de l'autorité administrative sur d'autres, le conflit ne pourra être élevé que sur ces derniers, à moins qu'il n'y ait indivisibilité (2).

Il n'y a pas lieu non plus d'élever le conflit lorsque l'autorité judiciaire est restée dans les limites de sa compétence, alors même que les motifs du jugement seraient puisés dans des considérations qui rentrent

---

(1) Trolley, t. V, p. 98, n° 2162.
(2) 11 déc. 1816; 20 nov. 1822; 6 mai 1848 ; 23 juin 1828 ; — Reverchon, p. 462, n°° 19 et 35 ; — Cormenin, t. I, p. 449, n° 9 ; — Lerat de Matignot et Delamarre, v° *Conflit*, t. I, p. 289 ; — Dalloz, p. 125, n° 49 ; — Adolphe Chauveau, t. I, p. 238, n° 432.

dans l'ordre administratif (1), non plus que dans les cas suivants :

a. Lorsque dans son dispositif le tribunal saisi s'est borné à déclarer son incompétence sur le fond, et a refusé à une décision administrative son *exequatur* : un tel jugement ne forme pas obstacle à ce que l'administration fasse exécuter cette décision (2).

b. Lorsque le jugement ne fait que statuer sur une action possessoire sans préjuger ni la compétence ni le fond (3), à moins que le juge du possessoire n'ait voulu arrêter l'exécution d'un acte administratif.

c. Lorsqu'il n'existe ni contestation ni difficulté sur le point auquel s'appliquerait le conflit (4).

Il est bien évident que par application du même principe, le conflit d'attribution ne peut être élevé lorsque l'autorité judiciaire est seule compétente (5) non plus que lorsqu'il s'agit de dessaisir une juridiction administrative au profit d'une autre juridiction du même ordre. Ces deux hypothèses constituent de simples conflits de juridiction qui ne donnent lieu

---

(1) Cormenin, t. I, p. 449, note 2 ; — Adolphe Chauveau, t. I, p. 238, n° 433.

(2) 22 février 1821.

(3) 19 déc. 1821; 11 avr. 1848 ; 17 juin 1848 ; — Cormenin, t. I, p. 447, note 2.

(4) 16 janv. 1822.

(5) Ainsi il a été jugé que le conflit ne pouvait être élevé pour faire renvoyer devant le jury d'expropriation une affaire pendante devant un tribunal, 15 déc. 1853 ; — Reverchon, p. 462, n° 21 ; — Adolphe Chauveau, t. I, p. 239, n° 435 *bis*; 12 mars 1863, Rec., p. 238.

qu'à un règlement de juges, émanant de l'autorité hiérarchique supérieure (1).

Il résulte expressément des termes de l'article 6 que, s'il est nécessaire que l'affaire revendiquée soit de la compétence de l'administration, du moins il n'importe pas que celle-ci soit en cause.

En effet, ce qui est en jeu dans le conflit, c'est un départ de compétence, c'est le principe même de la séparation des pouvoirs.

Ce qui importe, c'est, non pas qu'une telle décision soit rendue sur un tel débat, mais que l'administration ne se laisse pas déposséder de ses fonctions, c'est que la négligence de l'autorité administrative ne permette pas le retour des abus, des empiétements et des confusions de pouvoirs de l'ancien régime (2).

---

(1) Ainsi, le préfet ne peut élever le conflit contre un arrêté du conseil de préfecture, soit qu'il ait statué sur une question qui ne rentrait pas dans ses attributions (il aurait prononcé sur une question de déchéance en matière de contributions directes alors que le préfet avait déjà statué sur cette même question dont la connaissance lui serait d'ailleurs réservée par un règlement d'administration publique) (24 mars 1832) ;

Soit qu'il se soit déclaré incompétent, par exemple qu'il ait renvoyé devant l'autorité judiciaire pour statuer sur un procès-verbal de contravention dressé contre un particulier prévenu d'avoir intercepté par des clôtures le marchepied du chemin de halage d'une rivière (6 sept. 1820).

De plus : 15 juillet 1832 (préf. de la Seine) ; 15 juil. 1832 (préf. du Calvados) ; 20 juillet 1832 (préf. de la Seine) ; 20 juil. 1832 (préf. de la Seine-Inférieure) ; 15 oct. 1832 ; 16 nov. 1832.

(2) Le principe de la séparation des pouvoirs ne serait-il pas aussi menacé dans le cas où l'autorité administrative prétendrait connaître d'affaires exclusivement judiciaires ? Le législateur qui, du reste, a

Il est un certain nombre de matières sur lesquelles le conflit ne peut être élevé.

Art. 1. — A l'avenir le conflit d'attribution entre les tribunaux et l'autorité administrative ne sera jamais élevé en matière criminelle.

Art. 2. — Il ne pourra être élevé de conflit en matière correctionnelle que dans les deux cas suivants :

1° Lorsque la répression du délit est attribuée par une disposition législative à l'autorité administrative ;

2° Lorsque le jugement à rendre par le tribunal dépendra d'une question préjudicielle dont la connaissance appartiendrait à l'autorité administrative en vertu d'une disposition législative.

Dans ce dernier cas, le conflit ne pourra être élevé que sur la question préjudicielle.

Les dispositions de l'article 1 semblent à M. Serrigny manquer de base, et il les blâme en ces termes : « Cette disposition est fondée sur ce que le conflit, étant la revendication d'une affaire administrative, ne peut être élevé qu'autant qu'il s'agit d'une affaire de la compétence de l'administration. Or, le jugement des matières criminelles proprement dites n'est jamais dévolu aux administrateurs ou aux corps administratifs, donc l'administration ne peut jamais tenir ce langage : *Hanc jurisdictionem meam esse aio.* Ce raisonnement, qui a semblé péremptoire aux rédacteurs de l'ordonnance, nous semble pécher par sa trop grande généralité. Sans doute, les matières

---

paré au danger le plus pressant, ne l'a pas pensé. Il a cru avoir assez de moyens en dehors du conflit pour prévenir les excès de zèle des administrateurs.

criminelles proprement dites ne sont jamais de la
compétence de l'autorité administrative ; mais il peut
très bien arriver que la décision d'une accusation
criminelle soit subordonnée à une question de la
compétence de l'autorité administrative.... — Pourquoi ne pas permettre d'élever le conflit dans les
matières criminelles, non pas pour revendiquer le
jugement du crime, mais la connaissance de la question préjudicielle à résoudre avant de statuer sur l'accusation publique ? Pourquoi n'avoir pas admis que
les matières criminelles comportent une disposition
analogue à celle de l'art. 2, n° 2 de l'ordonnance
de 1828? Il nous semble qu'il y avait évidemment
même raison de décider dans les deux cas, et que,
pour être conséquent, il aurait fallu, ou admettre,
dans les matières criminelles, le conflit sur les questions administratives préjudicielles, ou le rejeter
dans les matières correctionnelles (1). »

Ces observations forment le meilleur commentaire
de l'article premier de l'ordonnance de 1828.

On doit d'ailleurs regarder cet article surtout
comme une concession faite à l'opinion publique
encore effrayée des conflits en matière criminelle
dont on avait abusé sous le Directoire, le Consulat et
l'Empire, et, dans l'esprit des rédacteurs, cette concession devait peu coûter au gouvernement si l'on en
juge par ces paroles de M. Taillandier, rapporteur de

---

(1) Serrigny, t. I, p. 185, n° 168 ; — Adolphe Chauveau, t. I, p. 240,
n° 437.

la commission : « Il n'y a aucun doute, en effet, qu'il peut arriver, dans un procès criminel, qu'un fait administratif doive être préalablement reconnu. *Mais en cette circonstance il ne saurait y avoir lieu à conflit, car c'est uniquement sur la plainte de l'administration que la chambre des mises en accusation et ensuite la cour d'assises peuvent être saisies. Si l'administration ne se plaint pas, l'action criminelle n'est pas exercée* (1). »

Cette parole est à noter, car elle fournit un argument puissant dans la discussion que soulève le point de savoir si le conflit peut être élevé en matière criminelle sur l'action civile.

Comme, on le voit, le jugement d'aucun crime ne peut être revendiqué par l'administration, le sens de l'article 1er ne peut être que le suivant : lorsqu'en matière criminelle il se trouvera une question préjudicielle dont l'administration devra connaître avant que l'on passe au jugement du fond, elle s'en rapporte à la sagesse de l'autorité judiciaire pour lui renvoyer elle-même, spontanément, la connaissance de ces questions.

Ce n'en est pas moins un devoir pour la juridiction criminelle de surseoir au jugement du crime jusqu'après l'examen de la question préjudicielle par l'autorité administrative. Le condamné dont la demande en sursis aurait été rejetée pourrait s'en faire un moyen de cassation (2).

(1) Taillandier, p. 119.
(2) Cass. 17 nov. 1842 S. V, 43, 1. 91 ; id. 9 janv. 1852, 1-274;

Cela est insuffisant. Pendant que l'affaire parcourt les divers degrés de juridiction, la réputation de l'accusé souffre. Le bon ordre demande que les fonctionnaires puissent remplir la mission qui leur est confiée sans craindre sans cesse de se voir sous le coup d'un mandat d'arrêt injustifié, sous les menaces d'attendre en prison que la cour de cassation ait prononcé la nullité des procédures qui faisaient un obstacle à ce qu'ils pussent prouver leur innocence.

En matière correctionnelle, l'ordonnance, en posant le principe que comme en matière criminelle le conflit ne pourra jamais être élevé, et en établissant deux exceptions, semble restreindre le droit de l'élever. Cependant le conflit n'a jamais pu être élevé en matière correctionnelle que dans les deux cas établis par l'article 2 comme des exceptions (1). Le premier se rencontrera par exemple en matière de grande voirie ; le second, en matière de délits de pêche ou de délits forestiers qui peuvent dépendre de questions de navigabilité des rivières ou de défensabilité des bois et qu'il appartient à l'administration seule de décider (2). Il est presque inutile de faire remarquer que

---

3 août 1845, S. V, 55, I, 766 ; — Serrigny, t. I, p. 252, n° 167.
On verra un exemple de question préjudicielle dans la très célèbre affaire Fabry, que l'on trouve dans Sirey 19, 1, 371, et ib. 2, 169, et dont le résumé est fait dans tous les ouvrages qui ont parlé quelque peu des conflits.

(1) Trolley, t. V, p. 101, n° 2167 ; — Foucart, t. III, p. 680, n° 1905.

(2) Les cas où la répression des délits correctionnels est attribuée à l'autorité administrative ne sont pas très nombreux. La loi du 29 floréal an X déclare, par exemple, les conseils de préfecture seuls com-

pour que l'administration puisse élever le conflit en
matière correctionnelle il faut qu'un texte de loi
précis lui attribue la connaissance de la question
qu'elle revendique (1).

---

pétents pour réprimer les contraventions en matière de grande voirie ;
toutefois la jurisprudence a établi une distinction, quant à l'application des peines : les conseils de préfecture peuvent appliquer les
peines pécuniaires ; mais ils doivent renvoyer aux tribunaux pour
l'application des peines corporelles (Décret des 23 avril 1807, et
2 fév. 1808 ; ordonnance du 16 juil. 1817 ; *Jurisprudence du conseil
d'État* de Sirey, t. I, p. 82 et 145 et t. IV, p. 93).

Une autre loi du 29 floréal an X et le décret du 23 juin 1806, donnent aux maires et aux conseils de préfecture le droit de statuer sur
les contraventions en matière de police de roulage, etc. (Duvergier,
t. XXVIII, p. 177, note 1).

Un autre exemple de question préjudicielle sera le suivant : un
individu est poursuivi pour avoir dévasté des récoltes, en vertu de
l'art. 444 du code pénal ; il soutient qu'il a agi comme entrepreneur de
travaux publics et en vertu des ordres de l'administration. Sa qualité
est méconnue ; il s'élève alors une question préjudicielle qui peut être
revendiquée par la voie du conflit.

(1) Le conseil d'État a très longtemps fait une application fausse
de la disposition de l'article 2, en admettant le conflit pour revendiquer la connaissance des délits de droit commun émanés des corps
municipaux, en se fondant sur ce que l'art. 60 de la loi du 14 décembre 1789 autorise exclusivement l'administration à en connaître. Voici
le texte de cet article : « Si un citoyen croit être personnellement lésé
par quelqu'acte du corps municipal, il pourra exposer ses sujets de
plainte à l'administration ou au directoire de département (au préfet)
qui y fera droit sur l'avis de l'administration de district (du sous-pré-
fet), qui sera chargée de vérifier le fait. »

Le conseil d'État conclut de là qu'il est interdit à un particulier qui
se prétend injurié ou diffamé par les énonciations d'une délibération
prise par un conseil municipal, de se pourvoir contre le maire par
la voie correctionnelle, et que ce texte ne lui laisse pour obtenir réparation que le recours à l'autorité administrative supérieure (11 février 1842, *Rec.* Lebon, p. 41 ; 6 sept. 1842, p. 458 ; 9 oct. 1842,
p. 499 ; 18 mai 1854, p. 463 ; 17 août 1866, p. 1019 ; 25 mai 1870

p. 629. Cet arrêt fut le dernier dans ce sens (Voir Lebon, 1878,
p. 1116, note).

Ces décisions sont ordinairement motivées de la sorte : « Considé-
« rant que, aux termes de l'ordonnance du 1ᵉʳ juin 1828, il y a lieu
« d'élever le conflit en matière correctionnelle toutes les fois que la
« répression est attribuée à l'autorité supérieure par l'autorité législa-
« tive ; considérant qu'il résulte de l'article 60 de la loi des 14-22 dé-
« cembre 1789, que tout citoyen qui se croit lésé par un acte quelconque
« d'un corps municipal ne peut qu'exposer ses sujets de plainte à
« l'autorité administrative supérieure, laquelle y fait droit s'il y a lieu,
« après vérification des faits.... »

Il semble qu'il y a une différence infinie entre le texte de loi de 1789
et l'interprétation qu'on lui donne. Cette loi a voulu établir un recours
à l'autorité administrative supérieure contre les actes de l'autorité
municipale, voie reproduite par la loi du 18 juillet 1857, art. 11 et 18.
C'est ce que nous apprend l'instruction à la suite de la loi du 14 décembre 1789, en disant que la constitution soumet les membres des muni-
cipalités à la surveillance et à l'inspection des corps administratifs, parce
qu'il importe à la grande communauté nationale que toutes les commu-
nautés particulières qui en sont les éléments soient bien administrées
et que tous les particuliers qui se prétendraient lésés par l'administration puissent obtenir le redressement des griefs dont ils se plaindront.
Mais il ne faut pas en conclure que, si ces griefs dégénèrent en délits,
suivant la loi commune, les tribunaux seront incompétents pour en
connaître : l'art. 61 de la même loi dit formellement le contraire, en
réservant toutefois à l'administration supérieure le droit d'autoriser ou
de refuser les poursuites contre les administrateurs, garantie que
l'art. 75 de la constitution de l'an VIII a étendue à tous les agents du
gouvernement et qui a été abolie par le décret du 19 sept. 1870.
En un mot, il résulte des deux articles cités que l'action administrative, à l'occasion des actes des corps municipaux, se porte devant
l'administration supérieure et que l'action criminelle née des mêmes faits
reste dans la compétence des tribunaux ordinaires. C'est l'expression
du droit commun combiné avec la règle de la séparation des pouvoirs.
(Motifs du jugement du tribunal de Limoux, affaire Auduze, conflit le
15 déc. 1879.) Ainsi, il est certain que le préfet a le droit, sur la
plainte des particuliers qui se croient personnellement lésés par les
énonciations contenues dans une délibération d'un conseil municipal,

1 et 2 de l'ordonnance régit-elle seulement l'action publique tendant à faire prononcer des peines, ou s'étend-elle à l'action civile tendant à obtenir des dommages-intérêts?

En matière correctionnelle, cette question ne laisse aucun doute. En matière criminelle elle a soulevé une difficulté à laquelle les circonstances dans lesquelles elle était née donnaient une importance énorme.

Les auteurs et la jurisprudence sont d'accord pour décider qu'en matière correctionnelle, le c nflit peut être élevé contre l'action civile, qu'elle soit intentée principalement devant un tribunal civil ou jointe à la poursuite correctionnelle. Aucune des raisons qui ont fait édicter ces deux dispositions ne s'applique aux demandes d'indemnités pour faits délictueux. La faculté que les dispositions générales du code d'instruction criminelle donnent aux parties lésées d'intenter l'action civile et de demander des

---

de censurer les énonciations, et d'ordonner la transcription de l'arrêté contenant l'expression de son blâme, sur le registre des délibérations de ce conseil (29 juin 1850). Mais il ne résulte nullement de là que l'autorité judiciaire soit incompétente pour prononcer sur l'action en diffamation à raison du contenu de ces délibérations. De la sorte, chaque autorité reste libre dans ses sphères et statue à son point de vue dans les limites de sa compétence.

Cette doctrine, toujours repoussée par la cour de cassation (Voir entre autres Ch. crim. 22 janv. 1863), a été abandonnée après 1870, (7 mars 1871 et 18 mars 1872) par le conseil d'État, et définitivement condamnée par le tribunal des conflits (28 déc. 1878; 13 déc. 1879. — V. Serrigny, t. I, p. 253, n° 169; — Conclusion de M. Flourens, comm. du Gouv.; Lebon, 1878, p. 1116, note 1; jugement du trib. de Limoux, Lebon, 1879, p. 805, note 1; — Batbie, t. VII, p. 394).

dommages-intérêts est subordonnée à l'existence de
la compétence de l'autorité judiciaire. Elle ne saurait
déroger aux lois spéciales qui attribuent par des considérations d'ordre public la connaissance de l'action
privée à l'autorité administrative (1).

En matière de grand criminel, la question ne s'était
jamais présentée dans la pratique jusqu'en 1880.
Cependant, elle avait été examinée par les auteurs
qui, sauf M. Adolphe Chauveau (2) qui fait des restric-
tions, admettaient tous, sous diverses modifications,
la possibilité du conflit sur l'action civile. Tous exa-
minaient incidemment l'hypothèse et ne semblaient
lui attacher aucune importance : elle ne pouvait soulever aucune difficulté (3).

Cette question est enfin venue devant le Tribunal
des conflits en 1880 à propos de l'application des décrets du 29 mars sur les congrégations religieuses.
Elle n'aurait soulevé aucune difficulté devant le Tribunal des conflits comme elle n'en avait soulevé aucune devant le conseil d'État en matière correctionnelle, si la gravité des intérêts en jeu et l'esprit de
parti n'étaient venus la grossir.

---

(1) 9 fév. 1847 ; 17 av. 1851 ; V. Lebon, 1851, p. 286 ; 29 déc. 1877.
Rec., p. 1077 ; 12 janv. 1878 ; rec., p. 47. — Serrigny, t. I, p. 236, n° 89 ; —
Aucoc, t. I, p. 547 ; — Reverchon, n° 2829 ; — Batbie, p. 393, note 1 ; —
Foucart, t. III, p. 681, n° 1905, etc.
(2) T. I, p. 243, n° 439 bis.
(3) Batbie, t. V, p. 393, note ; — Aucoc, t. I, p. 547 ; — Serrigny,
t. I, p. 232, n° 167 ; — Foucart, t. III, p. 681, n° 1905 ; — Boulatignier,
p. 513.

Les raisons de décider étaient les mêmes (1).

La faculté que la loi donne aux parties lésées d'intenter l'action civile et de demander des dommages-intérêts *est subordonnée à l'existence de la compétence judiciaire*. Dès le moment que cette compétence n'existe pas, le conflit peut être élevé.

Les rédacteurs de l'ordonnance avaient en vue, lorsqu'ils ont écrit l'article 1er, de donner une satisfaction à l'opinion publique en édictant que jamais des coupables ne seraient distraits de leurs juges, que jamais non plus des accusés ne seraient privés des garanties de la procédure. Ils ont décidé que jamais le conflit ne pourrait être élevé en matière criminelle. Cela se comprend : jamais l'administration ne peut réclamer la connaissance d'un crime.

On ne peut pas douter d'autre part que c'était l'action publique seule qu'ils visaient puisque les commissaires ne consentirent à adopter cette disposition de l'article 1er que *parce que cette action ne pouvait être mise en mouvement que par l'administration, et que par conséquent il ne pouvait naître de questions préjudicielles que du consentement de celle-ci*, ce qui rendait l'article sans dangers (2).

Mais il n'en est pas de même de l'action civile, qui peut être intentée par toute partie intéressée et peut devenir un moyen d'entraver l'action administrative, et d'atteindre des actes administratifs en menaçant les administrateurs.

---

(1) V. 17 av. 1851, rec., p. 286.
(2) Taillandier, p. 119.

Si un fonctionnaire a agi dans la limite de ses fonctions et que les parties lésées se croient en droit de demander des dommages-intérêts, ce n'est pas, en réalité, contre le fonctionnaire (qui n'a été qu'un instrument), mais contre l'État qu'il faudra en poursuivre la condamnation.

Cette condamnation devra donc être demandée devant les tribunaux administratifs.

Cela était vrai au temps où l'article 75 de la constitution de l'an VIII assurait aux fonctionnaires une protection contre les poursuites injustifiées; cela est d'autant plus vrai aujourd'hui que cet article 75 a disparu et que, comme on le verra plus loin, rien n'est venu combler la lacune qu'il laissait.

Le Tribunal des conflits sera donc en droit, lorsqu'une action civile sera portée devant un tribunal de l'ordre judiciaire (et il importe peu qu'elle soit intentée séparément ou jointe à l'action), de décider si cette action est en réalité dirigée contre l'agent de l'administration et son fait personnel ou contre l'acte administratif, si le fonctionnaire a agi ou non dans la limite de ses attributions, c'est-à-dire de déterminer si les tribunaux judiciaires sont compétents.

Cela rentre au premier chef dans ses attributions.

Cette doctrine a été adoptée par le tribunal des conflits dans une décision où l'on trouve le passage suivant :

Le tribunal des conflits : vu, etc.

Sur la recevabilité de l'arrêté de conflit :

Considérant qu'aux termes des lois ci-dessus vi-

sées des 16-24 août 1790 et 16 fructidor an III défense
est faite aux tribunaux de citer devant eux les administrateurs pour raison de leurs fonctions, et de connaître
des actes de l'administration, de quelque nature qu'ils
soient ; que le droit d'élever le conflit, conféré à l'autorité administrative par les lois précitées et par celle
du 21 fruct. an III, a pour but d'assurer l'exécution de
ces prescriptions, et qu'il ne saurait être porté atteinte
à ce droit qu'en vertu de dispositions spéciales de la
loi ;

Considérant qu'à la vérité le sieur Roucanières soutient que cette disposition spéciale se rencontre dans
la cause, et qu'elle rentre dans l'art. 1ᵉʳ de l'ordonnance du 1ᵉʳ juin 1828, portant qu'à l'avenir le conflit d'attributions entre les tribunaux et l'autorité
administrative ne sera jamais élevé en matière criminelle ; qu'il conclut de là que, par application dudit
art. 1ᵉʳ, le conflit élevé par le préfet de la Gironde devant le premier président de la Cour de Bordeaux doit
être annulé comme non recevable ; — Mais considérant que l'art. 1ᵉʳ de l'ordonnance du 1ᵉʳ juin 1828,
en interdisant à l'autorité administrative d'élever le
conflit en matière criminelle, a eu uniquement pour
but d'assurer le libre exercice de l'action publique
devant la juridiction criminelle et la compétence
exclusive de cette juridiction pour statuer sur ladite
action ; mais que ce texte n'a pas eu pour but et ne
saurait avoir pour effet de soustraire à l'application
du principe de la séparation des pouvoirs l'action civile formée par la partie se prétendant lésée, quelle

que soit la juridiction devant laquelle cette action soit portée ; — Considérant, d'autre part, que l'acte du 4 août 1880, par lequel le sieur Roucanières a porté plainte devant le premier président de la cour d'appel de Bordeaux et s'est porté partie civile contre le sieur Chauvin, commissaire central de police, ne constituait pas l'exercice d'une action publique ; qu'ainsi la matière n'était pas criminelle dans le sens de l'art. 1er de l'ordonnance du 1er juin 1828, et que ledit art. 1er ne faisait pas obstacle à ce que le conflit fût élevé sur l'action engagée par le sieur Roucanières, etc. (1).

Art. 3. — Ne donneront pas lieu au conflit :
1° Le défaut d'autorisation, soit de la part du gouvernement, lorsqu'il s'agit des poursuites dirigées contre ses agents, soit de la part du conseil de préfecture, lorsqu'il s'agira de contestations judiciaires dans lesquelles les communes ou les établissements publics seront parties ;
2° Le défaut d'accomplissement des formalités à remplir devant l'administration préalablement aux poursuites judiciaires.

Dans aucun des cas que prévoit l'article 3 l'administration ne pourrait se déclarer compétente et par conséquent revendiquer l'affaire. Le défaut des formalités qu'il vise ne fait que constituer une irrégularité de nature à produire une exception, et à entraîner la nullité des procédures, mais rien de plus. Au fond l'affaire n'est pas administrative, et la forme

(1) Dalloz, *périod.*, 1881, III, p. 21.

concerne uniquement le fonctionnaire ou la personne morale (1).

Le § 1er de l'article 3, du moins la partie qui concerne l'autorisation de poursuivre les fonctionnaires, n'a plus d'application depuis l'abrogation de l'article 75 de la constitution de l'an VIII en 1870 (2).

---

(1) Dalloz, n° 57 et suiv. ; — Adolphe Chauveau, t. I, p. 244, n° 440 et suiv. ; 3 déc. 1823 ; 24 mars 1824 ; 12 janv. 1825 ; 26 déc. 1827 ; 27 av. 1851 ; 10 sept. 1855 ; — 16 janv. 1822, fabrique de Pin-les-Magny; 16 janv. 1822 Hougne; 31 mars 1824 ; 12 av. 1829 ; — Duvergier, t. 28, p. 180 et suiv. ; — Foucart, t. III, p. 683, n° 1908 ; — Serrigny, t. I, p. 1802, n° 170; — Chevalier, t. I, p. 216 ; — Dufour, 2e éd., t. III, p. 531, n° 531 et 784; — Lerat de Malignot, et Delamarre, t. I, p. 284 ; — Boulatignier, p. 469.

(2) C'est sous le Directoire que s'est introduit le principe que les fonctionnaires publics ne pourraient être poursuivis pour faits relatifs à leurs fonctions sans l'autorisation préalable du gouvernement.

Ce principe trouva sa source dans la loi du 24 août 1790, tit. 2, art. 13, qui défend aux juges de s'immiscer dans les fonctions législatives ; dans l'article 203 de la constitution de l'an III, qui renouvelait la même défense ; et enfin dans l'article 196 de la même constitution, qui donnait au Directoire le droit d'annuler immédiatement les actes des administrations départementales et communales et lui remettait aussi le pouvoir de suspendre, de destituer les administrateurs soit de département, soit de canton, et de les envoyer devant les tribunaux de département.

C'est sur ces diverses dispositions que le Directoire basa son arrêté du 16 floréal an V, et annula, par la voie du conflit, un grand nombre de procédures dirigées contre des agents du gouvernement sans autorisation préalable. »

Le gouvernement consulaire n'eut garde d'abandonner un aussi utile auxiliaire, et il fut consacré par le célèbre article 75 de la constitution de l'an VIII ainsi conçu : « Les agents du gouvernement ne peuvent être poursuivis pour des faits relatifs à leurs fonctions, qu'en vertu d'une décision du conseil d'État : en ce cas, la poursuite a lieu devant les tribunaux ordinaires.

La jurisprudence commença par valider les conflits qui étaient élevés sur les poursuites exercées contre des agents du gouvernement en violation de l'art. 75 (V, 27 déc. 1820 ; — Cormenin, *Appendice*, p. 49 ; — Duvergier, t. XXVIII, p. 180, note 1). Mais cette jurisprudence fut aban-

Les formalités de l'article 3, relatives: 1° au défaut ou au refus de l'autorisation nécessaire aux dépar-

donnée dès avant 1828 (3 déc. 1823 ; 24 mars 1824 ; 12 janv. 1825 ; 26 déc. 1827). Lorsqu'intervint l'ordonnance, le danger que l'on voulait éviter dans le paragraphe premier de l'article 3 n'était plus à craindre, et ses rédacteurs n'auront obéi en l'écrivant qu'au désir de tranquilliser l'opinion. (V. Taillandier, p. 122 ; Adolphe Chauveau, t. I, p. 244, n° 440.)

L'article 75, qui, par une singulière anomalie législative, avait survécu à la constitution de l'an VIII, a été abrogé le 19 septembre 1870 par un décret ainsi conçu :

Le gouvernement de la Défense nationale décrète :

Art. 1. L'art. 75 de la constitution de l'an VIII est abrogé. Sont également abrogées toutes les autres dispositions des lois générales et spéciales ayant pour objet d'entraver les poursuites contre les fonctionnaires publics de tout ordre.

Art. 2. — Il sera ultérieurement statué sur les peines civiles qu'il peut y avoir lieu d'édicter dans l'intérêt public, contre les particuliers qui auraient dirigé des poursuites téméraires contre des fonctionnaires.

L'article 2 du décret de 1870 n'a jamais reçu son application, et aucune pénalité civile n'étant venue mettre en garde les plaideurs téméraires, les procès contre les fonctionnaires publics se multiplièrent, et l'autorité judiciaire interpréta le décret dans le sens d'une augmentation de sa compétence. C'était à tort. Le décret avait eu pour effet de supprimer la *fin de non-recevoir* qui pouvait être tirée du défaut d'autorisation de poursuivre et de rendre aux tribunaux toute liberté d'action dans les limites de leur compétence; mais il n'a pas eu pour conséquence d'étendre leur juridiction et de supprimer la prohibition qui leur est faite par d'autres textes de lois de connaître des actes administratifs : en d'autres termes, le principe de la séparation des pouvoirs reste sauf. (Jurisp. constante, V. entre autres, 7 juin 1873, Rec. 1er suppl., p. 109 ; 26 juil. 1873, Rec. p. 117 ; 28 nov. 1874, Rec. p. 933, 5 mai 1877, p. 437 ; 24 août 1877, Rec. p. 931.)

Mais si l'abrogation de l'article 75 a laissé sauf le principe de la séparation des pouvoirs, du moins elle a apporté de grandes modifications dans son fonctionnement. Ses conséquences ne se sont pas fait sentir tout de suite, mais peu à peu elle a influé sur la jurisprudence du juge du conflit. Elle l'a amené à étendre la garantie réelle pour suppléer à la suppression de la garantie personnelle, à dessaisir l'autorité judiciaire des poursuites à fin correctionnelle ou civile contre

tements, aux communes ou aux établissements publics ; 2° au défaut d'accomplissement des formalités à remplir devant l'administration préalablement aux poursuites judiciaires, n'offrent aucune difficulté dans l'application. La jurisprudence était établie sur la matière, dès avant l'ordonnance de 1828 (1).

Ainsi, en résumé, le conflit peut-être élevé chaque fois qu'une affaire de la compétence soit de l'administration contentieuse, de l'administration active ou du gouvernement est portée devant un tribunal de l'ordre judiciaire, que l'administration soit ou non en cause au procès (2).

Cependant, le conflit ne peut être élevé :

1° En matière criminelle sauf sur l'action civile ;

2° En matière correctionnelle, sauf : 1° lorsque la répression du délit est attribuée par une disposition législative à l'administration ; 2° lorsque le jugement à

---

le fonctionnaire afin de protéger l'acte lui-même, de déjouer cette tactique qui consistait à menacer l'agent de perpétuelles condamnations à des dommages-intérêts, afin d'entraver son action et de ruiner ainsi l'indépendance de l'autorité administrative, que le principe de la séparation des pouvoirs a pour but de sauvegarder. Concl. de Flourens, commissaire du gouvernement devant le tribunal des conflits ; Conflit du 28 déc. 1878, Lebon, t. LXXVIII, p. 1119.

(1) Les formalités à remplir devant l'administration consistent dans un mémoire que le demandeur doit adresser au préfet avant de plaider contre l'État, les départements, les communes, les hospices ; ce mémoire est exigé par les lois des 28 oct., 5 nov. 1790, tit. III, art. 15 ; 10 mai 1838, art. 37, 18 juil. 1837, art. 51 (Serrigny, t. I, p. 287, n° 170 ; — Trolley, t. V, p. 99, n° 2165).

(2) La loi du 24 mai 1872 a établi d'autres cas où le conflit peut être élevé. Voir le chapitre VI.

rendre dépend d'une question préjudicielle dont la connaissance appartiendrait à l'autorité administrative; 3° sur l'action civile ;

3° A défaut d'autorisation du conseil de préfecture en matière de contestations judiciaires dans lesquelles les communes ou les établissements publics seront partie ;

4° A défaut d'accomplissement des formalités à remplir devant l'administration, préalablement aux poursuites judiciaires.

SECTION II. — DEVANT QUELLES JURIDICTIONS LE CONFLIT PEUT ÊTRE ÉLEVÉ.

Ordonnance du 1er juin 1828, articles 4, 6, 7, 8, 10, 22, etc.

L'ordonnance de 1828 prévoit que le conflit peut être élevé devant les tribunaux de première instance et les cours d'appel. Mais peut-il l'être devant d'autres juridictions?

La question se pose, tout d'abord, à l'égard du juge des référés.

Avant 1828, l'affirmation était admise (1). Depuis lors, et jusqu'en 1838, la question ne fut pas soulevée. En 1838 elle se présenta devant le juge des conflits et ne fut pas résolue. Enfin un avis du conseil d'État du 3 mai 1844 décida que le conflit pouvait être élevé devant le juge des référés, parce que le président du tribunal civil, jugeant en référé, ne fait qu'exercer

_____

(1) Voir entre autres 18 pluviôse an VI; 19 oct. 1825.

la juridiction du tribunal dont l'autorité lui est déléguée par la loi dans les cas qu'elle détermine. Rien
ne s'oppose d'ailleurs à ce que les formes prescrites
par les articles 6 et suivants de l'ordonnance ne puissent être observées devant lui. Bien plus, le ministère
public doit, en vertu des articles 83 et 112 du code
de procédure civile, assister aux référés lorsque l'État
est en cause (1).

Devant la cour de cassation, le conflit ne peut pas
être élevé. La cour de cassation n'est pas un degré de
juridiction, et le pourvoi n'empêche pas le jugement
en dernier ressort ou l'arrêt de produire tout son effet
jusqu'à la cassation ; non seulement la décision attaquée continue à exister, mais l'exécution n'est même
pas suspendue par le dépôt de la requête.

Il n'en est pas de même devant le tribunal ou la
cour de renvoi : le conflit peut être élevé (2).

Le conflit peut-il être élevé devant les juges de paix
jugeant en matière civile, les tribunaux de commerce
et les conseils de prudhommes ?

Deux systèmes sont en présence :

Premier système. — Affirmative.

Les principes sur lesquels repose le droit de reven-

----

(1) Voir le texte de cet avis sous l'arrêt conforme du 22 janv. 1867,
Rec. p. 90. Depuis, une jurisprudence constante s'est établie : le 22 janvier 1867, Rec., p. 90; 18 nov. 1869, Rec., p. 897; 14 déc. 1872, Rec.
p. 728 ; 14 déc. 1873, Rec. p. 6 et 12; 11 janv. 1873, Rec. supplément
p. 16 ; *Gazette des tribunaux*, 3 déc. 1880.

(2) Batbie, t. VII, p. 403, n° 343 ; — Trolley, t. V, p. 104, n° 2170 ;
Foucard, t. III, p. 684, n° 1909, Dalloz, n° 78.

10

dication ne permettent pas d'établir une exception qui ne serait d'ailleurs motivée que sur des raisons de forme. Le but de l'ordonnance est que le tribunal soit appelé à prononcer sur le déclinatoire avant que d'être paralysé par un arrêté de conflit, il importe peu que ce soit par l'intermédiaire du procureur de la république ou par celui du président qu'il connaisse le mémoire et l'arrêté du préfet ; le point important c'est qu'il les connaisse. Cette opinion se trouve confirmée par un avis du comité de législation, du 3 mai 1844, qui décide que l'administration, citée en référé, peut y élever le conflit. Dans ce cas on ne pourra observer rigoureusement la prescription de l'ordonnance de 1828 ; c'est au procureur de la République, qui n'assiste pas au référé, que devra être remis le déclinatoire ; c'est le juge du référé qui statuera seul sur la compétence, etc. (1).

Certains tribunaux pourraient impunément braver les lois qui·attribuent juridiction à l'autorité administrative, dans toutes les affaires qu'ils jugent en dernier ressort, et à l'égard des autres, l'exercice du droit de revendication accordé à l'administration serait subordonné à la condition de l'appel (2).

Deuxième système. — Négative.

---

(1) Ce dernier argument est très faible. On sait que toutes les formalités prévues par l'ordonnance peuvent être remplies devant le juge des référés puisque le procureur de la république peut assister aux audiences de référés, et qu'il doit même le faire quand l'État est en cause.

(2) Foucart, t. III, p. 681, n° 1907 ; — Duvergier, 1828, p. 183, note.

Le conflit est une chose grave puisqu'il établit une lutte ouverte entre deux autorités légalement constituées. On ne doit donc permettre la revendication administrative qui le fait naître que dans des cas nécessaires et formellement autorisés par la législation. L'ordonnance de 1828, qui est la loi de la matière, le permet-elle devant les tribunaux de commerce et les juges de paix ?

Aucune des formalités et des règles qu'elle établit, et dont l'inobservation est substantielle et emporte nullité, ne peut être observée devant ces tribunaux, qui n'ont point de procureur de la république. Il suffit, pour s'en convaincre, de lire les art. 6, 7, 12, 13, 14 et 17. Il serait de toute impossibilité de suivre les formes et délais prescrits par l'ordonnance, soit pour proposer le déclinatoire, soit pour élever le conflit, soit pour le juger. L'article 6 suppose qu'il s'agit d'une contestation portée *devant un tribunal de première instance*, quand il trace les formes préliminaires du conflit. D'ailleurs les considérations politiques et d'ordre public qui ont fait introduire le conflit ne se rencontrent point dans les cas proposés. Que le législateur ait redouté les usurpations de pouvoir des tribunaux ordinaires, composés de juges inamovibles, indépendants, qui forment un corps fortement organisé ; que, pour les prévenir, il ait mis entre les mains de l'administration l'arme redoutable du conflit, cela se conçoit. Mais vouloir protéger l'administration contre les excès de pouvoir des juges de paix et des tribunaux de commerce, juges amovibles, subalternes, dont les uns sortent de fonctions après deux ans ; c'est à coup sûr un danger purement chimérique, et qui n'exige point l'emploi de moyens extraordinaires.

D'ailleurs, l'appel étant toujours recevable, pour cause d'incompétence, contre les jugements rendus au fond (art. 454 C. pr.), il en résulte que la partie intéressée pourra toujours interjeter appel, et qu'alors le conflit du préfet sera recevable (1).

Ce dernier système est seul en harmonie avec l'esprit de l'ordonnance. Pour s'en convaincre, si les arguments prescrits pour le défendre ne paraissent pas suffisants, il suffit de se rapporter aux travaux préparatoires.

L'une des raisons que l'on fit valoir dans la commission, pour faire adopter les formalités consacrées par les articles 6, 7, 12, etc., fut que ces formalités rendraient le conflit impossible devant les tribunaux de commerce et les juges de paix. La commission n'a point entendu bannir implicitement le conflit de ces matières. Elle s'est livrée à une vive controverse sur cette question, et la majorité a pensé que les cas dans lesquels les juges de paix et les tribunaux de commerce jugent sans appel sont trop minimes pour que le gouvernement ait un intérêt réel à en attirer à lui la connaissance ; quant aux matières commerciales,

_____

(1) Serrigny, t, I, p. 237, n° 171 ; — Dareste, p. 215. Ce système a été consacré par la jurisprudence. Voir entre autres, pour les juges de paix, 12 janv. 1835 ; 4 avril 1837 ; 27 juin 1837 ; et pour les tribunaux de commerce, 29 mars 1832.

elle a pensé que la seule idée d'un conflit pourrait jeter la terreur parmi ceux qui se livrent à des transactions si utiles pour la prospérité de l'État. Aussi la commission a-t-elle formellement annoncé, dans l'avis proposé par M. de Cormenin, qu'elle a présenté au gouvernement, qu'elle considérait la suppression des conflits dans ces deux cas comme une importante amélioration.

Il est évident, cependant, qu'il ne s'agit que des jugements rendus en dernier ressort par les juges de paix et les tribunaux de commerce, puisqu'en appel il existe un ministère public auquel le préfet peut transmettre son mémoire en revendication (1).

Le conflit peut-il être élevé devant les jurys d'expropriation ?

Deux systèmes.

Premier système. — Affirmative.

Le jury d'expropriation, présidé par le directeur du jury, est un corps judiciaire à l'ordre civil, représentant les tribunaux civils qui jugeaient ces matières depuis la loi du 8 mars 1810 jusqu'à celle du 7 juillet 1833, et rien, dans l'ordonnance de 1828, n'exclut le conflit devant cette juridiction. De plus les dangers d'empiétement sont les mêmes que devant les autres tribunaux civils. Le recours possible à la cour de cassation n'est pas une garantie, puisqu'elle est elle-même dans l'ordre judiciaire, et dès lors suspecte de partialité à cet endroit. S'il en était autrement, il

---

(1) Taillandier, p. 159.

faudrait dire que le conflit ne pourra jamais être élevé devant aucun tribunal judiciaire, car toujours le recours en cassation est possible pour excès de pouvoirs contre les jugements de ces tribunaux. Ajoutez enfin que c'est dans les matières d'expropriations que la compétence administrative touche de plus près à celle du conseil de préfecture, et que les empiétements de l'autorité judiciaire seraient le plus dangereux (1).

Deuxième système. — Négative.

Les empiétements des jurys d'expropriation sont moins à craindre que ceux des tribunaux civils. Ils sont composés de juges essentiellement variables et amovibles dont les décisions ne peuvent guère, par cela même, porter atteinte aux droits de l'administration ; enfin, ils ne sont pas organisés de manière qu'il soit possible d'exécuter près d'eux les formes de procéder prescrites par les règlements.

Toutefois, si un empiétement fâcheux sur les droits de l'administration se trouvait dans une décision du jury, cet excès de pouvoir pourrait être dénoncé à la Cour de cassation, par le préfet, dans le cas où l'admi-

---

(1) Serr., I, p. 240, n° 174. Il a été jugé que si le recours en cassation ou la requête civile employés par la partie condamnée faisaient tomber le jugement ou l'arrêt, le litige renaîtrait et, par suite, revivrait l'intérêt et le droit de l'administration d'élever le conflit sans porter atteinte à des droits acquis. Qu'il en serait ainsi *alors même que la cour de cassation aurait renvoyé la cause et les parties devant un tribunal ou un jury spécial en matière d'expropriation,* fondée par l'utilité publique pour être fait droit au fond (19 mars 1847).

nistration aurait été partie au procès (1). Si elle n'avait pas figuré au débat ou qu'elle n'y eût pas été appelée, lorsqu'on voudrait exercer la décision contre elle ou la lui opposer, le préfet aurait le droit d'en décliner l'application en se fondant sur la maxime : *res inter alios acta aliis non nocet nec prodest* (2).

On sait déjà que, devant les juridictions criminelles, le conflit ne peut être élevé que sur l'action civile, et devant les tribunaux correctionnels sur l'action civile et dans les deux cas prévus par l'art. 2 de l'ordonnance.

Peut-il être élevé devant les tribunaux de simple police?

Premier système. — Affirmative.

L'art. 1ᵉʳ de l'ord. du 1ᵉʳ juin 1828 invoqué par le conseil d'État pour décider la négative (18 juillet 1846) ne dit pas un mot des tribunaux de simple police. Comme il procède par voie d'exclusion en indiquant les tribunaux devant lesquels le conflit ne peut être élevé, on doit en conclure qu'à l'égard des tribunaux de simple police, rien ne s'oppose à ce qu'il le soit, et la raison de décider est la même que pour les matières correctionnelles (3).

Deuxième système. — Négative.

---

(1) Il est facile de voir combien cet argument est faible. On a toujours le recours en cassation, et c'est pour obvier à son insuffisance que le conflit a été institué.

(2) Dareste, p. 215 ; — Dufour, 2ᵉ éd., t. III, p. 644, nᵒ 595. Dalloz, note 65.

(3) Foucart, t. III, p. 681, note 1906 ; — Laferrière, 3ᵉ éd., t. II, p. 732 ; Duvergier, t. XXVIII, p. 180 ; — Dufour, 1ʳᵉ édit., t. II, p. 12, note 779 ; — Adolphe Chauveau, t. I, p. 242, note 439.

On doit se décider pour la négative par les mêmes raisons que pour les tribunaux de commerce et les justices de paix.

Il est vrai que les fonctions du ministère public sont remplies près de ces tribunaux par les commissaires de police, maires ou adjoints (art. 144 et 167 C. instr. crim.) ; mais l'ordonnance du 1er juin 1828 ne parle jamais que des tribunaux de *première instance* (art. 6) *ou de police correctionnelle* (art. 2 et 17) et du procureur du roi (art. 6, 7, 12, 13, 14 et 17), et ne suppose pas que le conflit puisse être élevé devant un tribunal de simple police. Essayez d'ailleurs de remplir les formalités et de faire tenir les registres prescrits par l'ordonnance avec des adjoints de village ! Et puis, la raison décisive, c'est que notre puissante administration n'a pas besoin de l'arme des conflits pour se défendre contre les envahissements des tribunaux de simple police dont les jugements en dernier ressort ne peuvent excéder *cinq francs* d'amende, restitutions et autres réparations civiles comprises (art. 172, C. inst. crim.) (1).

En résumé, d'après l'ordonnance du 1er juin 1828, le conflit peut être élevé seulement :

1° Devant les tribunaux civils, quand bien même ils connaissent d'appel de justices de paix ;

2° Devant les cours d'appel, même alors qu'elles connaissent d'appel les tribunaux de commerce ;

---

(1) Serrigny, t. I, p. 239, n° 172 ; — Dareste, p. 215. Cette doctrine a été consacrée par un arrêt du 16 juil. 1846.

3° Devant les juridictions criminelles sur l'action civile ;

4° Devant les tribunaux correctionnels dans les deux cas prévus par l'art. 2 et sur l'action civile.

SECTION III. — A QUEL MOMENT DE L'INSTANCE LE CONFLIT PEUT ÊTRE ÉLEVÉ.

Ordonnance du 1ᵉʳ juin 1828, article 4.

On doit entendre ici, par *élever le conflit*, faire le premier acte de la procédure, c'est-à-dire proposer le déclinatoire.

Art. 4. — Hors le cas prévu ci-après par le dernier paragraphe de l'article 8 de la présente ordonnance, il ne pourra jamais être élevé de conflit après des jugements rendus en dernier ressort ou acquiescés ni après des arrêts définitifs.

Néanmoins, le conflit pourra être élevé en cour d'appel s'il ne l'a pas été en première instance ou s'il l'a été irrégulièrement après les délais prescrits par l'article 8 de la présente ordonnance (1).

---

(1) L'ordonnance n'a pas déterminé à partir de quel moment le conflit pourrait être élevé. Elle suppose évidemment que l'instance est commencée par une assignation ; cependant, il n'y aurait pas nullité si le préfet, en présence d'un acte extra-judiciaire quelconque qui annoncerait formellement l'intention d'engager la lutte, adressait immédiatement une déclaration au procureur de la République.

Du reste, sauf l'interdiction d'élever le conflit après les jugements ou arrêts qui ont statué définitivement sur le fond du litige, l'ordonnance de 1828 n'impose pas au préfet l'obligation de présenter le déclinatoire dans un délai déterminé. Elle ne pouvait, en effet, fixer un délai de cette nature, même dans les cas où l'administration est en cause, et à plus forte raison dans les autres cas. Son désir est assurément que le déclinatoire soit présenté et qu'il y soit statué le plus tôt possible ; mais ce n'est là, de sa part, qu'un vœu dépourvu de sanction légale, et

Avant l'ordonnance de 1828 aucun délai n'était indiqué pour élever le conflit. On l'éleva même après des arrêts de cassation.

Cet état de chose provoquait des protestations, de la part des magistrats dont on cassait brutalement les décisions, et des plaideurs qui ne trouvaient plus aucune sécurité dans la chose jugée et voyaient renaître des procès qu'ils croyaient terminés et dont ils avaient obtenu la solution à grands frais. Pour le justifier, on présentait le raisonnement suivant que l'on retrouve dans le plus grand nombre des décisions :

L'usurpation de pouvoir sur l'autorité administrative par les tribunaux est contraire au principe constitutionnel sur la séparation des compétences administrative et judiciaire. Si cette usurpation n'est pas seulement commencée par l'instruction, mais consommée par un jugement en dernier ressort, elle n'existe pas moins : ce jugement n'a fait que la consacrer et l'aggraver ; une usurpation consommée n'en est pas moins une usurpation qui doit être réprimée. Si entre particuliers l'usurpation commise

---

même elle n'a pas pris, pour en assurer l'accomplissement, toutes les mesures qu'elle aurait pu prendre ; cette remarque sera justifiée par l'examen des règles qui concernent l'action des magistrats de l'ordre judiciaire en cette matière (Reverchon, p. 550, n° 92). Il a été jugé que l'envoi par le préfet au procureur de la République du mémoire en déclinatoire *antérieurement à l'assignation* n'est pas une cause de nullité du conflit si le ministère public n'en a donné connaissance au tribunal qu'à l'époque où l'affaire était portée devant lui (Art. 6, ord.) par l'exploit introductif d'instance et les conclusions prises par les parties (1er mai 1875, Rec., p. 409).

sur un bien privé ne rend pas de suite légitime la prise de possession, de même, entre les corps politiques, l'empiétement ou l'excès de pouvoir n'est pas légitimé par cela seul qu'il a été commis. Il y a même une raison de plus pour le repousser, c'est que la séparation des pouvoirs tient à l'ordre public contre lequel on ne prescrit pas.

Ce raisonnement est plus spécieux que solide. Il s'agit de savoir si l'atteinte portée à la chose jugée n'est pas plus préjudiciable à cet ordre public que l'on invoque, que des empiètements qui seront au moins fort rares si l'administration est vigilante et ne laisse pas les procès se terminer sans élever le conflit. « Le respect de la chose jugée est la sauvegarde et l'ancre de salut des sociétés civiles (1). »

Lorsqu'un conflit est élevé après un jugement définitif, ou bien il profite aux parties ou il ne leur profite pas. Dans le premier cas, le perdant peut y trouver un moyen d'obtenir indirectement la réformation d'un jugement inattaquable, et alors quelle garantie la chose jugée offre-t-elle aux plaideurs?

Dans le second cas le but sera manqué, car le conflit est la revendication d'une décision qu'il appartient à l'administration seule de prendre. Quand le procès est définitivement terminé par les tribunaux, il n'y a plus de juges, plus de parties litigantes, plus de procès à juger. Il n'y a qu'un jugement qui est ré-

(1) Serrigny, t. I, p. 240, n° 175.

puté la vérité même, donc il n'y a plus de matière de revendication.

Cependant, dès avant 1828, la jurisprudence avait fait quelque progrès et diminué le mal que l'ordonnance a réparé. Dans ses variations, elle a traversé quatre phases successives :

D'abord, on décida que le conflit pouvait être élevé après les jugements et arrêts rendus par les tribunaux de première instance, les cours d'appel et même la cour de cassation (1).

Ensuite, on admit que le conflit ne pouvait être élevé après l'expiration des délais de cassation, ou lorsque, avant l'expiration des délais, un jugement a été exécuté ou acquiescé (2).

On considéra en troisième lieu les jugements de première instance, rendus en dernier ressort, et les arrêts contradictoires des cours royales, comme revêtus de l'autorité de la chose jugée, nonobstant la faculté de se pourvoir en appel pour cause d'incompétence ou en cassation ; qu'ainsi ils étaient à l'abri du conflit (3).

Enfin, on décida que le conflit ne pourrait plus être élevé contre les arrêts des cours royales ou les jugements en dernier ressort que quand les parties feraient renaître la contestation en interjetant appel

(1) 9 messidor au II ; 23 avril 1807 et 24 juin 1808 ; Jurisprudence du conseil d'Etat, t. I, p. 68 et 160, — Bavoux, *Des conflits*, t. I, p. 16.

(2) 15 janv. 1813 et 16 janv. 1814 ; Jurisprudence du conseil d'État, t. V, p. 155.

(3) 6 fév. 1815 et 28 sept. 1816 ; Jurisprudence du conseil d'État, t. III, p. 71 et 393, Duvergier, 6 févr. 1815.

ou en formant leur pourvoi en cassation dans les délais (1).

Mais une ordonnance du 4 septembre 1822, rendue sur un conflit au sujet d'un arrêt de la cour de Paris, décida que le conflit pouvait être élevé « tant qu'il reste encore un moyen de faire réformer les jugements ou arrêts intervenus ; que s'il l'a été avant l'expiration des délais du pourvoi en cassation, il a été élevé en temps utile pour faire cesser toute procédure judiciaire jusqu'à ce qu'il ait été statué par le roi en conseil d'État » (2).

Ainsi, le danger de voir renaître les abus du passé était toujours imminent. Aussi la commission n'hésita-t-elle pas à proscrire nettement un état de choses qui permettait de prolonger indéfiniment les débats lorsque la lutte était terminée.

D'après l'article 4 de l'ordonnance, le conflit ne peut plus être élevé lorsque le procès est terminé par un jugement en dernier ressort ou acquiescé ou par un arrêt définitif.

Que doit-on entendre par jugement en dernier ressort ?

Si l'on suivait à la lettre les dispositions de l'article 4, on se croirait en droit d'élever le conflit après les jugements en *premier ressort,* ou susceptibles d'appel. Cette interprétation, que la rédaction peu claire de l'article 4 permettrait d'adopter, serait

---

(1) 4 août 1879 ; Jurisprudence du conseil d'État, t. V, p. 184.
(2) Taillandier, p. 150 ; — Duvergier, t. XXVIII, p. 181, note 3.

contraire à l'esprit de l'ordonnance, et est universellement repoussée. Le conflit ne peut être élevé après aucun jugement sur le fond, fût-il susceptible d'appel, si l'appel n'est pas interjeté.

Cette solution est facile à justifier.

L'article 4 assimile aux jugements en dernier ressort les jugements aquiescés. Les parties peuvent aquiescer au jugement de deux façons : expressément par un acte de volonté exprimée ; tacitement en laissant passer les délais de l'appel. Tant que les délais de l'appel courent, on est dans le doute de savoir si les parties appelleront ou non ; jusqu'à ce qu'elles appellent il y a présomption qu'elles aquiescent. Le litige est terminé par le jugement ; il pourra renaître par la volonté des parties, mais, jusqu'au moment où cette volonté est exprimée, il est anéanti, il n'existe plus. On ne peut élever le conflit contre le néant. L'administration aura les mains liées, quelque évident que soit l'excès de pouvoir commis par les juges de première instance, et alors même que rien dans la nature du procès n'aura pu faire soupçonner que le tribunal empiéterait, par sa décision, sur les attributions de l'autorité administrative (1).

L'arrêt définitif dont parle l'article 4 est celui qui ne peut plus être attaqué par les *voies ordinaires*, par exemple par l'appel, ou par l'opposition s'il a été

---

(1) 8 avril 1829 ; 9 mars 1831 ; 16 août 1832, etc. M. de Cormenin, *rapport*, n° 68. V. Taillandier ; Duvergier, t. XXVIII, p. 183 ; — Serrigny, t. I, p. 195, n° 176 ; — Reverchon, p. 471, n° 57 ; — Dalloz, p. 131, note 77 ; — Adolphe Chauveau, t. I, p. 252, n° 451.

rendu par défaut. L'arrêt sera définitif bien qu'on puisse encore l'attaquer par la voie du recours en cassation : c'est un principe élémentaire que la cour de cassation ne forme pas un troisième degré de juridiction. Le fond du procès ne s'agite pas devant elle. On verra cependant que, de même que l'appel, le renvoi, par la cour de cassation, du litige devant une autre cour ou un autre tribunal le fait renaître, et partant le droit d'élever le conflit.

L'acquiescement rend les jugements inattaquables par le conflit, qu'il ait lieu expressément, ou tacitement en laissant passer les délais d'appel.

La transaction et le désistement des parties produiront le même effet que l'acquiescement?

On pourrait soutenir la négative. La lutte est engagée entre l'autorité administrative et l'autorité judiciaire et doit être vidée devant le juge des conflits. Il importe peu que les parties soient d'accord. Il ne s'agit pas de leur intérêt privé, mais d'une question de principe. Avec un autre système, le droit de l'administration serait à la merci des parties qui simuleraient des transactions pour l'écarter, et en reviendraient ensuite devant le tribunal. Aussi l'article 4 ne défend d'élever le conflit qu'autant qu'il est préalablement intervenu un acte mettant fin au litige.

Ce système serait contraire aux principes. Le conflit, même régulièrement élevé, est toujours subordonné à l'instance, et il est non avenu du moment où elle se trouve légalement terminée.

Un tribunal de police correctionnelle est saisi d'un délit de grande voirie. Un arrêté de conflit le revendique. Le prévenu meurt : la poursuite est éteinte. Le juge des conflits ne statuera pas.

Pourquoi ? Il n'a pas à régler un point de droit pur, mais à juger si l'arrêté qui revendique pour l'autorité administrative telle affaire doit être confirmé ou annulé. Mais l'affaire n'existe plus, on n'a donc plus à s'occuper de la revendication (1). Le conflit fait bien obstacle à toute procédure, et à plus forte raison à tout jugement ; mais il ne condamne pas les parties à plaider fatalement et quand même ; elles restent toujours maîtresses de régler comme elles l'entendent leurs intérêts privés ; du moment où le juge civil n'intervient pas, l'administration n'a rien à y voir ; elle a atteint son but, le seul but qu'elle se proposait : l'autorité judiciaire n'empiétera pas sur ses attributions. Si le juge de conflit prononçait, alors qu'il n'y a plus de litige, il commettrait un excès de pouvoir, car il statuerait par voie de disposition générale ou règlementaire, ce qui est interdit à tous les juges, quel que soit l'ordre auquel ils appartiennent (2). On n'a pas à craindre de fraudes ; si plus tard les parties s'entendaient pour en revenir devant le tribunal, le ministère public dénoncerait le fait à l'administration qui aurait même le droit de faire annuler le jugement comme on le verra plus tard (3).

---

(1) Art. 27 de la loi du 21 fructidor an III ; art. 12 de l'ordonnance.
(2) Art. 5 du code civil.
(3) Trolley, t. V, p. 102, note 2169.

Ce système est universellement adopté. Il a même été jugé que la transaction, *même postérieure* à l'arrêt de conflit, faisant cesser le procès, rendait le conflit sans objet (1).

Il est bien évident que, pour qu'elle termine le litige, il faut que la transaction porte sur le fond du procès. On sait d'ailleurs que la compétence étant d'ordre public, les parties ne pourraient transiger sur la compétence, et que leur acquiescement, appliqué à un jugement sur la compétence, serait sans valeur.

Il ne suffit pas pour que le conflit ne puisse plus être élevé. que le jugement soit en dernier ressort ou acquiescé dans le sens qui vient d'être indiqué. Il faut qu'il porte sur le fond du procès. Ce n'est que parce qu'ils terminent les procès que les jugements empêchent d'élever le conflit. Seuls les jugements sur le fond terminent les procès. Des jugements sur la compétence n'empêcheront pas d'élever le conflit. L'administrateur n'est désarmé que devant les empiétements consommés (2).

Il est un cas, cependant, où le conflit peut être élevé même après un arrêt définitif ou un jugement sur le fond. C'est lorsque ce jugement ou arrêt a été rendu en dépit du déclinatoire proposé par le préfet. C'est

---

(1) 27 fév. 1851, 8 nov. 1851 ; — Foucart, t. III, p. 684, note 1909.
(2) 22 mai 1840 ; 24 juin 1851 ; 2 déc. 1853 ; 15 juil. 1835 ; 20 février 1840 ; 30 mars 1842 ; 18 juil. 1874 ; 10 déc. 1877 ; 31 juil. 1875 ; 21 oct. 1871 ; 12 déc. 1868 ; 11 mars 1872 ; 6 avril 1863 ; 21 oct. 1871 ; 2 juil. 1859 ; 4 mai 1870, etc. ; — Serrigny, t. I, p. 243, n° 176, p. 247, n° 182 ; — Trolley, t. V, p. 105, n° 2170.

11

même là un cas de forfaiture puni par l'art. 182 du code pénal (1).

Si un tribunal jugeant *ultra petita* statuait sur une matière administrative qui ne lui était pas soumise, il est évident que le préfet, qui ne pouvait élever le conflit avant le jugement, pourrait l'élever après. C'est ainsi qu'un tribunal ne s'étant pas contenté de déclarer les droits d'un propriétaire sur une partie du terrain attribué à un chemin vicinal par arrêté du préfet, mais ayant en outre défendu l'exécution des travaux ordonnés par l'administration, on a vu son jugement annulé sur ce chef après un arrêté de conflit (2).

Au surplus, ce sera au juge des conflits de décider si les jugements sont définitifs ou non, et de déterminer quelle en est l'étendue (3).

S'il faut, pour que le conflit puisse être élevé, c'est-à-dire, dans le sens de l'art. 4, que le déclinatoire puisse être présenté, que le litige ne soit pas terminé par un jugement au fond, il suffit qu'il en soit ainsi. Le déclinatoire sera valablement proposé quand bien même il parviendrait au tribunal, les plaidoiries des avocats et les réquisitions du ministère public entendues, les débats clos et l'affaire mise en délibéré (4).

Ainsi, le litige est terminé et le conflit ne peut plus être élevé, dès le moment qu'il est intervenu un des

---

(1) Trolley, t. V, p. 105, n° 2171 ; — Serrigny, t. I, p. 248, n° 182.

(2) 10 mai 1839 ; — Foucart, t. III, p. 685, n° 1910.

(3) 24 août 1839 ; — Dalloz, n° 81 ; — Duvergier, t. XXVIII, p. 184, note 5 et p. 185, note 4.

(4) 15 sept. 1842 ; 28 juil. 1864, Rec., p. 718.

événements suivants : 1° un jugement ; 2° un arrêt ; 3° une transaction. En d'autres termes, dès le moment que l'autorité est dessaisie et le litige terminé.

Mais, dès le moment que le litige renaît, que l'autorité judiciaire est saisie de nouveau par l'appel, le conflit peut être encore élevé. Cette règle recevrait son application, même à l'égard de l'appel des sentences de ceux des tribunaux devant lesquels le conflit ne peut jamais être élevé (1), et devrait être admise, quand bien même l'appel n'aurait été interjeté que pour cause d'incompétence, conformément à l'art. 454 du code de procédure civile, dans une affaire dont le fond était de la compétence en dernier ressort des premiers juges. Ici, cependant, on sent une raison assez forte de douter : c'est que l'appel ne porte que sur la compétence, et que le fond est jugé définitivement, si le moyen d'incompétence est rejeté en appel. Cela est vrai ; mais cela suffit pour que la contestation ne soit pas terminée, et pour que la partie condamnée ait le droit éventuel de faire annuler le jugement, et ainsi d'obtenir gain de cause, même au fond, si elle réussit dans son appel. D'ailleurs les termes de l'art. 4 cité ne distinguent point et sont positifs (2).

Le conflit pourra être élevé en appel :

1° Lorsqu'il ne l'a pas été en première instance.

---

(1) Dalloz, p. 134, n° 84.
(2) 19 oct. 1838 ; — Serrigny, t. I, p. 245, n° 180 ; — Dalloz, p. 134, n° 84.

C'est l'hypothèse la plus simple, celle qui vient d'être expliquée : le déclinatoire n'a pas été proposé ; la partie perdante appelle même pour cause d'incompétence : le déclinatoire peut être utilement proposé en appel.

2° Lorsqu'il a été irrégulièrement élevé et annulé pour ce motif.

On verra en quoi consistent ces irrégularités. Le dernier paragraphe de l'art. 4 porte : « dans le cas où il l'a été irrégulièrement, après les délais prescrits par l'art. 8. » Ces mots, qui se rapportent à la prise de l'arrêté de conflit, trouveront leur explication en étudiant l'art. 8, et la procédure du conflit.

3° Lorsque le déclinatoire présenté en première instance ayant été accueilli par le tribunal, la partie intéressée interjette appel de ce jugement.

Cette hypothèse ne demande aucun développement (1).

Le conflit peut-il être élevé devant le tribunal d'appel lorsque l'appel a été interjeté après l'expiration du délai fixé par le code de procédure ? Non, suivant le juge des conflits. S'il en était autrement, il n'y aurait plus de délai à l'exercice du conflit ; un appel non recevable et interjeté tardivement après dix ou vingt ans pourrait ramener la discussion sur la compétence et rouvrir le droit d'élever le conflit. Il ne suffit donc pas qu'il y ait un appel quelconque pour que le conflit puisse avoir lieu, il faut que l'appel ait été intro-

(1) Reverchon, p. 519, n° 88.

duit dans les délais et ait réellement rouvert le débat judiciaire.

La raison de douter est que le juge des conflits se trouve implicitement, par cette solution, constitué juge du point de savoir si l'appel serait ou non recevable contre le jugement, lorsque la partie qui résiste au conflit soutient que le délai d'appel est expiré, tandis que l'autre partie prétend le contraire. En déclarant le conflit non recevable, le juge des conflits suppose que l'appel a été interjeté hors du délai. Mais cette décision ne devrait pas lier le tribunal judiciaire saisi de l'appel, et il pourrait, après l'expiration du sursis produit par le conflit, se prononcer dans un sens opposé à celui adopté par le tribunal des conflits, et déclarer recevable un appel réputé non-recevable par ce dernier ; il n'y aurait point en cela de contrariété absolue de décisions, car la chose jugée par le juge des conflits ne porte que sur la non-recevabilité du conflit, et c'est seulement dans les motifs de cette décision que l'appel du jugement a été considéré comme formé hors du délai. Si l'on admet cette conséquence, elle fournit un argument très fort contre la jurisprudence ci-dessus du juge des conflits, qui probablement ne l'a pas aperçue. Pour éviter ces inconvénients, il faudrait n'élever le conflit qu'éventuellement et laisser à la cour le droit de statuer préalablement sur la recevabilité de l'appel (1).

---

(1) 30 juil. 1857; 20 fév. 1822 ; — Serrigny, t. I, p. 246, n° 182.

Comme l'appel, la cassation rend la vie au litige à
la condition qu'elle soit suivie du renvoi devant une
cour ou un tribunal. Le conflit pourra être élevé
devant la cour ou le tribunal de renvoi, parce que
l'autorité judiciaire est de nouveau saisie (1). On serait
porté à admettre la même solution dans le cas de
requête civile (2).

Le conflit ne peut pas être élevé après un jugement
par défaut rendu sur le fond puisque ce jugement
met fin au procès. Peut-il l'être si le défaillant fait
opposition? La question offre des difficultés ; cependant la rigueur des principes semble conduire à la
même solution que pour l'appel.

Si le défaillant se tient pour bien condamné, et
ne veut pas courir les chances d'une opposition,
comment l'administration pourrait-elle faire revivre
le procès dans son intérêt? Vainement dirait-on qu'un
jugement n'est point passé en force de chose jugée
tant que la voie de l'opposition est ouverte. Oui, sans
doute, en ce sens qu'il peut être attaqué par le défaillant ou ses ayants droit; de même que le jugement
susceptible d'appel n'est point réputé passé en force
de chose jugée, tant que l'appel est recevable.

Mais chacun de ces jugements confère un droit à
celui qui l'a obtenu, droit résoluble à la vérité par

(1) 23 oct. 1835 ; 19 mars 1847; — Cormenin, t, I, p. 446, note 2 ; —
Foucart, t. III, p. 684, n° 1909 ; — Serrigny, t. I, p. 194, n° 175; Dufour,
2° édit., t. III, p. 540, n° 537 et 578 ; — Reverchon, p. 471, n° 58 et 59 ;
— Adolphe Chauveau, t. I, p. 254, n° 455 ; — Dalloz, n° 85.
(2) Code de proc. civile, art. 501; — Dalloz, p. 134, n° 85 ; 19 mars 1847.

l'emploi des voies établies par la loi. Il éteint le litige jusqu'à ce que l'appel ou l'opposition le fasse renaître. Si les deux parties se tiennent pour satisfaites du jugement par défaut, il devient un contrat judiciaire. Comment l'administration pourrait-elle les obliger à plaider devant elle contre leur gré et leur volonté (1)?

Les difficultés que soulève l'exécution des jugements et arrêts constituent des litiges distincts, et ne font pas revivre l'instance primitive. Aussi le conflit ne peut-il être élevé :

a. Ni sur les contestations relatives à l'exécution d'un jugement passé en force de chose jugée (2);

b. Ni sur les jugements qui ne font que reproduire lés dispositions d'un jugement antérieur passé en force de chose jugée (3);

c. Ni sur l'appel d'une ordonnance de référé qui ne fait que régler l'étendue, les effets et le mode d'exécution d'un jugement définitif (4);

d. Ni sur le débat porté devant le président d'un tribunal pour faire interpréter une ordonnance de référé qui était définitive (5).

---

(1) Serrigny, t. I, p. 245, n° 179; — Foucart, t. III, p. 684, n° 1909.

(2) 24 mai 1824; 2 juil. 1836.

(3) 16 janv. 2822.

(4) 12 mai 1824.

(5) 5 déc. 1838. Cependant le conseil d'État a décidé qu'une demande en dommages-intérêts par suite d'inexécution d'une ordonnance de référé pouvait être considérée comme une instance nouvelle autorisant le conflit (16 mars 1848), et qu'il en était de même d'un référé tendant à l'exécution d'un arrêt définitif (12 avril 1834). Ce sont des décisions d'espèces utiles à consulter. Voy. Adolphe Chauveau, t. I, p. 253, n° 454; Reverchon, p. 471, n° 60 et la note 2.

Cependant s'il arrivait que le mode d'exécution ne pût être déterminé que par l'autorité administrative, le conflit pourrait être élevé, dès le moment qu'aucune contestation ne s'élève sur le jugement principal qui a statué sur le fond de l'affaire. Dans ce cas, en effet, il n'y a pas de danger de violer le principe de la chose jugée (1).

Du principe que le conflit peut être élevé tant qu'il n'est pas intervenu de décision définitive au fond, il résulte que dans le cas où, pour une cause de forme quelconque (2), le conflit serait déclaré nul, le préfet serait en droit d'en élever un nouveau avant que la décision fût rendue (3).

C'est ainsi que :

a. Le conflit irrégulièrement proposé en première instance peut être de nouveau proposé en appel, tant qu'il n'est pas intervenu d'arrêt définitif sur le fond, bien que le jugement sur la compétence ait acquis la force de la chose jugée (4).

b. Il pourra l'être également quand bien même un arrêt aurait reconnu la compétence des tribunaux ordinaires (5).

---

(1) Dalloz, p. 134, n° 87 ; — Adolphe Chauveau, t. I, p. 254, n° 454 bis ; — Reverchon, p. 472, n° 61.

(2) Il est évident que le conflit annulé *au fond* par le juge des conflits ne pourrait être renouvelé : 8 avril 1852 ; — Adolphe Chauveau, t. I, p. 254, n° 456.

(3) 15 déc. 1842 ; 9 janv. 1843 ; — Adolphe Chauveau, t. I, p. 254, n° 456 ; — Reverchon, p. 499, n° 167 ; — Dalloz, p. 134, n° 88.

(4) 20 fév. 1840.

(5) 31 déc. 1844 ; 23 oct. 1835.

c. Le conflit annulé pour défaut de qualité du préfet qui l'avait élevé ne fait pas obstacle à ce qu'il en soit produit un nouveau par le préfet compétent (1).

En résumé, le conflit peut être élevé, c'est-à-dire que le déclinatoire peut être proposé dès qu'un acte extra-judiciaire quelconque a annoncé formellement l'intention d'engager la lutte. Il ne peut plus l'être du moment que le litige est terminé par un jugement sur le fond ou par un arrêt définitif, c'est-à-dire ne pouvant plus être attaqué que par la voie de la cassation, ou bien par une transaction. En un mot, dès qu'un fait quelconque met fin au procès.

Mais le droit d'élever le conflit, c'est-à-dire de présenter le déclinatoire, renaît dès le moment que, par l'appel, le litige reprend son cours, quand bien même l'appel n'aurait été interjeté que pour cause d'incompétence, conformément à l'art. 454 du code de procédure civile.

Le conflit peut être élevé en appel :

1° Lorsqu'il ne l'a pas été en première instance ;

2° Lorsqu'il a été élevé irrégulièrement et annulé pour ce motif ;

3° Lorsque le déclinatoire présenté en première instance ayant été accueilli par le tribunal, la partie intéressée interjette appel de ce jugement.

---

(1) 29 juin 1842. Il a même été jugé que dans ce cas le préfet compétent peut se dispenser de proposer un nouveau déclinatoire, et peut déclarer de suite le conflit, le tribunal ayant été déjà appelé à statuer sur sa compétence au point de vue de ce conflit. Voir 15 août 1839.

Cependant, le conflit ne pourrait être élevé si l'appel avait été interjeté après les délais.

Le conflit peut également être élevé, si le recours en cassation ou la requête civile employés par la partie condamnée faisant tomber l'arrêt ou le jugement attaqué, les parties étaient renvoyées devant un tribunal ou une cour d'appel.

Il ne peut l'être après un jugement par défaut que si le défaillant fait opposition.

Les difficultés que soulève l'exécution des jugements et arrêts ne font pas revivre le droit d'élever le conflit, à moins que le mode d'exécution ne puisse être déterminé que par l'autorité administrative, à la condition qu'il ne s'élève aucune contestation sur le jugement principal qui a statué sur le fond de l'affaire.

Enfin, du principe que le conflit peut être élevé tant qu'il n'est pas intervenu décision définitive au fond, il résulte que dans le cas où, pour une cause de forme quelconque, le conflit serait déclaré nul, le préfet serait en droit d'en élever un nouveau avant que la décision fût rendue.

CHAPITRE III

PROCÉDURE A SUIVRE POUR ÉLEVER LE CONFLIT

Ordonnance du 1er juin 1828, articles 5 à 12 et 17.

Art. 5. — A l'avenir le conflit d'attribution ne pourra être élevé que dans les formes et de la manière déterminée par les articles suivants.

Il résulte de cet article que, bien que cela ne soit expressément énoncé nulle part dans l'ordonnance, les formes sont substantielles et les délais emportent déchéance (1). Cette règle, cependant, ne s'applique qu'aux irrégularités qui proviennent des agents de l'autorité administrative. Quelle que soit la faute commise par un représentant de l'autorité judiciaire, elle ne pourra en rien influer sur la validité du conflit (2). C'est avec raison : l'ordonnance n'avait en vue que de réprimer les abus commis par l'administration et les empiétements sur les prérogatives judiciaires, et de satisfaire ainsi l'opinion ; elle n'avait point par conséquent à se préoccuper du fait de l'autorité

---

(1) Trolley, t. I, p. 248, n° 183 ; — Adolphe Chauveau, p. 259, n° 466 ; — Serrigny, t. I, p. 249, n° 184. — Cette règle soulève quelques difficultés, et fait naître quelques discussions qui seront étudiées en même temps que les formalités à propos desquelles elles surgissent.

(2) Comme par exemple dans les cas des art. 6, 7, 12, 13 et 14. Cela a été jugé par la Cour de cassation : Arrêt du 26 mars 1834.

judiciaire. D'autre part elle ne pouvait donner à celle-ci un moyen certain d'enterrer tous les conflits qu'il lui aurait plu d'empêcher d'arriver jusqu'au juge. En admettant que les fautes commises par ses représentants entraînaient nullité de la procédure, rien n'était plus facile : le conflit était élevé, on laissait par exemple s'écouler les délais, il était annulé. Le conflit institué par le législateur pour protéger l'administration contre l'esprit envahisseur de l'autorité judiciaire aurait été remis entièrement aux mains de cette autorité.

Ici une question se pose : A quelle autorité appartiendra-t-il de vérifier si les formalités prescrites ont été ou non accomplies, et de déclarer, par suite, que la revendication administrative ou que l'arrêté de conflit est nul et non recevable pour défaut d'accomplissement des conditions portées par la loi ?

Cette question est une des plus graves et des plus importantes que soulève la théorie des conflits. Elle donne lieu à une grosse discussion qui divise les auteurs et la jurisprudence. La jurisprudence des tribunaux de l'ordre judiciaire est en contradiction absolue avec celle du juge des conflits, et ce dernier n'a pas toujours été d'accord avec lui-même.

Sauf quelques modifications de détail, nous n'aurons que deux systèmes à étudier.

Premier système. Les tribunaux pourront apprécier si le conflit est bien formé, et ainsi ils pourront passer outre : 1° si le conflit est élevé en matière criminelle (art. 1); 2° s'il est élevé en matière correctionnelle hors les cas prévus par l'art. 2, ou faute d'accomplissement des formalités préalables devant l'administration (art. 3) ; 3° s'il est élevé hors des cas prévus par l'art. 4 ; 4° s'il est élevé après l'expiration des délais fixés par les art. 8 et 11 ; 5° enfin, s'il est élevé sans l'observation des formes prescrites par l'art. 9.

En effet, il serait dérisoire que les dispositions écrites dans l'ordonnance, et qui ont pour but de protéger l'autorité judiciaire contre les envahissements de l'autorité administrative, ne pussent être appréciées par les tribunaux.

L'ordonnance n'aurait eu, dans ce cas, d'autre effet que d'augmenter le nombre des cas où l'on devrait prononcer l'annulation, sans offrir pour cela aucune garantie aux tribunaux et aux parties contre les suspensions arbitraires du cours de la justice : les tribunaux resteraient comme par le passé à la merci des préfets.

Il est dans l'esprit de l'ordonnance, que toutes les fois que les formes ne sont pas observées, que le conflit est formé dans un cas où il est formellement prohibé, ou que les délais prescrits sont écoulés, les tribunaux ne soient pas tenus de surseoir. C'est ce qui ressort également de sa lettre ; en effet elle s'exprime partout d'une manière bien formelle : *Le conflit ne sera jamais élevé en matière criminelle* (art. 1er)... *Il ne pourra être élevé en matière correctionnelle que dans deux cas* (art. 2)... *Il ne pourra être élevé que dans les formes et de la manière déterminées par les articles suivants* (art. 5)... *Si l'arrêté a été déposé en temps utile, le greffier le remettra immédiatement au procureur du roi* (art. 12), etc. *Si les délais ci-dessus expirent sans qu'il ait été statué sur le conflit, l'arrêté qui l'a élevé sera considéré comme non avenu et l'instance pourra être reprise par les tribunaux* (art. 16). *Si, un mois après l'expiration de ce délai, le tribunal n'a pas reçu notification de l'ordonnance royale rendue sur le conflit, il pourra procéder au jugement de l'affaire* (Ord. du 12 mars 1831, art. 7). Lors donc que le tribunal ne trouve pas un acte revêtu des formes et pris dans les délais prescrits par l'ordonnance, il n'est pas tenu de surseoir, de même qu'il peut procéder au jugement de l'affaire, quand les délais de l'art. 16 de l'ordonnance de 1828 et de l'art. 7 de l'ordonnance de 1831 sont expirés sans qu'on ait jugé le conflit ou qu'il ait reçu notification de l'arrêt.

Bien qu'il soit de principe, dans notre droit, que les tribunaux ne peuvent empiéter sur le pouvoir législatif et doivent appliquer les lois sans discuter leur mérite ou leur opportunité, il est généralement admis que si une loi était promulguée sans avoir été faite dans les formes, les tribunaux *ne devraient pas* l'appliquer.

Comment donc ce principe ne serait-il plus applicable quand il s'agit d'un arrêté préfectoral.

Les tribunaux, sans doute, ne peuvent pas apprécier si le conflit est bien fondé, parce qu'ils apprécieraient la valeur d'un acte administratif; mais ils peuvent toujours voir s'il est bien *formé*, car, avant de lui accorder un effet quelconque, ils ont le droit de s'assurer s'il existe.

Cette distinction entre le fond et la forme des actes administratifs se retrouve dans la procédure en expropriation pour cause d'utilité publique ; les tribunaux ne peuvent pas refuser de prononcer l'expropriation par le motif qu'elle n'a pas les caractères d'utilité publique qui peuvent seuls la motiver, car cette question est de la compétence de l'administration ; mais ils sont expressément chargés par la loi d'examiner si les actes administratifs sont réguliers. La loi n'a pas craint, en leur donnant ce droit, de les voir entraver la marche de l'administration ; c'est que les tribunaux, qui pourraient se tromper dans l'appréciation d'un acte administratif, sont au contraire admirablement propres à statuer sur une question de forme.

Le danger que l'on redoute ici n'est donc point à craindre ; il n'existe pas dans les cas analogues, et la cour de cassation, à laquelle en définitive aboutissent les jugements prononcés par les tribunaux, a montré dans maintes circonstances qu'il n'y a nul danger à la laisser juge de la valeur extrinsèque des actes administratifs. D'ailleurs, si le tribunal s'était trompé en refusant de surseoir, le juge des conflits saisi du conflit pourrait annuler le jugement ; il n'y aurait donc pas d'inconvénient réel, et l'avantage serait d'éviter les longueurs qu'entraîne la décision du juge des conflits (1).

---

(1) Foucart, t. III, p. 694, n° 1919 ; — Duvergier, note 4 sous l'art. 12 de l'ord. de 1828 ; — Foucher, *Revue de législation*, t. I, p. 31 ; — Laferrière, *Cours de droit public et administratif*, 3ᵉ éd., t. II, p. 735. — M. Solon (t. II, n° 56), qui n'adopte pas cette opinion dans sa généralité, distingue seulement le cas où le vice de l'arrêté de conflit résulterait

Deuxième système. Les tribunaux doivent surseoir dans tous les cas ; le tribunal des conflits est seul juge du point de savoir si le conflit a été élevé régulièrement.

Le système qui permet aux tribunaux d'apprécier la validité du conflit offre des dangers.

Sans doute, dans certains cas, la nullité sera flagrante, mais dans beaucoup d'autres elle présentera un doute sérieux. Ainsi le conflit pouvait-il être élevé sans nouveau déclinatoire ? Le préfet devait-il copier textuellement et non pas seulement viser les dispositions législatives ? Quelle est la date de l'envoi des pièces à la préfecture ? Quel jour l'arrêté est-il parvenu au parquet ? Suffisait-il de la remise au parquet ou fallait-il le dépôt au greffe, etc., etc.

Le tribunal serait donc appelé à juger toutes ces questions déférées au tribunal des conflits et qui pourraient être résolues par lui dans un autre sens ? Dans quel intérêt compliquer le conflit d'un nouveau conflit ? l'ordonnance impartit un délai très bref pour la solution définitive. Enfin, ce serait compromettre et aigrir les rapports de l'autorité administrative et de l'autorité judiciaire sans nécessité, comme sans avantage.

Le texte et les principes sont formels. L'art. 12 de l'ordonnance de 1828 se réfère purement et simplement à l'art. 27 de la loi du 21 fructidor an III, qui dispose d'une manière absolue qu'en cas de

---

du défaut de déclinatoire préalable, attendu que cette formalité lui paraît substantielle. Boitard, *Leçons de droit criminel,* 10ᵉ éd., p. 245.

conflit il doit être sursis jusqu'à la décision du Directoire. L'article 128 du code pénal déclare coupables les juges qui, sur la revendication formelle, faite par l'autorité administrative d'une affaire portée devant eux, auront néanmoins procédé au jugement, et il ne distingue pas si la revendication était ou non fondée, régulière ou tardive (1).

Les tribunaux appelés à se prononcer sur la difficulté l'ont naturellement résolue dans le sens qui consacre leur droit d'annulation (2).

---

(1) Trolley, t. V, p. 127, n° 2209 ; — Serrigny, t. I, n° 194 ; — Dufour, t. III, n° 811 ; — Boulatignier, p. 497 et 498 ; — Cormenin ; Chauveau, *Principes de compétence*, n° 530, 22 déc. 1880.

Une question se soulève à propos de l'art. 128 du code pénal. Dans quel cas sera-t-il applicable ? M. Bavoux (*Des conflits*, t. II, p. 37 et 38) pense que les peines prononcées par l'art. 128 ne seront applicables que lorsque les tribunaux auront *à tort* retenu une affaire revendiquée avec raison par l'autorité administrative ; c'est une erreur grave, et il est certain que les magistrats ne peuvent passer outre après la notification régulière du conflit, sans se rendre coupables de forfaiture, quel que soit d'ailleurs le mal fondé du conflit. V. Duvergier (qui excepte cependant le cas où le conflit serait mal *formé*), note 4 sous l'art. 82 de l'ordonnance de 1828.

(2) C'est ainsi : 1° que la cour d'Angers a décidé que l'ordonnance du 1er juin 1828 donne aux tribunaux le droit de vérifier si le conflit élevé devant eux l'a été dans le délai légal ; qu'ils ne sont pas tenus de surseoir sans examen (26 déc. 1832) ; 2° que la cour de Rennes a déclaré nul et, par suite, non admissible, un conflit qui n'avait pas été précédé d'un déclinatoire, et qui ne renfermait pas textuellement la disposition législative qui attribuait la connaissance du litige à l'administration (12 av. 1834) ; — 3° que la cour de Dijon a décidé que si les tribunaux ne peuvent apprécier *au fond* la valeur des arrêtés de conflit, ils sont toujours compétents pour examiner si les délais nécessaires pour la validité de ces actes ont été observés, afin de ne pas se laisser entraver dans leur action (18 août 1838) ; — 4° Cette opinion a été partagée par la cour de cassation elle-même qui a déclaré qu'il dépendait

Le juge des conflits lui-même a hésité et, dans un arrêt, isolé à la vérité, avait adopté cette doctrine (1), pour revenir aussitôt sur cette décision, adopter une jurisprudence opposée, et consacrer définitivement le deuxième système exposé (2). C'est avec raison. Tous les arguments de MM. Foucart et Duvergier viennent se heurter à l'esprit même de l'ordon-

---

d'une cour d'appel, même sur la simple allégation du ministère public de l'existence du conflit, de vérifier à son greffe si les formalités avaient été réellement remplies (Cass. 26 mars 1834 ; v. aussi sol. imp. Req. ; 23 juil. 1839).

(1) Un arrêté de conflit avait été déposé après le délai de quinzaine fixé par l'art. 11 de l'ordonnance ; le tribunal de Montmorillon refusa de surseoir, et le conseil d'État par un arrêt du 31 déc. 1833 annula l'arrêté de conflit comme tardif et ne prononça pas la nullité du jugement.

(2) C'est ainsi qu'un arrêt de la cour d'Aix avait refusé de prononcer le sursis, par le motif que l'arrêté de conflit n'avait pas' été précédé du déclinatoire. Le conseil a annulé à la fois l'arrêté de conflit et l'arrêt de la cour, par le motif « qu'il n'appartenait pas à ladite cour de dé- « clarer cette irrégularité, et qu'il était de son devoir de surseoir à « toutes poursuites judiciaires, dès qu'il lui avait été donné communi- « cation d'un arrêté de conflit relatif à une affaire dont elle se trouvait « saisie. » 23 av. 1840 ; 25 av. 1845 ; 18 déc. 1848.

Il a été jugé de même que lorsqu'un conflit a été élevé en matière correctionnelle, hors les cas prévus par l'art. 2 de l'ord. du 1er juin 1828 (2e esp.), l'autorité judiciaire ne peut pas refuser de surseoir à statuer sur le fond ; qu'il n'appartient qu'au gouvernement en conseil d'État de statuer sur la validité d'un arrêté de conflit : d'où il suit qu'une cour en refusant, contrairement aux réquisitions du ministère public, de surseoir à toute procédure ultérieure malgré l'arrêté de conflit intervenu devant elle, par le motif que cet arrêté est mal fondé, *excède* ses pouvoirs et méconnaît la disposition de l'art. 27 de la loi du 21 fruct. an III (7 mai 1871 ; Rec. p. 26), que : lorsqu'une cour après avoir réformé un jugement qui avait admis le déclinatoire d'un préfet, et avoir renvoyé l'affaire pour être jugée au fond devant un autre tribunal du ressort, est saisie d'un arrêté de conflit qui n'a pas été précédé d'un nouveau déclinatoire, elle ne peut refuser d'ordonner au tribunal de surseoir, soit parce qu'elle se trouverait dessaisie du litige, soit parce que le conflit serait irrégulier (15 nov. 1875, rec., p. 898).

nance, sans être soutenus par sa lettre. L'ordonnance de 1828, faite pour apaiser les récriminations de l'autorité judiciaire, que soutenait alors l'opinion publique, a eu en vue de faire cesser les abus les plus criants, et de sauvegarder la responsabilité de l'administration autant qu'il était possible. Elle n'a eu nullement l'intention de faire à l'autorité judiciaire des concessions plus étendues que celles qu'elle lui faisait expressément, et rien ne dit dans l'ordonnance que l'autorité judiciaire sera juge de la validité des conflits.

La commission de 1828 n'avait sans doute pas pour but de faire abandon, à l'autorité judiciaire, des prérogatives de l'autorité administrative, comme il serait arrivé si le premier système avait prévalu.

Combien d'arrêtés auraient été repoussés pour des vices de forme que les tribunaux auraient sans doute été fort larges pour admettre. Combien de jugements auraient alors été exécutés par provision, de telle façon que la décision sur conflit serait arrivée après l'accomplissement de faits irréparables?

L'intérêt même des parties veut que l'arrêté de conflit interrompe dans tous les cas les procédures.

Tant que les procédures courent, les frais grossissent. Les frais s'arrêtent à leur interruption, et si le conflit est accepté par l'autorité supérieure, les parties n'auront à payer que ce qui aura été fait jusqu'à la présentation de l'arrêté.

Dans l'autre système, au contraire, le procès se continuant pouvait même se terminer avant que le juge des conflits ait prononcé. Si le conflit était ac-

cepté, malgré l'opinion du tribunal, les procédures
étaient anéanties, ce qui est toujours d'un effet déplorable, mais les frais étaient maintenus pour la partie perdante sans préjudice de ceux qu'elle pouvait avoir
à faire devant la nouvelle juridiction appelée à connaître du procès.

On objecte en vain le retard occasionné par les
procédures à accomplir devant le juge des conflits.
Les procédures sont courtes. La décision doit être
prononcée dans un délai qui est déterminé par la loi,
et qui, s'il est dépassé, rend aux tribunaux toute leur
liberté.

Les procédures devant le juge du conflit ne peuvent se prolonger que par la faute de l'autorité judiciaire ou des parties qui auront omis de remettre les
pièces, du dépôt desquelles courent les délais et qui,
par conséquent, ne pourront s'en prendre qu'à elles-
mêmes.

Enfin, un léger retard n'est pas comparable aux
inconvénients de renverser les principes fondamen-
taux sur la séparation des pouvoirs en constituant les
tribunaux juges des conflits, non plus qu'à l'inextri-
cable embarras des distinctions entre la forme et le
fond, entre les formalités substantielles et les formalités seulement utiles.

Il ne faut pas oublier qu'on est ici sur la ligne qui
sépare les autorités judiciaire et administrative;
qu'il ne faut rien faire qui puisse permettre à l'une
des deux d'empiéter sur les pouvoirs de l'autre. Qu'il
est utile, nécessaire, que toutes les questions qui les

intéressent toutes deux soient décidées par un juge
commun et non plus par l'une d'elles. Cela, qui n'était
vrai qu'en théorie quand les conflits étaient jugés
par le conseil d'État, est devenu vrai dans la pratique depuis qu'ils sont décidés par un tribunal mixte.

La procédure à suivre pour élever le conflit comprend deux formalités principales : 1° la proposition
d'un déclinatoire d'incompétence devant la juridiction à dessaisir ; 2° lorsque les circonstances l'exigent,
la prise de l'arrêté de conflit.

SECTION I. — DU DÉCLINATOIRE.

Ordonnance du 1er juin 1828, articles 6 et 7.

Art. 6. — Lorsqu'un préfet estimera que la connaissance
d'une question portée devant un tribunal de première instance
est attribuée par une disposition législative à l'autorité administrative, il pourra, alors même que l'administration ne serait
pas en cause, demander le renvoi de l'affaire devant l'autorité
compétente. A cet effet le préfet adressera au procureur du roi
un mémoire dans lequel sera rapportée la disposition législative
qui attribue à l'administration la connaissance du litige.

Le procureur du roi fera connaître dans tous les cas, au tribunal, la demande formée par le préfet, et requerra le renvoi si
la revendication lui paraît fondée.

Le déclinatoire est un mémoire présenté par le
préfet au tribunal à dessaisir, avant toute autre procédure, et tendant à le faire se prononcer sur sa propre
compétence. C'est là une innovation de l'ordonnance
de 1828. Lorsque, sous l'empire de l'arrêté de brumaire, un préfet apprenait, soit par une partie inté-

ressée soit par le bruit public, ou par toute autre
voie, qu'une affaire, qui lui paraissait administrative,
était soumise à la connaissance d'un tribunal, il prenait aussitôt un arrêté au moyen duquel il requérait
qu'il fût sursis au jugement jusqu'à la décision du
conseil d'État sur la question de compétence.

Cet arrêté de conflit, communiqué au tribunal par
le ministère public, paralysait son action et, sans que
le juge eût été mis à même de prononcer sur sa compétence, il se voyait enlever violemment une cause
qu'il aurait peut-être renvoyée lui-même devant
l'autorité administrative s'il eût été averti des difficultés relatives à la compétence (1).

Cette façon d'agir irritait la magistrature et l'opinion sans grand bénéfice, et ce ne fut, on se le rappelle, qu'après une longue discussion que la commission laissa aux préfets le soin d'élever le conflit, à la
condition de chercher un moyen d'éviter à l'avenir la
brutalité de procédés du passé, et de remédier à
l'ignorance du droit que l'on remarquait chez eux.
C'est alors qu'on imagina de les obliger à faire
plaider devant le tribunal à dessaisir le déclinatoire
d'incompétence.

Ce système devait avoir d'abord pour effet de mettre
le tribunal à même de prononcer sur sa propre compétence. On espérait ensuite que les préfets seraient
plus circonspects dans leur manière d'élever le
conflit. Après des débats contradictoires et solennels,

(1) Taillandier, p. 152.

en présence d'un jugement motivé, obligés de motiver eux-mêmes leurs arrêtés de conflit non pas
vaguement mais avec précision, comment croire
qu'on pourrait voir renaître ces conflits absurdes
dont le moindre inconvénient était de prolonger indéfiniment les procédures et de faire supporter des frais
frustratoires aux parties (1)?

Le but que s'est proposé l'ordonnance en contraignant le préfet à prendre cette mesure a été surtout
de maintenir ou plutôt de rétablir les rapports de
bienveillance qui doivent exister entre les fonctionnaires publics en observant les égards qu'ils se doivent réciproquement; il y avait en 1828, quand fut
rédigée l'ordonnance, à faire cesser une crise à l'état
aigu, à faire disparaître un antagonisme aigu du côté
de la magistrature, brutal de la part de l'administration et préjudiciable à tous les intérêts (2).

Le régime antérieur, tel qu'il avait été établi par
l'arrêté du 13 brumaire an X et par une jurisprudence
conforme à cet arrêté, avait cependant un avantage:
il permettait d'arrêter l'affaire dès son début et d'épar-
gner aux parties les frais de procédure que le système
actuel entraîne nécessairement. Aussi fut-il défendu
par M. de Cormenin dans son rapport; mais les
motifs du système contraire devaient prévaloir et ont
en effet prévalu sur cette considération, qui n'aurait, d'ailleurs, qu'une assez faible importance si,

(1) Taillandier, 159.
(2) Serrigny, t. I, p. 249, n° 184.

d'une part, le déclinatoire était toujours proposé dès qu'il peut l'être, et si, d'autre part, le tribunal était tenu d'y statuer dans un délai déterminé (1).

§ 1. — Formes du déclinatoire.

La loi n'indique pour le déclinatoire aucune forme autre que la nécessité d'y *rapporter* la disposition législative qui attribue à l'administration la connaissance du litige. Cette loi sera le plus souvent la loi des 16-24 août 1790 qui en matière civile suffira dans tous les cas; en matière correctionnelle il faudra tantôt un texte précis et spécial, et tantôt la loi générale qui proclame l'indépendance des corps administratifs: loi du 16-24 août 1790, tit. II, art. 13, et loi du 10 brumaire an III (2).

La jurisprudence est si peu exigeante sur la forme qu'il a été jugé que de simples lettres au procureur suffisaient, du moment où, sans établir méthodiquement la compétence administrative, le préfet l'indique cependant avec plus ou moins de précision (3), ou même qu'il suffisait que le préfet eut prié le procureur de proposer le déclinatoire (4). Cependant, il ne faut pas aller trop loin dans cette voie, et une lettre du préfet annonçant au procureur qu'il va se mettre en

(1) Reverchon, p. 548, nᵒ 85.
(2) Trolley, t. V, p. 116, nᵒ 2187. Voir l'étude de cette question aux formes de l'arrêté de conflit, p. 158.
(3) 30 déc. 1843; 12 janv. 1844.
(4) 7 av. 1843.

mesure d'élever le conflit serait insuffisante (1).

Il est cependant préférable que, suivant les termes de l'art. 6, le déclinatoire ait la forme d'un mémoire.

§ 2. — Le déclinatoire ne peut être suppléé.

La formalité du déclinatoire est tellement substantielle, que rien ne saurait y suppléer. Il faut que le préfet propose au tribunal de se déclarer incompétent, au moyen de la formalité spéciale qu'exige l'art. 6 de l'ordonnance, quand bien même le tribunal viendrait de se déclarer compétent sur l'exception proposée par l'une des parties ou par le ministère public (2). L'arrêté de conflit qui, sous quelque prétexte que ce soit, serait pris sans déclinatoire dans les cas où il est exigé, serait annulé pour vice de forme. Il ne suffit pas que l'incompétence ait été proposée au tribunal, il faut encore qu'elle lui ait été proposée par le préfet, et dans les conditions indiquées par l'ordonnance. Aussi, tout conflit élevé sans décli-

_____

(1) 23 août 1843 ; 6 et 20 fév. 1846.

(2) Il peut cependant arriver que le premier jugement rendu sur la compétence du tribunal et passé en force de chose jugée soit anéanti indirectement par suite du déclinatoire opposé par le préfet : le tribunal pourra se déclarer incompétent sur ce nouveau déclinatoire, et il y aura deux jugements contradictoires sur la même question de compétence et dans la même affaire. Lequel des deux jugements devra l'emporter ? C'est évidemment le second, autrement il serait bien inutile d'admettre la possibilité d'élever le conflit. On rencontre là un exemple singulier d'un cas où notre législation autorise l'anéantissement d'un jugement passé en force de chose jugée (Serrigny, t. I, p. 248, n 182).

natoire dans le cas où il est exigé serait-il annulé (1).

Cependant, lorsque le préfet, plaidant pour le domaine de l'État, a décliné en cette qualité la compétence du tribunal il semble inutile de faire présenter un déclinatoire qui n'est en somme que la répétition de sa propre exception. Cela paraît résulter implicitement du texte de l'art. 6 portant que le préfet pourra, *alors même que l'administration n'est pas en cause*, demander le renvoi de l'affaire devant l'autorité compétente. Bien que le préfet, quand il agit au nom du domaine de l'État devant les tribunaux, ne plaide pas dans l'intérêt du pouvoir administratif en tant que pouvoir, il représente néanmoins l'administration chargée de la défense du domaine national, et l'incompétence qu'il propose doit faire appréhender au tribunal l'existence du conflit. A quoi bon l'obliger de reproduire de nouveau son déclinatoire ? Est-ce que le tribunal qui vient de se déclarer compétent contre les conclusions du préfet pourra, sur un nouveau déclinatoire présenté par ce même fonctionnaire, proclamer son incompétence dans la même cause et entre les mêmes parties ? Une pareille mesure est-elle compatible avec les convenances et avec le respect dû à la chose jugée ? c'est ce qu'il est difficile d'ad-

---

(1) V. entre autres, 9 mars 1831 ; 12 août 1831 ; 3 fév. 1835 ; 31 mars 1835 ; 20 avril 1835 ; 26 août 1835 ; 4 déc. 1835 ; 4 juil. 1837 ; 3 mai 1839 ; 24 août 1844 ; 4 avril 1845 ; 14 mars 1850 ; 16 nov. 1854 ; — Serrigny, t. I, p. 249, n° 184 ; — Trolley, t. V, p. 114, n° 2184 ; — Foucart, t. III, p. 687, n° 1911 ; — Cormenin, t. I, p. 413 ; — École des communes, t. IV, p. 310 ; — Boulatignier, p. 491 ; — Adolphe Chauveau, t. I, p. 260, n° 468.

mettre. Cependant, la jurisprudence est constante et exige dans tous les cas que le déclinatoire soit produit (1).

C'est une conséquence rigoureuse de ce que le préfet élève le conflit comme représentant du pouvoir administratif contre l'ordre judiciaire. Mais c'est une formalité sans but, que l'on cherche en vain à défendre en disant que, en revendiquant la cause pour l'administration en vertu de l'ordonnance de 1828, le préfet n'agit pas comme partie, mais comme organe de l'autorité publique (2), ou bien, que le tribunal qui est appelé à statuer sur sa propre compétence par la partie n'est pas dans la même situation que si le déclinatoire est posé par le préfet. L'administration n'étant pas partie dans la cause, le tribunal n'avait pas devant les yeux la lutte que son jugement peut faire naître avec l'autorité administrative (3). La première de ces raisons n'empêche pas que le tribunal, avant de se prononcer pour sa compétence, avait dû se demander si oui ou non il était en droit de le faire, et peser sa décision. La seconde paraît peu admissible et ne peut pas s'appliquer au cas où le ministre ou le préfet avait été partie et avait proposé l'exception d'incompétence. Le tribunal devait prévoir un conflit au moins probable. En second

---

(1) 4 mars 1841 ; 5 sept. 1852 ; 29 mars 1856 ; 1er déc. 1859 ; 12 juin 1850 ; 5 nov. 1850 ; 21 déc. 1858 ; 14 déc. 1872 ; — Serrigny, t. I, p. 251, n° 188 ; — Trolley, t. V, p. 114, n° 2184-2185 ; — Reverchon, p. 549, n° 88.

(2) Foucart, t. III, p. 687, n° 1911.

(3) Serrigny, t. I, p. 250, n° 185.

lieu, on semble dire que le tribunal, devant le déclinatoire, ferait une concession à l'administration.

On ne saurait admettre cette dernière raison. Les
compétences sont chose grave et l'une des deux autorités ne peut ni ne doit faire des concessions à l'autre.
Elle est compétente ou elle ne l'est pas : c'est la seule
question qu'il y ait à examiner. Si elle se croit incompétente, elle abandonne l'affaire ; si elle se croit compétente, elle la retient. Peu importe le conflit ; le tribunal des conflits est là pour en juger.

On a donné une autre raison qui ne vaut guère
mieux : le tribunal sera mieux éclairé par le mémoire
du préfet. On taxe ainsi d'ignorance et d'incapacité
les parties, leurs conseils, et le représentant du ministère public, au profit des préfets, mais du moins on
n'atteint pas la dignité de la justice.

Il est préférable de penser simplement qu'en employant des termes absolus et en exigeant les mêmes
formalités dans tous les cas, l'ordonnance a voulu
éviter les distinctions, les complications et les difficultés qui naîtraient inévitablement si dans un cas
on exigeait le déclinatoire, et dans d'autres on permettait d'élever le conflit sans son secours.

§ 3. — Cas où le déclinatoire est exigé.

D'après les termes de l'art. 6 qui sont aussi généraux que possible, le déclinatoire sera toujours
exigé lorsqu'on voudra élever le conflit devant un
tribunal en première instance, sauf le cas où le tri-

bunal, après s'être déclaré incompétent par un jugement par défaut et sur le vu du déclinatoire préfectoral, rapporte ce jugement sur l'opposition de la partie
défaillante. Le préfet, alors, peut élever le conflit
sans proposer un nouveau déclinatoire (1).

Ce n'est pas une exception à la règle, ainsi qu'on
pourrait le croire au premier abord.

On se rappelle, il est vrai, que dans le cas où le
préfet a proposé, comme représentant de l'administration dans un procès, une exception d'incompétence, il n'est pas dispensé de présenter le déclinatoire. Mais aucune des raisons qui ont pu déterminer
à accepter cette solution ne peut trouver ici d'application. Un véritable déclinatoire a été présenté au
tribunal qui a statué, au vu de ce déclinatoire, sur sa
compétence. Un second déclinatoire n'aurait rien de
plus solennel ni de plus concluant, le tribunal qui,
connaissant le premier, s'est déclaré d'abord incompétent, puis a reconnu sa compétence sur les observations de la partie défaillante, ne reviendra pas sur
cette résolution à la vue d'un deuxième déclinatoire,
qui ne sera que la répétition du premier. La loi
n'exige nulle part l'accomplissement de cette formalité sans but, et il y a lieu de ne pas se montrer plus
exigeant qu'elle.

En cause d'appel, et devant un tribunal ou une cour
de renvoi, le déclinatoire sera exigé :

---

(1) 6 mars 1835 ; — Adolphe Chauveau, t. I, p. 260, n° 468 ; t. III,
689, n° 1913 ; — Foucart, Dufour, t. III, p. 546, n° 545.

1° Lorsque le conflit n'aura pas été élevé en première instance ;

2° Lorsqu'il a été élevé irrégulièrement et annulé
pour ce motif (1) ;

3° Lorsque le déclinatoire ayant été rejeté en première instance, le préfet a omis d'élever le conflit
dans les délais de l'art. 8, ou si, par toute autre
cause, le conflit élevé par lui demeurait sans effet et
qu'il voulût plus tard exercer la revendication en
cause d'appel (2).

Dans le cas où le déclinatoire, ayant été admis en
première instance, les parties appellent du jugement
qui a reconnu l'incompétence de l'autorité judiciaire,
le préfet pourra ne point présenter de déclinatoire
devant la cour avant d'élever le conflit (3). Cela résulte des termes du deuxième paragraphe de l'art. 8
que l'on aura à étudier plus tard.

Le conseil d'État, alors qu'il était juge des conflits, n'avait pas tout d'abord adopté cette doctrine.
Il exigeait la présentation d'un nouveau déclinatoire
devant la cour (4). Mais il est revenu sur sa jurispru-

---

(1) Art. 4, parag. 2.
(2) Reverchon, p. 549, n° 88 ; — Foucart, t. III, p. 689, n° 1912 et
690, n° 1915 ; — Trolley, t. V, p. 150, n° 2184 ; — Serrigny, t. I, p. 206,
n° 188 ; — Dufour, t. III, p. 553 ; — Dalloz, p. 130, n° 102 ; — Adolphe
Chauveau, t. I, p. 261, n° 469 ; 19 août 1835 ; 23 avril 1840 ; 6 mars
1846 ; 23 juin 1853 ; 2 sept. 1825 ; 8 avril 1831 ; 23 avril 1843 ; 23 juin
1853 ; 15 déc. 1853 ; 13 nov. 1875.
(3) 1er fév. 1873 (s'il l'élève dans la quinzaine de la signification de
l'acte d'appel).
(4) 18 oct. 1833 ; 26 mai 1837 ; 23 avril 1840.

dence et a admis que le préfet pourrait ou non l'envoyer, laissant tout à son appréciation et regardant
l'envoi d'un déclinatoire, en appel, dans le cas qui
nous occupe, comme une faculté, non comme un devoir (1).

Ce dernier système paraît plus conforme aux termes de l'ordonnance, qui, dans son art. 8, après
avoir dit que le préfet avait un délai de quinzaine
pour élever le conflit si son déclinatoire avait été
rejeté, dit seulement : « Si le déclinatoire est admis,
le préfet pourra également élever le conflit dans la
quinzaine qui suivra la signification de l'acte d'appel, si la partie interjette appel du jugement. »

L'ordonnance semble ainsi assimiler le cas où l'une
des parties interjetterait appel du jugement qui avait
admis le déclinatoire, à celui où le préfet élève le
conflit parce que le tribunal a repoussé son déclinatoire. Dans ce dernier cas, il n'est pas besoin de nouveau déclinatoire, il ne doit pas en être besoin dans
le premier.

M. Foucart pense qu'il eût été peut-être plus convenable de laisser statuer la cour sur la question de
compétence dont elle est saisie par l'appel. Cepen-

(1) 31 déc. 1844 ; 14 et 18 nov. 1850 ; 6 mars 1846. (L'arrêt du
6 mars 1846 est très important et utile à consulter. On en trouve
l'analyse dans Reverchon, p. 549, n° 4088.)
Il est bien évident que cette dispense de présenter un nouveau
déclinatoire n'a lieu que dans le cas où le jugement dont on appelle a
été prononcé sur le déclinatoire du préfet et non sur une exception
d'incompétence proposée par l'une des parties (fût-ce le ministre ou le
préfet) ou par le ministère public.

dant l'autorité judiciaire n'est pas lésée et ne peut pas se plaindre : elle s'est proclamée incompétente. L'une des parties, il est vrai, n'accepte pas le jugement, mais alors pourquoi ne pas venir de suite devant le juge des conflits qui déterminera la compétence, sans laisser grossir les frais et traîner les procédures. Les plaideurs n'y pourraient trouver un avantage que dans le cas où ils ne chercheraient qu'à gagner du temps, ce qui n'est pas toujours licite. Le seul espoir de l'appelant est que la cour se déclare compétente, et dans ce cas le préfet élèvera le conflit : autant vaut l'élever de suite (1).

§ 4. — Le déclinatoire doit être remis au ministère public.

C'est, d'après l'art. 6, au procureur de la République, que le préfet doit adresser le déclinatoire. On verra que les termes de cet article sont trop restreints, et que c'est d'une façon plus générale au parquet de la juridiction à dessaisir.

Dès qu'il est muni du mémoire du préfet, le procureur de la République a le devoir de le communiquer au tribunal. Il doit le faire « dans tous les cas », c'est-à-dire, que le préfet soit ou non partie dans l'instance (2).

De même qu'aucune circonstance ne pouvait per-

---

(1) Foucart, t. III, p. 688, n° 1912 ; Serrigny, p. 258, n° 197 ; Trolley, t. V, p. 123, n° 2203.
(2) Dalloz, p. 143, n° 120.

mettre au préfet de ne pas produire son déclinatoire, de même aucune raison ne peut dispenser le procureur de la République de le communiquer au tribunal. Cependant, par les motifs qui ont été exposés plus haut, l'ordonnance n'a édicté aucune sanction à cette règle. Aussi, dans la pratique, peut-il se faire que le ministère public, sous un prétexte ou un autre, refuse de faire au tribunal la communication exigée par l'ordonnance.

Dans ce cas, le préfet devra faire remettre son mémoire au président du tribunal, et provoquer une décision sur la compétence. Il ne pourra élever le conflit que lorsque cette décision sera rendue, à moins bien entendu que le tribunal passe outre au jugement du fond. Alors, d'après les dispositions du dernier paragraphe de l'art. 8, le préfet élèverait le conflit, malgré le jugement rendu, dans la quinzaine de la notification de ce jugement (1).

Mais le procureur de la République, sans refuser formellement de présenter au tribunal le déclinatoire, peut, ou s'abstenir de le lui faire connaître ou faire une communication fausse ou incomplète.

Dans ce cas, par application du principe que les fautes seules des agents de l'administration peuvent entraîner la nullité de la procédure du conflit, le préfet n'en aurait pas moins le droit d'élever lé conflit en observant, bien entendu, en ce qui le concerne, les délais et les formes, et cela, quand bien même le tri-

_____

(1) 15 déc. 1842; Foucart, t. III, p. 689, n° 1912.

bunal aurait statué au fond (1). La même solution serait vraie si le ministère public faisait une communication inexacte ou incomplète qui permît au tribunal de passer outre.

Le ministère public, tout en étant obligé de communiquer au tribunal le déclinatoire du préfet, n'est pas tenu de l'appuyer. L'ordonnance le laisse libre; elle ne lui enjoint de requérir le renvoi que si la revendication lui paraît fondée (2).

Dans quels délais et quelles formes le ministère public devra-t-il communiquer le conflit au tribunal. La loi ne le dit point. L'article 12 de l'ordonnance prescrit au ministère public de communiquer l'arrêté de conflit au tribunal en chambre du conseil. Ici, aucune indication. La communication aura lieu en audience publique. Il ne s'agit pas, comme pour l'arrêté, de dessaisir l'autorité judiciaire, mais au contraire de l'appeler à se prononcer. Elle devra le faire dans les formes ordinaires, puisque la loi n'en dispose pas autrement. Le ministère public doit prendre des conclusions, les conclusions doivent être connues et ne pourront l'être que si elles sont prises en séance publique (3).

(1) V. 15 déc. 1842 ; — Foucart, t. III, p. 689, n° 1912 ; — Dalloz, n° 117.
(2) Serrigny, t. I, p. 245, n° 184 ; — Foucart, t. III, p. 687, n° 1911 ; Trolley, t. V, p. 116, n° 2188 ; Dalloz, n° 118.
(3) Dalloz, p. 153, n° 119. MM. Matignot et Delamarre pensent au contraire (v° Conflit, p. 285) que, dans le silence de la loi spéciale sur ce point, le ministère public pourrait, hors de la présence des parties, à huis clos, dans la chambre du conseil, communiquer le déclinatoire et demander le renvoi de l'affaire : de sorte que si la revendication

Quant au délai, le procureur de la République est libre de faire la communication en tel temps qu'il jugera convenable ; il est ainsi libre de suspendre les procédures à son gré, sans qu'aucune autorité puisse les hâter.

Le parquet auquel le déclinatoire devra être envoyé sera toujours le parquet de la juridiction à dessaisir.

Cette solution n'est pas douteuse en première instance, mais en appel une hypothèse particulière s'est présentée : un préfet a cru pouvoir adresser son déclinatoire et son arrêté de conflit au procureur de la République au lieu du procureur général, bien que le jugement du tribunal de première instance fût frappé d'appel, parce que, disait-il, la partie appelante était une commune non autorisée ; mais le défaut d'autorisation préalable n'empêchant pas la cour d'être saisie, et l'irrégularité ou la nullité de l'appel ne pouvant être prononcée que par le juge du second degré, qui reste provisoirement compétent pour le litige, le conflit fut annulé. Donc le déclinatoire ne peut être envoyé qu'au ministère public siégeant près le tribunal ou la cour jugeant le litige (1).

Cette solution se comprend sans commentaire : le déclinatoire a pour but de provoquer un jugement de la juridiction saisie et non d'une autre. C'est donc la juridiction saisie qui a besoin de le connaître.

était admise le tribunal prononcerait comme ayant suppléé d'office le moyen d'incompétence.

(1) Poisson, *Des conflits d'attribution*, p. 39.

§ 5. — Effets du déclinatoire.

Dès que le tribunal a reçu communication du déclinatoire, son devoir est de se prononcer sur sa propre compétence avant de passer au jugement du fond (1). Il le doit dans tous les cas, quand bien même le déclinatoire serait nul pour vice de forme : il devra même, s'il reconnaît bien fondée la prétention de l'administration, se déclarer incompétent, et devrait même le faire d'office, en dehors de toute démarche de l'administration (2). La nullité du déclinatoire ne pourra avoir d'effet que relativement au droit d'élever le conflit. Le déclinatoire nul, le préfet perdra ce droit. Il lui restera seulement la ressource de présenter un nouveau déclinatoire après l'annulation du premier et avant le jugement de l'affaire.

L'ordonnance, qui, dans cette occasion comme dans toutes autres, n'avait pas en vue de réglementer l'action judiciaire, n'a imposé aucun délai pour statuer. Si les tribunaux s'abstiennent de le faire, les parties ne pourront point accuser l'administration ; elle a fait quant à elle, en présentant son déclinatoire, ce qui était en son pouvoir. L'autorité judiciaire reste seule responsable des lenteurs que peut amener son abstention. L'administration d'autre part reste sauve :

---

(1) Arrêt du 8 avril 1850 ; — Trolley, t. V, p. 117, n° 2193. Auteurs et jurisprudence d'accord.

(2) Duvergier, t. XXVIII, p. 184, n° 3 ; — Foucart, t. III, p. 688, n° 1911 ; — Adolphe Chauveau, t. I, p. 264, n° 474.

elle voulait empêcher un empiétement, cet empiétement n'a pas lieu tant que l'affaire reste en suspens (1). Cependant ce silence de la loi est critiquable et a été critiqué (2). Il est contraire à l'intérêt des
plaideurs que des affaires puissent par oubli ou
mauvais vouloir rester sans solution un temps qui
peut être fort long. On a vu des conflits ne pouvoir
être jugés que plus d'un demi-siècle après l'accomplissement des premières formalités administratives
parce qu'il n'avait point convenu à l'autorité judiciaire de laisser les choses suivre leur cours.

Sans doute, l'administration n'était pas responsable
de ce retard ; sans doute elle ne courait aucun risque
de voir l'autorité judiciaire empiéter sur ses prérogatives, mais les intérêts des parties, que sont-ils de-
venus pendant ce temps ?

Cependant, une circulaire du garde des sceaux du
5 juillet 1828 recommande de juger le déclinatoire
comme affaire urgente et requérant célérité. Cet
effort est resté insuffisant. Une circulaire ne pouvait
que bien faiblement remédier au silence de la loi. Ce
qu'il faut, c'est la refaire comme il faut refaire toutes
les lois ou dispositions législatives rédigées en vue
d'un danger pressant et qui n'ont prévu que ce
danger.

---

(1) Serrigny, t. I, p. 252, n° 187 ; — Dufour, t. III, p. 549, n° 549 ;
—Dalloz, n° 121 ; — Trolley, t. V, p. 117, n° 2191. M. Trolley pense que
« *le reste est l'affaire des parties* ». Il prend peut-être un peu aisément
son parti des retards qui peuvent être apportés aux affaires de ces
dernières.

(2) V. de Cormenin ; — Foucart, t. III, p. 687, n° 1911.

Si le tribunal ne peut passer au jugement du fond, sans avoir au préalable jugé la question de compétence soulevée par le déclinatoire, il peut du moins prendre toutes les mesures *préparatoires* ou d'instructions. Il peut ordonner des mises en cause et toutes autres mesures qui réservent et laissent intacte la question de compétence (1) ; des expertises qui auraient pour but d'éclaircir les faits sur lesquels porte la difficulté de compétence (2).

Mais le tribunal ne pourrait pas, non seulement statuer sur le fond avant d'avoir vidé la question de compétence, mais encore rendre un jugement statuant à la fois sur la compétence et sur le fond (3). Il ne pourrait pas non plus, au lieu de statuer sur sa compétence, se borner à rejeter le déclinatoire comme tardif et irrecevable (4). Il doit statuer au fond sur la compétence.

Le tribunal ne pourrait pas non plus, en repoussant le déclinatoire, condamner aux dépens le pré-

---

(1) 8 nov. 1829 ; 2 juil. 1836 ; — Boulatignier, p. 492 et 493 ; — Trolley, t. V, p. 117, n° 2193 ; — Serrigny, t. I, p. 254, n° 188.

(2) 5 janv. 1860, Rec., p. 7. Dans tous ces cas le préfet ne pourrait élever le conflit. Il a même été jugé que le tribunal peut, malgré le déclinatoire, ordonner pour s'éclairer sur sa compétence des interlocutoires, notamment une visite des lieux. Et, bien qu'en pareil cas le tribunal préjuge des questions de compétence dans les motifs de son jugement, si le dispositif ne statue pas sur cette question, le préfet ne peut encore élever le conflit (30 mars 1842). C'est une conséquence de la règle que le juge n'est pas lié par son interlocutoire (Serrigny, t. I, p. 252, n° 187).

(3) 30 nov. 1869, Rec., p. 946 ; 17 janv. 1874, Rec., p. 69 ; Voy. art. 6 et 7 de l'ord. ; — Foucard, t. III, p. 689, n° 912.

(4) 3 avril 1850 ; — Serrigny, t. I, p. 254, n° 188.

fet, qui ne comparaît pas comme partie, mais comme magistrat et fonctionnaire de l'ordre administratif agissant dans l'intérêt général de la société.

Ce serait méconnaître les droits conférés à l'administration pour la revendication de ses attributions devant l'autorité judiciaire (1).

Mais le tribunal aurait au contraire le droit de condamner l'une des parties aux dépens dans le jugement où il se reconnaîtrait incompétent et admettrait les conclusions du déclinatoire. Le préfet ne pourrait de ce chef élever le conflit, quand bien même la partie condamnée aux dépens serait le défendeur qui est cité contrairement aux lois de la compétence. Il appartient toujours aux tribunaux, en déclarant leur incompétence pour connaître de la demande, de statuer sur les dépens de l'instance introduite par cette demande (2).

Ici, la question se pose de savoir quelle sera la situation des parties dans le débat qui s'élèvera sur le déclinatoire proposé par le préfet.

Doivent-elles être appelées à conclure et plaider ou doivent-elles y rester étrangères? Dans l'origine ce point fit quelques difficultés (3), mais il est depuis longtemps résolu par la doctrine et la pratique. Le litige

---

(1) Cass. 12 août 1835 ; Sirey, 35, 1, p. 399 ; — Trolley, t. V, p. 118, n° 2154 ; 2 mai 1866, Rec., p. 480 ; 12 déc. 1868, Rec., p. 1007 ; 21 oct. 1871, Rec., 203 ; 26 juil. 1873, Rec. 1er suppl. p. 117 ; 18 juil. 1874, Rec., p. 703.
(2) 16 mai 1874, Rec., p. 466.
(3) V. un arrêt de la cour de Caen du 9 juillet 1838, Rec. 1838, p. 685.

intéresse les parties au premier chef. Il s'agit de savoir si elles seront jugées. Comment supposer que tout puisse se passer en dehors d'elles ! Ou l'on admettra l'opposition, et alors on doit appeler les parties ; ou la question sera irrévocablement jugée, et le système n'est pas raisonnable. On objecte le silence des art. 6 et 7, mais ils n'ont point parlé des parties parce qu'ils ne s'occupent que des formalités à remplir par l'administration en ce qui concerne l'autorité judiciaire.

Toute l'économie de l'ordonnance de 1828 fait justice de l'objection. *Aux termes de l'art.* 8, *la partie peut porter l'appel du jugement qui admet le déclinatoire* s'il a été proposé en première instance ; donc elle a dû figurer au jugement. Devant le juge des conflits elle est admise à présenter des observations et même à plaider, et cependant la question a déjà subi l'épreuve d'un débat judiciaire (1).

Cependant, l'ordonnance n'exigeant point que le mémoire du préfet soit notifié aux parties, elles ne pourront qu'en prendre connaissance au greffe (2).

Art. 7. — Après que le tribunal aura statué sur le déclinatoire, le procureur de la République adressera au préfet, dans les cinq jours qui suivront le jugement, copie de ses conclusions ou réquisitions et du jugement rendu sur la compétence.

La date de l'envoi sera consignée sur un registre à ce destiné.

(1) Foucart, t. III, p. 295 ; — Serrigny, t, I, p. 252, n° 187 ; — Trolley, t. V, n° 2189 ; — Adolphe Chauveau, p. 164, n° 474.
(2) Foucart, t. III, p. 691, n° 1915 ; — Dalloz, p. 144, n° 126 ; — Serrigny, t. I, p. 252, n° 187 ; — Trolley, t. V, n° 2189.

Une fois que l'on eut admis le principe qu'avant de dessaisir un tribunal, le préfet devait faire plaider devant lui la question de compétence, il fallait trouver un moyen de l'informer du jugement qui interviendrait. Le procureur de la République était l'agent le plus propre à remplir cette formalité, puisque c'est à lui que le préfet est obligé d'envoyer son mémoire en revendication. Il était nécessaire aussi de limiter le délai dans lequel le jugement du tribunal et les conclusions du ministère public seraient envoyés au préfet. Ce délai a été fixé à cinq jours.

Le but que la commission s'est proposé en laissant d'une part le procureur de la République libre d'appuyer ou de combattre le déclinatoire du préfet, et en l'obligeant d'autre part à communiquer ses conclusions à ce dernier est facile à comprendre.

A l'époque où a été rédigée l'ordonnance, on avait contre l'administration, contre les préfets en particulier, de grandes préventions. Le grand nombre de conflits abusifs qui avaient été élevés rendait les mots de conflit et d'abus presque synonymes. Il semblait que le plus grand nombre des conflits devaient être élevés à tort. Le gouvernement avait supprimé les chaires du droit administratif qui devenait de plus en plus ignoré ; on se plaignait de toutes parts de l'ignorance des préfets.

Or, de deux choses l'une : ou le procureur du roi partagera l'opinion que l'affaire est du ressort de l'autorité administrative, et ses conclusions développées pourront servir au préfet, dans la rédaction des

motifs de son arrêté de conflit ; ou, au contraire, il
croira que l'affaire est de la compétence des tribunaux ordinaires, et, dans ce cas, ses conclusions,
également développées, pourront éclairer le préfet,
et le porter à se désister de ses prétentions (1).

Il est bien évident que, en application du principe
énoncé sous l'art. 5, la négligence du procureur
de la République ne pourrait occasionner aucun préjudice à l'administration. S'il ne faisait qu'une communication incomplète, et surtout s'il ne faisait au
préfet aucune communication, le droit d'élever le
conflit n'en demeurerait pas moins intact. Le délai
de l'art. 8 ne courrait pas et le préfet pourrait élever
le conflit en tout état de cause. Un jugement définitif
même ne lui enlèverait pas ce droit (2).

Le délai de l'art. 8 ne court que de la date de
l'envoi, qui se prouve au moyen du registre dont
parle le dernier paragraphe de l'art. 7. Ce point demande des explications qui trouveront leur place
sous l'article suivant.

SECTION II. — DE L'ARRÊTÉ DE CONFLIT

Ordonnance du 1ᵉʳ juin 1828, articles 9 à 12.

La seconde formalité que le préfet aura à remplir
devant la juridiction à dessaisir consiste à prendre et

---

(1) Taillandier, p. 161.
(2) 7 déc. 1844 ; 19 déc. 1837 ; 3 juil. 1850 ; — Foucart, t. III, p. 689,
nᵒ 1911 et 1912 ; — Trolley, t. V, p. 118, nᵒ 2195 ; — Serrigny, t. I, p. 253,
nᵒ 188 ; — Dufour, t. III, p. 551 ; — Adolphe Chauveau, t. I, p. 266, nᵒ 478.

à faire remettre au tribunal un arrêté dit de conflit dont nous allons avoir maintenant à nous occuper.

§ 1. — Quand l'arrêté de conflit peut-il être pris ?

Art. 8. — Si le déclinatoire est rejeté, dans la quinzaine de cet envoi pour tout délai, le préfet du département, s'il estime qu'il y ait lieu, pourra élever le conflit. — Si le déclinatoire est admis, le préfet pourra également élever le conflit dans la quinzaine qui suivra la signification de l'acte d'appel, si la partie interjette appel du jugement.

Le conflit pourra être élevé dans ledit délai, alors même que le Tribunal aurait, avant l'expiration de ce délai, passé outre au jugement du fond.

Dans cet article, il faut entendre par *élever le conflit* non plus proposer le déclinatoire d'incompétence, mais prendre l'arrêté de conflit.

Le conflit ne peut être élevé, c'est-à-dire que l'arrêté ne peut être pris, que lorsque l'autorité judiciaire s'est prononcée sur sa propre compétence en statuant sur le déclinatoire. Le juge des conflits devrait annuler tout conflit élevé avant qu'elle se soit prononcée et renvoyer les parties devant le tribunal saisi pour le faire statuer sur le déclinatoire. S'il en était autrement, cette formalité deviendrait inutile, et n'apporterait aucune modification au régime de Brumaire (1).

---

(1) 3 déc. 1831 ; — Dalloz, p. 145, n° 133 ; — Foucart, t. III, p. 687, n° 1911. On a vu que l'autorité judiciaire n'a aucun délai pour statuer.

L'autorité judiciaire peut se prononcer expressément ou tacitement : expressément en acceptant ou
en repoussant le déclinatoire, tacitement en passant
outre au jugement du fond. D'où trois hypothèses (1) :

1° Le tribunal peut accepter les conclusions
du déclinatoire et se déclarer incompétent.

2° Il peut repousser les conclusions du déclinatoire et se déclarer compétent (2).

3° Il peut passer outre au jugement du fond sans
statuer sur le déclinatoire.

A ce dernier cas il faut joindre celui où le tribunal,
dans le même jugement, reconnaîtrait sa compétence
et statuerait sur le fond.

A. *Première hypothèse.* — Dans le cas où le tribunal
s'est déclaré incompétent, il peut se faire que les parties appellent, ou n'appellent pas du jugement. Si elles
n'appellent pas, tout est terminé. L'autorité judiciaire
est définitivement dessaisie, il est impossible et inutile d'élever le conflit.

Dans le cas au contraire où les parties appellent du
jugement qui a accepté le déclinatoire et reconnu l'incompétence de l'autorité judiciaire, il devient nécessaire de l'élever. Le préfet a pour le faire un délai
de quinzaine à partir de la signification de l'acte

---

(1) Adolphe Chauveau, t. I, p. 265, n° 474 ; — Boulatignier, p. 492 ;
— Reverchon, p. 180, n° 128 ; — Dalloz, p. 145, n° 133.

(2) Dans ce cas spécial, le préfet pourrait, au lieu d'élever le conflit,
interjeter appel du jugement sur la compétence et attendre que la cour
se soit prononcée. Il pourrait ensuite, si elle confirmait le jugement
qui a repoussé le déclinatoire, élever le conflit dans la quinzaine de l'arrêt. (27 août 1839 ; — Foucart, t. III, p. 693, n° 1618.)

d'appel ; mais en quoi consiste cette signification ?
doit-elle être faite spécialement au préfet ou suf-
fit-il de la signification ordinaire que doit faire l'appelant à l'intimé ? L'ordonnance ne spécifie pas.

Dans les affaires où le préfet sera partie, il ne peut
s'élever aucune difficulté ; l'appel n'existera que par
la signification qui lui sera faite. Mais dans les cas où
le préfet n'est pas en cause comme représentant de
l'État, la question est embarrassante.

Deux systèmes sont en présence :

Premier système. — Si le préfet n'est pas partie en
cause, on n'a pas à lui notifier l'appel.

Il est vrai que le préfet pourra dans beaucoup de
cas ne pas être prévenu de l'appel et par conséquent
laisser s'écouler le délai de quinzaine ; mais il faut
faire attention que la faculté d'élever le conflit *au moment même de l'appel*, et avant que la cour soit saisie,
a été donnée bien moins dans l'intérêt de l'administration que dans celui des parties et pour leur procurer
plus promptement l'indication définitive de la compétence. Il est donc probable que l'une ou l'autre des
deux parties, comprenant cet intérêt, s'empressera
de faire connaître l'appel au préfet. Si en définitive
il arrivait qu'il l'ignorât, cela n'aurait pas d'inconvénient, puisqu'il conserverait le droit d'élever le conflit en vertu de l'art. 4, parag. 2 (1).

Deuxième système. — Le délai ne courra qu'à partir

(1) Lebon, 1840, p. 149, note ; — Trolley, t. V, p.123, n° 2204 ; —
Boulatignier, p. 491.

de la signification de l'appel faite au préfet par les parties.

En l'absence de toute disposition expresse à cet égard, la raison indique que le délai ne peut courir qu'en vertu d'une notification spéciale adressée au préfet lui-même. Comment, en effet, ce fonctionnaire serait-il averti si l'on se contentait de signifier l'appel à la partie ? Cette signification lui étant étrangère, il serait presque toujours dans l'impossibilité d'élever le conflit en temps utile, alors surtout que l'appelant a intérêt à lui cacher l'existence de son appel. La brièveté même du délai qui lui est accordé pour exercer la revendication rend indispensable une signification particulière (1).

Il est évident dans ce système que si les parties ne signifient pas l'appel au préfet, le délai ne court pas, et le préfet pourra élever le conflit non seulement tant que la cour n'a pas jugé, mais encore même après l'arrêt qu'elle pourrait avoir prononcé sur le fond (2).

On a vu plus haut que le préfet peut élever le conflit en appel, à la condition de remplir les mêmes formalités qu'en première instance, c'est-à-dire en faisant précéder son arrêté de conflit d'un déclinatoire d'incompétence, dans le cas où le déclinatoire ayant été rejeté en première instance, il a omis d'élever le conflit dans le délai prescrit par l'article 8, 1er paragraphe, c'est-à-dire, dans la quinzaine du jugement.

(1) Adolphe Chauveau, t. I, p. 266, n° 479 ; — Foucart, t. III, p. 689, n° 1913 ; — Serrigny, t. I, p. 207, n° 189 ; — Dufour, t. III, p. 551, n° 551.
(2) 30 août 1847 ; — Foucart, t. III, p. 691, n° 1915.

Mais le préfet qui a reçu la signification de l'appel en qualité de partie ou même en qualité d'administrateur, laisse écouler la quinzaine ; a-t-il perdu non seulement la faculté que lui conférait l'art. 8, mais encore le droit absolu d'élever le conflit en proposant le déclinatoire ? En d'autres termes, la déchéance qu'entraîne le délai de l'art. 8 est-elle absolue ou seulement relative ?

Deux systèmes :

Premier système. — La déchéance est absolue. Cela paraît résulter des art. 7 et 8 de l'ordonnance et se comprend très bien. Le préfet a déjà suspendu le cours de la justice en première instance par son déclinatoire. Une fois l'appel interjeté, l'intérêt de l'administration renaît ; la faculté d'élever le conflit s'ouvre de nouveau ; le point de départ est fixé par la signification de l'acte d'appel : il faut donc le clore promptement pour ne pas laisser les parties exposées à faire des procédures frustratoires sous le coup d'un conflit toujours imminent. Donc le préfet ne pourra plus élever le conflit après le délai de quinzaine (1).

Deuxième système. — Les délais emportent déchéance et le préfet a perdu la faculté que lui conférait l'art. 8. Mais l'art. 4 § 2 dispose que le conflit peut être élevé en cour d'appel s'il ne l'a pas été en première instance ou s'il l'a été irrégulièrement après les délais prescrits par l'art. 8 de la présente ordon-

---

(1) Serrigny, t. I, p. 260, n° 192 ; — Foucart, t. III, p. 690, n° 1913.

nance. Le déclinatoire a bien été proposé, mais le conflit n'a pas été élevé en première instance. Par conséquent, si le préfet est déchu du droit que lui donne l'art. 8, il lui reste celui que lui confère l'art. 4 (1).

Ce dernier système est celui de la jurisprudence (2).

B. *Deuxième hypothèse.* — Dans le cas où, repoussant le déclinatoire, le tribunal s'est déclaré compétent, le conflit doit être élevé, à moins bien entendu que le préfet ne reconnaisse la justesse de la décision du tribunal, ce qui est un point d'appréciation personnelle et n'a rien à voir avec le droit lui-même du conflit.

De même que dans le cas où il doit élever le conflit sur l'appel du jugement qui recevait son déclinatoire, le préfet a un délai de quinzaine. Ce délai de quinzaine court du jour de l'envoi du jugement et des conclusions du ministère public au préfet. Cet envoi, on l'a vu en étudiant l'art. 7, doit être fait dans les cinq jours de la prononciation du jugement (3).

Le point de départ de ce délai de quinzaine est de nature à renouveler les critiques que l'on peut adresser à chaque instant à l'ordonnance, l'absence

---

(1) Trolley, t. V, p. 124, n° 2206 ; — Adolphe Chauveau, t. I, p. 267, n° 480 ; — Reverchon, p. 478, n° 88.

(2) 6 mars 1846 ; 13 novembre 1875, Rec., p. 898.

(3) Si le jugement est par défaut, un jugement confirmatif rendu sur l'opposition de la partie défaillante ne ferait pas courir un nouveau délai. (18 fév. 1839 ; — Foucart, t. III, p. 683 n° 1912.)

de soin de hâter les procédures dès le moment que les retards ne proviennent pas de l'administration. Elle a bien déterminé un délai de cinq jours pendant lequel l'envoi doit être effectué, mais elle n'a donné aucune sanction à cette règle.

Il s'en suit que, comme les négligences de l'autorité judiciaire ne peuvent, et avec raison, nuire à l'administration, le conflit pourra être suspendu jusqu'à ce qu'il plaise au procureur de la République de faire cette communication (1), à moins que le tribunal ou la cour passe plutôt au jugement du fond.

Il semble qu'il serait plus sage de permettre que le délai coure de la signification du jugement que les parties pourraient faire au préfet à défaut de la notification du parquet.

Les parties ont intérêt à voir marcher la procédure. Dès le moment que le déclinatoire du préfet a été admis, elles se trouvent n'avoir plus de juge, et le règlement de leurs intérêts est suspendu. Or, dans le système actuel elles sont entièrement livrées au bon plaisir des parquets.

On répond que la signification du jugement faite par les parties pourrait ne pas contenir les réquisitions du ministère public et que le vœu de la loi est que le préfet en ait connaissance. L'objection est juste : il est exact que les réquisitions du ministère public pourront ne pas se trouver dans la signification faite par les parties. Mais que l'on songe que cette signification ne

---

(1) Foucart, t. III, p. 688, n° 1912.

14

vaudra qu'à défaut de la communication du procureur de la République. Il est sans doute favorable au bon ordre que le préfet connaisse les conclusions du parquet pour les raisons exprimées plus haut; mais, dans le cas où il ne lui soumet pas, le ministère public semble lui-même en faire justice. Sa négligence ne doit pas laisser penser que le soin qu'il y aura apporté les aura rendues de nature à beaucoup éclairer l'autorité administrative. Le principal, dans ces questions de procédures où les grands principes ne sont pas en jeu, c'est que l'intérêt des parties soit sauvegardé. Or, il est absolument sacrifié et abandonné à l'arbitraire. On a remplacé l'arbitraire administratif par l'arbitraire judiciaire, mais c'est tout.

La règle de l'art. 8 est de nature à raviver toutes les attaques que l'on a dirigées contre la législation des conflits (1).

La règle de l'art. 8 est d'autant plus vicieuse, que si elle abandonne les intérêts particuliers, elle ne sauvegarde qu'à demi les intérêts de l'administration.

Le délai court, on le sait, du jour de l'envoi de la copie des jugements et des réquisitions du ministère public faite par celui-ci au préfet. Cette date est constatée

---

(1) Le 24 juillet 1881, le préfet de l'Hérault n'avait pu malgré ses fréquentes réclamations obtenir communication de l'arrêt prononcé par la cour de Montpellier dans l'instance introduite par les carmes le lendemain de l'exécution des décrets du 29 mars, et se voyait par conséquent dans l'impossibilité de prendre un arrêté et de soumettre la question au juge des conflits. La raison qu'on lui donnait était que l'arrêt n'avait pas encore été signé par le président.

par la mention consignée sur un registre appelé registre de mouvement(1), et il est de jurisprudence que ce registre fait foi de son contenu et établit légalement que l'envoi du jugement a été fait au préfet (2).

Cela rend les fraudes faciles, et peut mettre les préfets dans l'impossibilité d'élever le conflit. Pour le montrer, il suffit de rappeler, sans autre commentaire, l'espèce même de l'arrêt qui a consacré cette doctrine :

« Un procureur du roi écrit au préfet que le Tribunal a fait droit au déclinatoire qui, au contraire, avait été rejeté, et bien qu'il ne lui adresse pas le jugement, il consigne sur le registre envoyé au préfet le jugement sur le déclinatoire. Trompé par l'avis inexact qu'il avait reçu, le préfet laisse écouler le délai. Plus tard la partie lui signifie le jugement et il prend un arrêté de conflit. On lui oppose qu'il est tardif, il répond que le délai n'a pas couru, parce que

---

(1) Ce registre doit mentionner et constater les dates : 1° de l'envoi du déclinatoire par le préfet ; 2° de sa communication au tribunal ; 3° de l'envoi du jugement au préfet ; 4° de la signification de l'acte d'appel ; 5° du dépôt de l'arrêté de conflit ; 6° de la communication de l'arrêté au tribunal ; 7° des réquisitions à sursis et du jugement postérieur ; 8° du rétablissement des pièces au greffe ; 9° de l'avis donné aux parties ; 10° de la remise des observations au parquet par les parties ; 11° de l'envoi au ministère de la justice (circ. min. 5 juil. 1828).

(2) La plupart des auteurs soutiennent cette jurisprudence en s'appuyant sur ce qu'autrement le procureur de la République aurait eu facilité de remplacer la lettre d'envoi par une lettre postérieure contraire, ce qui enlèverait aux parties la garantie tirée des énonciations du registre tenu au parquet. (V. Serrigny, t. I, p. 253, n° 188 ; Trolley, t. V, p. 118, n° 2195.) Cependant, cette jurisprudence semble exorbitante à M. Foucart qui pense que la solution qu'elle consacre ne pourrait résulter que d'une loi (t. III, p. 688, n° 1912).

le jugement ne lui a pas été adressé, et il le prouve avec la lettre du procureur du roi. Néanmoins, un arrêt du Tribunal des conflits, à la date du 8 avril 1850 (Bracheis, C. Pelouse), décide que l'envoi du jugement est établi à la date indiquée par le registre du parquet (1). »

Dans le calcul des délais de l'art. 8 le jour de l'envoi n'est pas compris, mais le jour de l'échéance compte (2).

C. *Troisième hypothèse.* — Dans le cas où le tribunal passerait outre au jugement du fond sans statuer sur le déclinatoire, le préfet pourra élever le conflit dans le même délai de quinzaine qui partira du jour de la signification qui lui sera faite du jugement. C'est là une exception portée à la règle que le conflit ne peut être élevé après un arrêt définitif. Cette exception est juste. Elle est une conséquence nécessaire du droit qu'a l'administration d'élever le conflit. Ce droit deviendrait illusoire si le tribunal saisi du déclinatoire pouvait en passant outre au jugement du fond mettre l'administration dans l'impossibilité d'exercer ses droits.

La rédaction de l'art. 8 pourrait laisser croire que le droit d'élever le conflit n'existerait pas devant les cours d'appel dans le cas où elles auraient statué sur le fond avant l'expiration du délai de quinzaine accordé au préfet. Ce serait là une fausse interprétation. Le mot tribunal, dans l'art. 8, a été employé dans un

---

(1) Arrêt du 13 avril 1850 ; — Trolley, t. V, p. 118, n° 2195.
(2) 23 juill. 1841 ; 3 sept. 1846 ; 2 janv. 1857 ; 10 mars 1858 ; — Serrigny, t. I, p. 253, n° 188 ; — Trolley, t. V, p. 120, n° 2197.

sens large, et désigne les diverses juridictions devant
lesquelles le conflit peut être élevé. C'est même devant les cours d'appel que la réserve du droit dont il
s'agit importe le plus à l'administration, par le motif
que les décisions de ces cours étant souveraines, sauf
le recours par la voie extraordinaire de la cassation,
le droit d'élever le conflit se trouverait anéanti. Il suffit
d'ailleurs pour lever toute incertitude à cet égard de
combiner cette disposition de l'art. 8 avec celle de
l'art. 4, § 1, qui fait expressément une réserve
dans le cas d'arrêts définitifs prononcés avant l'expiration du délai accordé au préfet pour prendre et
déposer le conflit (1).

§ 2. — Formes de l'arrêté de conflit.

Art. 9. — Dans tous les cas, l'arrêté par lequel le préfet élèvera le conflit et revendiquera la cause devra viser le jugement
intervenu et l'acte d'appel s'il y a lieu ; la disposition législative
qui attribue à l'administration la connaissance du point litigieux
y sera textuellement insérée.

Ainsi, il faut que l'arrêté de conflit contienne :

1° Le visa du jugement intervenu sur le déclinatoire, et de l'acte d'appel s'il y a lieu (2) ;

2° L'insertion textuelle de la disposition législative
qui attribue à l'administration la connaissance du
point litigieux.

_____

(1) Dalloz, p. 145, n° 165 ; — Adolphe Chauveau, t. I, p. 267, n° 482.
(2) S'il n'était pas intervenu de jugement sur le déclinatoire et que
le tribunal ait passé au jugement du fond, c'est ce jugement qui devrait
être visé.

L'ordonnance n'indique aucune autre formalité.

Cependant, il résulte implicitement des termes de l'art. 9 (qui exige qu'il vise le jugement intervenu), que l'arrêté doit contenir le nom des parties ; mais ce n'est là qu'une interprétation de la loi. On ne pourra donc exiger cette formalité à cause de nullité, et l'arrêté ne pourra être considéré comme nul, dès le moment qu'aucun doute ne pourra s'élever sur l'instance auquel il s'applique (1). L'instance en conflit élevée à propos des procès entre des particuliers en est tout à fait distincte, et il importe peu de savoir quelles sont les parties, dès le moment qu'on peut savoir de quelle instance il s'agit.

De plus, et eu égard au silence absolu de l'ordonnance, il n'est pas douteux que, pourvu qu'il y insère les énonciations exigées, le préfet peut donner à son arrêté la forme qu'il lui convient : une simple requête ou même, quelqu'insolite que soit cette forme, une signification adressée au tribunal remplirait suffisamment le vœu du législateur. Cependant l'arrêté de conflit, dans la pratique, est toujours motivé suivant les usages administratifs ; il ne le serait pas qu'il n'en serait pas moins valable. En un mot, l'arrêté, bien que demandant à être rédigé avec un soin spécial, n'est astreint à aucune forme sacramentelle pourvu qu'il contienne, avec les deux formalités exigées par

(1) 30 mars 1842 ; — Adolphe Chauveau, t. I, p. 269, n° 486 ; — Dalloz, p. 146, n° 144.

l'art. 9, une revendication explicite et formelle de la contestation (1).

Passons aux formalités exigées expressément par la loi. Le visa des jugements n'offre aucune difficulté ; quant à la seconde, le but de ses rédacteurs est évident : ils ont voulu que les préfets soient tenus en garde contre la tentation d'élever des conflits insoutenables. Ce but a été clairement exprimé dans une circulaire du ministre de l'intérieur en date du 30 août 1828, qui rappelle aux préfets qu'ils ne doivent jamais élever le conflit qu'après un sévère examen des matières qui doivent y donner lieu, et une étude approfondie des lois qui en attribuent la connaissance à l'administration (2). On verra s'il a été atteint (3).

---

(1) 26 déc. 1827 ; 25 av. 1828 ; 20 mai 1850 ; 7 nov. 1850 ; — Adolphe Chauveau, t. I, p. 269 et 270, nᵒˢ 486 et 487; — Cormenin, t. I, p. 445, note 2 ; — Foucart, t. III, p. 297, nᵒ 1820 ; — Dalloz, p. 147, nᵒ 144.
Il est même admis par la jurisprudence qu'un conflit est régulier alors même que l'arrêté est commun à deux instances, alors que les deux instances ainsi revendiquées sont pendantes devant la même juridiction et soulèvent des questions identiques contre une même partie, ou même seulement, fondées sur les mêmes textes de loi : 3 janv. 1831 ; 17 janv. 1874, Rec., p. 69.

(2) Adolphe Chauveau, t. I, p. 268, nᵒ 484.

(3) Il est utile, avant d'aller plus loin, d'éclaircir le sens de ces mots employés par l'art. 9 de l'ordonnance : dispositions législatives. On les a employés pour qu'il ne pût pas y avoir d'équivoque sur le texte en vertu duquel on prétend qu'une telle matière appartient à l'administration. La commission a pensé que si elle mettait *la loi*, on pouvait croire qu'elle a entendu rejeter les arrêtés et décrets qui règlent plusieurs de ces matières, entre autres les décrets du gouvernement impérial, qui, bien qu'inconstitutionnels, ont cependant acquis l'autorité

Il est certain que l'omission des formalités de l'art. 9 et particulièrement le défaut de mention des dispositions législatives qui servent de fondement au conflit, entraîneront la nullité de l'arrêté pris par le préfet et devront le faire considérer comme non avenu (1); mais qu'entend-on dans la pratique par l'accomplissement de cette formalité?

Il a été jugé qu'il suffisait de *viser* avec leurs dates les diverses lois qui attribuent à l'autorité administrative la connaissance de la contestation (2); qu'il suffisait d'insérer textuellement les articles des lois des 16 et 24 août 1790 et 13 fructidor an III qui établissent la séparation et les limites respectives des autorités administrative et judiciaire, pour que le conflit soit élevé valablement (3).

La première de ces décisions est absolument contraire, tant à l'esprit qu'à la lettre de l'ordonnance. Comment prétendre, en effet, qu'un simple visa suffise, alors que l'art. 9 exige une insertion textuelle? Comment soutenir qu'elle est conforme à l'esprit de

---

de la loi par leur insertion au *Bulletin* et le silence du sénat conservateur qui n'a pas prononcé l'annulation dans le délai convenu. Taillandier, p. 167 ; Serrigny, t. I, n° 191.

(1) Adolphe Chauveau, t. I, p. 260, n° 486; — Duvergier, t. XXVIII, p. 185, note 1 (sous l'art. 9). Lerat de Matignot et Delamarre, t. I, p. 287.

(2) 8 fév. 1838 ; 3 fév. 1835 ; 26 août 1735; 7 nov. 1834 ; 11 déc. 1888; Dalloz, p. 148, n° 146 ; — Adolphe Chauveau, t. I, p. 269, n° 485 ; — Foucart, t. III, p. 692, n° 1916.

(3) 18 avril 1835 ; 14 avril 1836; 25 fév. 1841. — Adolphe Chauveau, t. I, p. 269, n° 485.; — 11 déc. 1880; Revue d'administration, mars 1881, p. 202.

l'ordonnance, alors que celle-ci a voulu non pas un renvoi vague à la loi, mais une insertion qui obligeât le préfet à connaître ses droits avant d'élever le conflit, et permît aux parties d'appuyer leurs observations sur une base certaine (1) ?

Quant à la seconde elle n'est pas en contradiction avec la lettre de l'ordonnance, mais elle en viole l'esprit d'une manière flagrante. Le cas avait été prévu par les rédacteurs, et c'est en grande partie pour empêcher ce résultat, que l'art. 9 a été rédigé. Il suffit de jeter les yeux sur les procès-verbaux des travaux de la commission de rédaction de l'ordonnance de 1828 pour s'en rendre compte (2). La citation suffisante de ces articles des lois précitées réduit l'art. 9 absolument à l'état de lettre morte. Il n'a plus aucun sens, plus aucune utilité. Le préfet pourra, sous le régime de l'ordonnance de 1828 comme sous celui de Brumaire, élever les conflits les plus fantastiques et aura toujours pour les motiver un texte de loi à citer. L'ordonnance a pris une précaution inutile et manqué son but (3).

---

(1) Cormenin, t. I, p. 445, note 3. Il est à remarquer que l'art. 6 de l'ordonnance demande seulement que la disposition législative soit rapportée dans le déclinatoire alors que l'art. 9 exige *l'insertion textuelle* dans l'arrêt.

(2) « La commission n'a pas voulu, en effet, que le préfet pût se fonder vaguement sur la loi du 24 août 1790, sur celle du 21 fructidor an III, ou sur l'arrêté du 13 brumaire an X, pour motiver un arrêté de conflit. Il faudra donc que le préfet rapporte nettement la loi qui aura attribué la matière dont il s'agit à l'administration. » Taillandier, p. 167.

(3) Chevalier, t. I, p. 220 ; — Foucart, t. III, p. 691. Cependant cette jurisprudence paraît être approuvée par MM. Serrigny, t. I, p. 209 ; Cotelle, t. III, p. 725, n° 145 ; et Dufour, 2e éd., t. III, p. 555, n° 556.

Ce but est d'autant mieux manqué que, on ne l'a pas oublié, l'ordonnance en exigeant l'insertion du texte spécial qui attribue la question à l'administration, et en excluant les textes généraux tels que la loi de 1790 par exemple, rendait le conflit impossible à élever dans la plupart des cas. On sait que la compétence administrative résulte le plus souvent des principes généraux qui règlent la séparation des pouvoirs administratif et judiciaire, sans être établie par aucun texte spécial (1).

La jurisprudence est en contradiction avec le texte de la loi ; mais elle a pris le seul parti à prendre pour lui donner un sens. L'art. 9 comme les dispositions analogues que l'on retrouve dans l'art. 6 est de ceux dont ses rédacteurs n'avaient certainement pas vu toute la portée ; il était destiné à rester sans application, comme toutes les lois qui sont en contradiction ou avec les mœurs de ceux à qui elles doivent s'appliquer ou avec les nécessités de la pratique.

En matière correctionnelle, l'insertion des lois générales suffira si le conflit est basé sur la revendication d'une question préjudicielle ; si la revendication porte sur la connaissance d'un délit, il faudra insérer la loi spéciale qui en attribue la répression à l'administration (2).

Le préfet doit se borner dans son arrêté à reven-

(1) Adolphe Chauveau, t. I, 269, n° 485.
(2) Ducrocq, n° 668, § 2.

diquer la contestation d'une façon formelle et explicite. Il ne peut rien faire au delà (1).

C'est ainsi qu'il ne peut : ni déclarer l'autorité judiciaire dessaisie de la question qu'il revendique et en
attribuer la connaissance à telle ou telle autre autorité administrative (2) ;

Ni ordonner qu'il sera sursis au jugement de la
contestation, et en général à toutes poursuites judiciaires (3) ;

Ni prescrire l'exécution provisoire du jugement sur
lequel il élève le conflit (4) ;

Ni enjoindre au procureur de la République de lui
transmettre des expéditions de jugements et de procès-
verbaux (5).

Il ne pourrait pas non plus statuer soit par l'arrêté
de conflit, soit par un arrêté spécial, sur la difficulté
qu'il revendique avant qu'il ait été prononcé sur le
conflit, alors même que cette difficulté serait de sa
compétence (6).

L'arrêté de conflit serait annulé sur tous ces points,
mais sur ces points seulement (7).

---

(1) 26 déc. 1827 ; 25 av. 1828.

(2) 17 août 1836 ; — Cormenin, t. I, p. 449, n° IX.

(3) 26 déc. 1827 ; 25 avril 1828 ; 14 mai 1828 ; 27 août 1823 ; 14 novembre 1833. Le sursis est entraîné de plein droit. — Adolphe Chauveau,
Principe de compétence, n° 1282, t. III, p. 885 ; — Reverchon, p. 490,
n° 184.

(4) 23 avril 1820.

(5) 26 déc. 1827.

(6) 6 août 1810 ; 22 janv. 1824 ; 19 janv. 1825 ; — Boulatignier, p. 496 ;
Adolphe Chauveau, t. I, 271, n° 488.

(7) Foucart, t. III, p. 692, n° 1916.

Le préfet a-t-il la liberté d'étendre ou de restreindre la revendication soumise au tribunal dans le déclinatoire?

Quant au dernier point, nul doute que le préfet et le juge des conflits puissent restreindre les termes du déclinatoire.

Quant au premier, deux systèmes :

Premier système. — Le préfet ne peut pas étendre dans l'arrêté de conflit la revendication contenue dans le déclinatoire.

D'une part, le préfet avant d'élever le conflit est tenu de proposer le déclinatoire afin que le tribunal puisse reconnaître et proclamer son incompétence, et il est obligé de viser le jugement ; mais le but de la loi sera-t-il atteint si, après avoir déclaré la juridiction du tribunal sur un point, il élève le conflit sur un autre ?

D'un autre côté, si le tribunal des conflits étend le conflit à des points sur lesquels l'arrêté du préfet ne porte pas, il exerce un véritable droit d'*évocation*, tandis qu'il doit être saisi par une revendication formée par le préfet seul. Enfin, le tribunal n'aura pas été mis à portée d'expliquer et de défendre sa compétence, les parties elles-mêmes seront souvent surprises par ces questions imprévues (1).

Deuxième système. — Le préfet peut étendre dans son arrêté les revendications contenues dans le déclinatoire.

---

(1) Trolley, t. V, p. 121, n° 1199.

Cette question perd de l'intérêt si l'on songe que le juge des conflits ne se tient pas pour lié par la revendication du préfet; il considère que l'arrêté du conflit le saisit de la question de compétence qui naît de l'affaire dans toutes ses parties; qu'il peut aussi bien étendre que restreindre les termes de l'arrêté de conflit.

On conçoit en effet qu'il est assez indifférent de savoir si le préfet peut aller au delà du déclinatoire dans l'arrêté de conflit, lorsqu'il est reconnu que dans tous les cas ce droit appartient au régulateur du conflit. La question débattue publiquement, en conseil d'État, a été implicitement résolue dans ce sens que le préfet dans l'arrêté de conflit a une égale liberté de restreindre ou d'étendre la revendication soumise au tribunal dans le déclinatoire (1).

§ 3. — L'arrêté de conflit doit être déposé au greffe.

Art. 10. — Lorsque le préfet aura élevé le conflit, il sera tenu de faire déposer son arrêté et les pièces y visées au greffe du Tribunal.

Il lui sera donné récépissé de ce dépôt sans délai et sans frais.

A quel greffe l'arrêté devra-t-il être déposé ?

---

(1) 9 déc. 1843. — Boulatignier, p.196. — Y a-t-il lieu de considérer comme irrégulier en la forme un arrêté de conflit commun à deux instances, alors que les deux instances ainsi revendiquées sont pendantes devant la même juridiction et soulèvent des questions identiques contre une même partie? Résolution négative implicite, 17 janv. 1874, Rec., p. 69.

En première instance, cela ne souffre pas de difficultés. L'arrêté sera déposé au greffe du tribunal à dessaisir. Il en sera de même dans le cas où le conflit serait élevé pour la première fois en appel, l'arrêté devra être déposé au greffe de la cour. Mais il est deux hypothèses qui offrent des difficultés sérieuses.

A. *Première hypothèse.* — Dans le cas où le conflit est élevé devant la cour, sans déclinatoire préalable, par application du paragraphe 2 de l'art. 8, au greffe de quelle juridiction devra être déposé l'arrêté ?

Plusieurs systèmes sont en présence :

Premier système. — L'arrêté doit être déposé au greffe de la cour.

Les art. 10 et 11 n'exigent pas que le dépôt soit fait en même temps aux deux greffes ; par conséquent, l'un d'eux a qualité et seul qualité pour le recevoir. Ce n'est pas le greffe du tribunal. Sans doute il résulte des art. 10 et 11, qu'en général, l'arrêté doit être déposé au greffe du tribunal qui a statué sur le déclinatoire. Mais pourquoi ? Pour dessaisir le tribunal. Par l'effet de l'appel, la cour s'est trouvée saisie, c'est à elle que le préfet doit faire communiquer son arrêté.

En effet, c'est elle qui doit surseoir et, conséquemment, c'est elle qui doit être frappée de la revendication, en la personne de son greffier, par la notification de l'arrêté de conflit. La revendication du litige ne peut se faire que contre le corps judiciaire qui le détient (1).

Deuxième système. — L'arrêté devra être déposé au greffe du tribunal qui a admis le déclinatoire.

Le texte de l'ordonnance paraît supposer le dépôt au greffe du tribunal. En effet, après l'article qui autorise le conflit dans la quinzaine de l'appel, viennent les art. 10 et 11 qui portent : « *Art.* 10. — Lorsque le préfet aura élevé le conflit, il sera tenu de faire déposer son arrêté et les pièces y visées au greffe du tribunal. — *Art.* 11. — Si dans le délai de quinzaine cet arrêté n'avait pas été déposé au greffe, le conflit ne pourrait plus être élevé devant le tribunal saisi de l'affaire. » Les art. 13 et 14 chargent le procureur du roi de prévenir les avoués des parties et de transmettre aux juges des conflits ses observations sur le conflit. Dans le cas qui nous occupe, le procureur de la République près le tribunal peut plus facilement que le procureur général près la cour remplir cette double mission. En effet, les parties n'ont pas encore d'avoué près la cour, et le procureur général n'a aucune connaissance de l'affaire (2).

Troisième système. — Enfin, on a proposé un système mixte. Le conflit pourra être déposé soit au greffe du tribunal, soit au greffe de la cour.

Dans le premier cas la justification de l'existence du conflit serait faite devant la cour ou par le préfet,

---

(1) Serrigny, t. I, p. 210, n° 192 ; — Adolphe Chauveau, t. I, p. 272, n° 490 ; — Trolley, t. V, p. 125, n° 2207.

(2) Lebon, 1840, p. 149, note.

ou par les parties, ou par le procureur général que le procureur de la république aurait nécessairement averti. Dans le second cas, le procureur général pourrait demander au procureur de la République ses observations sur le conflit et le charger des avis à transmettre aux avoués. — On ne voit aucune raison de texte ou de bon sens pour tracer sur ce point une règle à peine de nullité (1).

Il paraît résulter d'une ordonnance du 30 mai 1834 que le dépôt devrait être fait au greffe du tribunal (2).

B. *Deuxième hypothèse.* — A quel greffe le conflit doit-il être déposé dans le cas où le déclinatoire ayant été admis en première instance, la cour infirme le jugement d'incompétence du tribunal, et renvoie l'affaire au fond devant un autre juge ?

La jurisprudence a tranché la question en décidant que le dépôt de l'arrêté devait avoir lieu au greffe de la juridiction qui a eu la dernière connaissance du conflit, c'est-à-dire de la cour d'appel (3).

Le greffier devra remettre au préfet un récépissé sans frais, sur papier libre et qui devra être visé par le procureur de la République (4).

Quelles pièces devront être jointes à l'arrêté ?

L'art. 18 dit les pièces visées dans l'arrêté.

Ces pièces seules pourront être exigées. Il en

---

(1) Lebon, 1840, p. 149, note.
(2) Adolphe Chauveau, t. I, p. 271, n° 490.
(3) 5 sept. 1836 ; 25 avril 1857, Rec., p. 337 ; 15 mai 1858, Rec., p. 372 ; 16 janv. 1875, Rec., p. 57 ; — Reverchon, n° 125.
(4) Circulaire ministérielle du 5 juil. 1828 ; — Adolphe Chauveau, t. I, p. 272, n° 490 ; — Dalloz, n° 127.

résulte que l'on ne pourra demander le dépôt de celles dont les pièces visées dans l'arrêté auraient pu faire mention (1). Enfin, le délai de l'art. 11 ne s'applique qu'à l'arrêté ; les pièces peuvent être produites utilement jusqu'à ce qu'il soit prononcé sur la validité des conflits (2).

Pour l'arrêté le délai est de rigueur et, s'il était déposé après, il serait annulé (3).

Mais en quoi consiste ce délai?

Dans plusieurs circonstances, on a prétendu que les art. 10 et 11, combinés avec l'art. 8, accordent au préfet un premier délai de 15 jours pour élever le conflit, puis un second et semblable délai pour faire le dépôt au greffe.

Cette prétention était fondée principalement sur ce que, dans le projet d'ordonnance préparé par la commission, il y avait *ce* délai de quinzaine, tandis que l'art. 11 de l'ordonnance se sert du mot *le* délai. Le juge des conflits n'a vu dans ce changement de rédaction qu'une rectification insignifiante, peut-être même une erreur de copie ou de typographie ; il lui a paru que l'intention incontestable de la com-

---

(1) 23 déc. 1845 ; D. P. 46, 3, 84.

(2) 7 août 1843. Dall., n° 152 ; — Foucart, t. III, p. 692, n° 1917 ; — Lebon, t. XIII, p. 411 ; — Trolley, t. V, p. 122, n° 2200.

(3) 13 déc. 1833 ; 18 fév. 1839 ; 26 juil. 1841 ; 14 déc. 1843 ; 30 décembre 1843 ; 25 avril 1845 ; — Cormenin, t. I, p. 144, note 3 ; — Serrigny, t. I, p. 210, n° 193 ; — Adolphe Chauveau, p. 273, n° 492. La remise d'un nouveau mémoire devant le tribunal ou la cour qui a rejeté un premier déclinatoire, ne peut, en relevant le préfet de la déchéance, faire ouvrir pour lui de nouveaux délais (1er juin 1838).

mission (Voir Taillandier, p. 169) ayant été de n'accorder qu'un délai de quinzaine pour prendre et déposer l'arrêté de conflit, on ne pouvait supposer que le gouvernement se fût déterminé à doubler le délai sans faire connaître sa résolution autrement que par une modification de rédaction qui ne manifesterait que bien imparfaitement sa pensée, car les mots *le délai de quinzaine* s'entendent très bien du délai déjà fixé. Dans l'opinion du juge des conflits, le préfet doit donc prendre l'arrêté de conflit et en faire faire le dépôt au greffe dans la quinzaine de l'envoi prescrit par l'article 7 de l'ordonnance de 1828. Cette jurisprudence se justifie sans peine. Il n'y avait pas de motif pour accorder un second délai de quinze jours uniquement pour faire le dépôt. De plus, avec ce système on aurait à craindre les antidates (1).

L'arrêté de conflit doit donc être non seulement pris, mais encore déposé dans le délai de quinzaine (2).

Le point de départ de ce délai, la façon de le calculer ne se distinguent pas du point de départ et du calcul du délai de l'article 8.

---

(1) Boulatignier, p. 196 ; — Trolley, t. V, p. 122, n° 2200 ; — Taillan-, dier, p. 169 ; 13 déc. 1833 ; 28 juil. 1841 ; 24 fév. 1842 ; 30 déc. 1843 ; 25 avr. 1845 ; 28 nov. 1845 ; 6 févr. 1846.

(2) Adolphe Chauveau, t. I, p. 272, n° 491 et suiv. ; — Foucart, t. III, p. 692, n° 1917 ; — Serrigny, t. 1, p. 209, n° 192 ; — Dalloz, n° 153 ; 23 juil. 1841 ; 24 fév. 1842 ; 28 nov. 1845 ; 16 fév. 1860, Rec., p. 123 ; 2 août 1860, Rec., 577 ; 16 déc. 1862, Rec., 759 ; 26 déc. 1862, Rec., 861 ; 16 mai 1863, Rec., 430.

§ 4. — **Effets de l'arrêté de conflit.**

Art. 12. — Si l'arrêté a été déposé au greffe en temps utile, le greffier le remettra immédiatement au procureur du roi, qui le communiquera au tribunal réuni dans la chambre du conseil, et requerra que, conformément à l'article 27 de la loi du 21 fructidor an III, il soit sursis à toute procédure judiciaire.

La rédaction de cet article pourrait faire supposer que si l'arrêté n'a pas été déposé au greffe en temps utile (1), le greffier ne sera pas tenu de le remettre au procureur de la République. Ce serait une erreur. Le greffier n'est qu'un intermédiaire, il n'a qu'une constatation à faire ; il n'est pas juge de l'efficacité du dépôt, et devra dans tous les cas remettre au procureur de la République l'arrêté qu'il aura reçu du préfet (2). Son rôle est tellement comparable à celui d'une boîte aux lettres, qu'il a été jugé que, si l'arrêté au lieu d'avoir été déposé au greffe a été adressé directement par le préfet au procureur de la République et remis au parquet dans la quinzaine utile, le préfet peut être considéré comme ayant satisfait aux dispositions de l'ordonnance et que, par conséquent, le conflit est régulièrement élevé (3). Dès que le procureur de la République est en possession de l'arrêté

---

(1) On sait que le *temps utile* est le délai de quinzaine des art. 8 et 11.

(2) Duvergier, t. XXVIII, p. 185, note 3 ; — Adolphe Chauveau, t. I, p. 273, n° 493.

(3) 2 août 1838 ; 12 fév. 1870, Rec., p. 84 ; — Foucart, t. III, p. 692, n° 1917 ; Serrigny, t. I, p. 210, n° 193.

de conflit, qu'il l'ait reçu directement ou par l'intermédiaire du greffier, il doit en donner connaissance au tribunal, et requérir le sursis. Il n'a plus la liberté d'action que lui laissait l'art. 6 au sujet du déclinatoire. Il doit, dans tous les cas, et quel que soit son avis sur la validité du conflit, requérir conformément à l'article 27 de la loi du 21 fructidor an III (1).

Il fera cette communication et prononcera son réquisitoire, non en audience publique, mais en chambre du conseil. Les rédacteurs de l'ordonnance ont pensé qu'il serait dérisoire et offensant pour la dignité de la magistrature, que l'on vînt, en séance publique, enlever aux tribunaux la connaissance des affaires qu'ils prétendent conserver, alors qu'il ne leur est même pas permis de discuter la valeur de l'acte au moyen duquel on vient les leur enlever.

On sait qu'en application du principe énoncé sous l'art. 5, les fautes des agents de l'autorité administative, seules, entachant les procédures de nullité, les fautes du greffier ou du procureur de la République n'auraient aucune influence sur leur validité (2).

Le conflit une fois constitué, c'est-à-dire, à partir de

---

(1) Cet article est ainsi conçu : En cas de conflit d'attribution entre les autorités judiciaire et administrative, il sera sursis jusqu'à décision du ministre, confirmée par le directoire exécutif, qui en référera, s'il est besoin, au corps législatif (aujourd'hui du tribunal des conflits).

(2) 26 août 1835. C'est ainsi qu'il a été jugé qu'un conflit est régulier, bien que l'arrêté de conflit déposé au greffe du tribunal dans le délai prescrit n'ait été transmis par le procureur impérial à la chancellerie que plusieurs mois après l'expiration du délai de quinzaine du dépôt au greffe, au lieu de l'être immédiatement suivant les vues de l'art. 14 de l'ordonnance (19 janv. 1869, Rec., 35).

la communication qui en est donnée à l'autorité judiciaire par le dépôt au greffe, cesse d'appartenir au
préfet qui l'a élevé : ce n'est pas là un de ces actes
administratifs que l'administrateur mieux informé
peut toujours rétracter ou modifier tant qu'ils n'ont
pas conféré des droits aux tiers ; c'est un acte *sui generis* et d'une nature trop grave pour qu'il ne doive
pas, dès le jour où il s'est accompli, tomber et demeurer
dans la compétence exclusive et souveraine du juge
supérieur des conflits.

Le préfet, en revendiquant une affaire pendante devant l'autorité judiciaire, a soulevé une question
d'ordre public qui ne peut être décidée que par le
juge des conflits. Il ne peut, par suite, rapporter le
conflit qu'il a élevé. Il ne peut pas davantage prendre
un nouvel arrêté de conflit pour confirmer le premier, alors même que le tribunal sur la communication de celui-ci aurait refusé de surseoir (29 mars
1831). Toutefois dans deux autres espèces analogues à
celle qui vient d'être citée, le conseil d'État s'est contenté d'annuler le second arrêté comme inutile et de
le déclarer non avenu à ce même titre (1).

Les parties ne pourraient non plus venir contester
la validité de la revendication administrative : Tous
les actes et procédures judiciaires étant suspendus,

(1) 25 avril 1828 ; 15 oct. 1842 ; — Reverchon, p. 562, n° 135 ; — Foucart, t. I, t. III, p. 698, n° 1920 ; — Trolley, t. V, p. 128, n° 2210 ; — Cormenin, p. 450, n° 9 ; — Chevalier, t. I, p. 222 ; — Serrigny, t. I, p. 218,
n° 197 ; — Adolphe Chauveau. t. I, p. 284, n° 513.

par l'effet du conflit il n'y a plus d'instance ni de contestations contradictoires possibles.

Le débat cesse d'être judiciaire.

Le tribunal ou la cour saisi est tenu de surseoir jusqu'à ce que le juge des conflits ait statué (1). Il ne pourrait, sous peine de forfaiture, ni passer outre au jugement de la cause, ni retenir l'affaire conditionnellement, ni ordonner l'exécution des jugements ou arrêts déjà intervenus, ni, enfin, déclarer qu'il n'y a pas lieu de s'arrêter au conflit notifié. Tous actes, tous jugements rendus après la notification régulière du conflit seraient annulés par le juge des conflits sans qu'il fût besoin que le préfet prît un second arrêt de revendication (2).

Le tribunal ne pourrait même pas, en présence de l'arrêté, se contenter de prononcer l'ajournement de la cause à des dates ultérieures, au lieu d'ordonner le sursis. Il commettrait un excès de pouvoir (3).

Cependant l'arrêté de conflit a pour résultat, non pas de *dessaisir* le tribunal de l'affaire, car il ne juge pas la question de compétence, mais bien de renvoyer le jugement de cette question devant le juge des conflits et *d'obliger le tribunal à surseoir* jusqu'après

---

(1) Arrêt du 21 fructidor an III, art. 27; — Adolphe Chauveau, p. 274 n° 474.

(2) 25 oct. 1809 ; 2 août 1823 ; 22 janv. 1824 ; 19 mars 1831 ; 2 juillet 1836 ; 7 août 1843 ; Cormenin, t. I, p. 445, n° 24; Foucart, t. III, p. 693, n° 1918; Serrigny, t. I, p. 216, n° 145 ; Adolphe Chauveau t. I, p. 274, n° 494.

(3) 22 janv. 1824 ; 17 janv. 1874 ; 3 juin 1877 ; — Reverchon, n° 132.

sa décision ; tels sont les termes précis de l'art. 27 de la loi du 21 fruct. an III, répétés par l'art. 3 de l'arrêté du 13 brum. an X. L'obligation imposée au tribunal est sanctionnée par l'article 128 du code pénal qui déclare coupables de forfaiture et punit d'une amende de 16 à 150 fr. les juges qui ont procédé au jugement d'une affaire que l'autorité a revendiquée, et les officiers du ministère public qui ont fait des réquisitions ou donné des conclusions à l'occasion de ce jugement.

C'est par la même raison que l'autorité administrative doit s'abstenir de statuer sur la question jusqu'à ce qu'elle lui soit renvoyée par le juge des conflits, sous peine de voir annuler sa décision ; mais elle peut prendre des mesures qui se rapportent à la question pourvu qu'elles ne la préjugent pas (1).

Dans le cas où sans statuer sur le déclinatoire le tribunal aurait passé au jugement du fond, de même que dans le cas où il aurait statué dans un même jugement sur le déclinatoire et sur le fond, l'effet de l'arrêté du conflit sera d'empêcher l'exécution du jugement (2).

On s'est demandé si l'autorité judiciaire pourrait se déclarer incompétente et se dessaisir elle-même du litige revendiqué, après la communication qui lui a été faite de l'arrêté de conflit.

Cette question ne peut se présenter que dans un

_____

(1) 14 juin 1851 ; — Foucart, t. III, p. 693, n° 1918.
(2) Duvergier, note 6 sous l'art. 12 de l'ordonnance du 1er juin 1828.

cas, celui où un tribunal ayant admis le déclinatoire, le préfet élève le conflit dans la quinzaine sans déclinatoire préalable, devant la cour appelée à connaître de l'appel de ce jugement.

Dans ce cas, en effet, la cour n'a pas été appelée à se prononcer sur sa compétence. Il pourrait paraître équitable et conforme à l'esprit de l'ordonnance de lui accorder ce droit.

Cependant la question doit être résolue négativement, soit parce que l'ordonnance prescrit d'une manière absolue de surseoir à toute *procédure judiciaire*, soit parce qu'il serait absurde d'accorder à la cour le pouvoir de se déclarer incompétente alors qu'elle n'est plus libre de se déclarer compétente.

Vainement dirait-on qu'elle ne ferait qu'acquiescer à la revendication exercée par le préfet. Cet acquiescement est au moins inutile, et il pourrait être dangereux dans une matière où tout est grave et où l'ordre public est toujours intéressé (1).

Dans le cas où l'arrêté de conflit serait annulé pour *défaut de forme*, le préfet pourra le renouveler jusqu'au jugement définitif sur le fond (2), de même que si toute la procédure était annulée pour la même

_____

(1) Cormenin, t. I, p. 456 ; — Serrigny, t. I, p. 216, n° 196 ; — Adolphe Chauveau, t. I, p. 275, n° 495.

(2) 15 déc. 1842 ; — Foucart, t. III, p. 703. C'est ainsi qu'il a été jugé que : *a*) l'annulation d'un conflit élevé par un préfet incompétent ne fait pas obstacle à ce que dans la même affaire le préfet compétent propose le déclinatoire et élève le conflit (29 juin 1842); *b*) le préfet dont l'arrêté de conflit a été annulé comme n'ayant pas été déposé devant le tribunal qui avait statué sur le déclinatoire, a pu proposer

cause, il pourrait la reprendre depuis le déclinatoire et jusqu'à la même époque.

Art. 11. — Si, dans le délai de quinzaine, cet arrêté n'avait pas été déposé au greffe, le conflit ne pourrait plus être élevé devant le Tribunal saisi de l'affaire.

Il faudrait attendre, pour pouvoir l'élever, que l'affaire vînt en appel si c'est un tribunal de première instance, et soit renvoyée après cassation si c'est une cour d'appel.

En résumé, la procédure à suivre pour élever le conflit devant la juridiction à dessaisir se compose de formalités dont l'inexécution de la part des agents de l'administration *seuls* entraîne des nullités, qui ne peuvent être prononcées que par le juge des conflits. Elle comprend deux actes principaux : 1° la présentation d'un déclinatoire d'incompétence, 2° la prise de l'arrêté de conflit.

Le déclinatoire est un mémoire qui n'est astreint à d'autre forme que la nécessité de rapporter la disposition législative qui attribue à l'administration la connaissance du litige. Il ne saurait être suppléé par aucune exception d'incompétence, qu'elle ait été présentée par les parties, par le procureur de la République ou par le préfet lui-même, partie en cause au nom de l'État.

Le déclinatoire est exigé : *a)* en première instance

---

de nouveau le déclinatoire et élever le conflit devant le tribunal saisi de l'affaire (9 janv. 1843).

dans tous les cas, sauf celui où le tribunal, après s'être déclaré incompétent par un jugement par défaut et sur le vu du déclinatoire préfectoral, rapporte ce jugement sur l'opposition de la partie défaillante ; *b*) en cour d'appel et devant le tribunal ou la cour de renvoi après cassation : 1° lorsque le conflit n'aura pas été élevé en première instance ; 2° lorsqu'il a été élevé irrégulièrement et annulé pour ce motif ; 3° lorsque le déclinatoire ayant été rejeté en première instance, le préfet a omis d'élever le conflit dans les délais de l'art. 8 ou si, pour toute autre cause, le conflit élevé par lui restait sans effet et qu'il voulût plus tard exercer la revendication en cour d'appel.

Dans le cas où le déclinatoire ayant été admis en première instance, les parties appellent du jugement qui a reconnu l'incompétence de l'autorité judiciaire, le préfet pourra, en élevant le conflit dans la quinzaine de la signification de l'acte d'appel, ne pas présenter un nouveau déclinatoire.

Le déclinatoire doit être envoyé au parquet de la juridiction à dessaisir ; le ministère public devra le communiquer au tribunal et conclure, mais il restera libre dans ses conclusions de l'appuyer ou de le combattre. S'il refusait de le communiquer, le préfet l'enverrait au président du tribunal.

La communication se fera en audience publique et les parties seront admises à plaider sur la compétence.

Dès que le tribunal a connaissance du déclinatoire, il doit se prononcer sur sa compétence et renvoyer, s'il y a lieu, l'affaire à l'autorité administrative, quand bien même le déclinatoire serait nul pour vice de forme.

Le tribunal ne pourrait ni statuer au fond sans avoir jugé la question de compétence, ni statuer dans un même jugement sur la compétence et sur le fond. Ces jugements seraient nuls. Mais il pourrait prendre toutes les mesures préparatoires d'instruction. Il pourrait également, en statuant sur le déclinatoire, condamner les parties aux dépens.

Dès que le tribunal aura statué et dans les cinq jours qui suivront, le ministère public adressera au préfet copie de ses conclusions ou réquisitions du jugement rendu sur la compétence, et mentionnera la date de cet envoi sur un registre à ce destiné.

Ce n'est qu'après que l'autorité judiciaire aura statué sur sa compétence que le préfet saura s'il doit ou non prendre un arrêté de conflit : l'arrêté pris avant serait annulé.

L'autorité judiciaire peut :

1° Se déclarer incompétente ;

2° Se déclarer compétente ;

3° Passer outre au jugement du fond ou dans le même jugement statuer sur le fond et sur la compétence.

Première hypothèse. — Dans le premier cas, si les parties n'appellent pas, l'autorité judiciaire s'étant définitivement dessaisie, le préfet n'a plus rien à faire. Si elles appellent, il devra élever le conflit dans la quinzaine de la signification qui lui sera faite de

l'appel, sous peine d'être obligé de présenter un nouveau déclinatoire devant la cour.

Deuxième hypothèse. — Dans le cas où, repoussant
le déclinatoire, le tribunal s'est déclaré compétent, le
préfet peut prendre l'arrêté de conflit et le dessaisir
ainsi.

Troisième hypothèse. — Il en est de même du cas
où le tribunal a passé outre au jugement du fond ou
statué dans le même jugement sur le fond et sur la
compétence.

Le préfet a pour le faire un délai de quinze jours,
qui part de l'envoi du jugement et des conclusions
que doit lui faire le ministère public.

L'arrêté de conflit devra viser le jugement intervenu soit sur le déclinatoire soit sur le fond (dans le
cas des deuxième et troisième hypothèses), et rapporter textuellement la disposition législative qui attribue à l'administration la connaissance de l'affaire
revendiquée. Cette disposition législative sera dans la
plupart des cas l'une des lois générales établissant la
séparation des autorités judiciaire et administrative.

En matière correctionnelle, lorsque l'arrêté revendiquera pour l'administration le droit de juger un
délit, il faudra en outre l'insertion de la loi spéciale
qui lui en donne la répression.

Le préfet devra se borner dans son arrêté à revendiquer l'affaire sans pouvoir faire aucune injonction
à l'autorité judiciaire, ni statuer, quand bien même le
litige serait de sa compétence. Mais il n'est pas contraint de borner ses revendications à celles qu'il a

faites dans le déclinatoire et qu'il peut ou restreindre ou même étendre à son gré. Son arrêté pourrait être commun à deux instances, à la condition qu'elles soient pendantes devant les mêmes juges et soulèvent une question identique contre une même partie.

L'arrêté de conflit devra être déposé sous peine de déchéance dans le même délai de quinzaine au greffe, de la dernière juridiction qui a eu connaissance du déclinatoire. Le greffier remettra au préfet un récépissé, sans frais, sur papier libre et que devra viser le procureur de la République.

A l'arrêté devront être jointes les pièces visées.

Dès que le greffier est en possession de l'arrêté, il doit le remettre au ministère public qui le communiquera au tribunal en chambre du conseil et requerra, conformément à l'art. 27 de la loi du 21 fructidor an III, qu'il soit sursis à toute procédure.

Une fois constitué par le dépôt au greffe, l'arrêté de conflit ne peut plus être ni retiré ni modifié par le préfet qui ne peut pas non plus prendre un nouvel arrêté pour la même affaire. Les parties ne pourraient plus venir contester la validité de la revendication administrative, le tribunal est tenu de surseoir jusqu'à la décision du juge des conflits.

Art. 17. — Au cas où le conflit serait élevé dans des matières correctionnelles comprises dans l'exception prévue par l'art. 2 de la présente ordonnance, il sera procédé conformément aux articles 6, 7 et 8.

Cet article ne demande aucun commentaire.

CHAPITRE IV

INSTRUCTION DU CONFLIT

Ordonnance du 1ᵉʳ juin 1828, art. 13 et 14 ; ordonnance du 21 mars 1831, art. 6 et 7 ; règlement du 28 août 1849, art. 4, 6, 7, 8, 10, 12, 13, 15 et 16; ordonnance du 12 décembre 1821, art. 2.

§ 1. — Formalités à remplir jusqu'au jugement du conflit.

Ordonnance du 1ᵉʳ *juin* 1828. *Art.* 13. — Après la communication ci-dessus, l'arrêté du préfet et les pièces seront rétablis au greffe, où ils resteront déposés pendant quinze jours. Le procureur du roi en préviendra de suite les parties ou leurs avoués, lesquels pourront en prendre communication sans déplacement, et remettre, dans le même délai de quinzaine, au parquet du procureur du roi, leurs observations sur la question de compétence, avec tous les documents à l'appui.

On a vu que le conflit s'annonçait à l'autorité judiciaire, au moyen d'un déclinatoire, dans lequel le préfet lui demande de se dessaisir du litige revendiqué par l'administration ; que ce déclinatoire est soumis au tribunal en séance publique par le procureur de la République, que le conflit est élevé au moyen d'un arrêté déposé par le préfet au greffe de la dernière juridiction qui a eu connaissance du déclinatoire, à laquelle il est communiqué par le procureur de la République en salle du conseil.

Sitôt après cette communication, l'arrêté et les pièces qui l'accompagnent devront être rétablis au greffe, où ils resteront déposés pendant quinze jours, et le procureur de la République sera tenu d'avertir immédiatement les parties, de l'existence de l'arrêté de conflit et de son dépôt au greffe, afin qu'elles puissent en prendre connaissance.

Cette disposition de l'art. 13 est la conséquence naturelle du principe admis par l'ordonnance : que les parties peuvent présenter des observations devant le juge des conflits. Il est indispensable, pour qu'elles puissent les baser solidement, qu'elles aient eu sous les yeux toutes les pièces de la procédure.

La façon dont les parties seront prévenues a été déterminée par une ordonnance du 12 décembre 1821. Les parties seront averties par une simple lettre du procureur de la République : la réception de cette lettre sera constatée par un certificat des avoués, des parties ou du maire de leur domicile (art. 2).

Les parties devant être prévenues, la question se pose de savoir ce qu'il adviendrait si le procureur de la République négligeait de remplir cette formalité. Seraient-elles recevables à attaquer la décision du tribunal des conflits rendue sans qu'elles aient eu connaissance du débat qui s'agitait devant lui ?

Sous le régime exclusif de l'ordonnance de 1828, un texte s'y opposait : l'art. 6 du 12 décembre 1821 ; aujourd'hui un autre texte s'y oppose : l'art. 10 du règlement du 28 octobre 1849, que l'on étudiera en temps et lieu.

Aucun texte n'aurait prévu l'hypothèse que les principes seuls ne le permettraient pas. Le droit de recours entraînerait des délais incompatibles avec le système général des conflits (1); l'intervention des parties est toute officieuse; enfin, l'informalité dont elles sont victimes ne peut être reprochée à l'administration. On n'a pas oublié que les fautes des membres de l'ordre judiciaire ne peuvent influer sur la validité des conflits.

Ici comme partout dans l'ordonnance, aucune sanction n'est édictée contre le représentant du ministère public négligent ou infidèle. Les parties, privées par l'art. 10 du règlement de 1849 de la possibilité de faire reviser les décisions du tribunal des conflits, sont sans garantie aucune à la merci de représentant de l'ordre judiciaire.

Que la lettre du procureur de la République soit parvenue ou non, qu'elle ait été envoyée ou non, peu importe, le conflit va son train.

L'ordonnance de 1821 dont l'art. 2 surnage encore a soulevé des réclamations indignées, et ce n'est pas sans raison (2). Que l'on n'ait pas autorisé de recours contre les décisions du juge des conflits, c'est conforme à la nature du conflit; mais que l'on ait négligé de contraindre le procureur de la République à remplir une formalité, d'où peut dépendre la fortune des citoyens ou plus encore, c'est ce qui ne devait pas survivre au régime sous lequel s'était complétée

(1) Trolley, t. V, p. 129, n° 2211.
(2) Voir Sirey, 1822, II, 24.

une législation où les intérêts du gouvernement semblent seuls avoir été discutés et être dignes de protection.

Dès que les parties seront prévenues, elles pourront prendre connaissance de l'arrêté de conflit au greffe, sans déplacement, et remettre dans le délai de quinzaine (qui part non du jour où elles ont été averties, mais se comprend dans le délai pendant lequel les pièces devront rester déposées au greffe) leurs observations sur la question de compétence avec tous les documents à l'appui. Ces observations sont indépendantes de celles que les parties peuvent fournir verbalement devant le juge du conflit (1). Elles doivent être déposées non au greffe, mais au parquet du procureur de la République.

La commission avait d'abord pensé au greffe ; mais on objecta l'usage d'y prendre un droit pour ces sortes de dépôts, et elle préféra indiquer le parquet pour éviter des frais aux parties. Le lieu était d'autant mieux choisi, que c'est le procureur de la République qui est chargé de transmettre les observations des parties avec l'arrêté du conflit et les pièces jointes au ministère de la justice (2).

---

(1) Taillandier, p. 172. Cependant ce délai n'a rien de rigoureux ; si les parties ne déposaient leurs mémoires et documents qu'après qu'il est écoulé, elles s'exposeraient seulement à ce qu'ils ne fussent pas transmis au juge des conflits en même temps que les autres pièces de la procédure, puisque l'envoi doit en être fait au garde des sceaux, immédiatement après l'expiration du délai. Adolphe Chauveau, t. I, p. 276, n° 500.

(2) Taillandier, p. 173.

Le délai de quinzaine pendant lequel les pièces doivent rester déposées au greffe court-il du jour du dépôt fait par le préfet de son arrêté de conflit, ou seulement du jour où les pièces communiquées au tribunal ont été rétablies au greffe?

Il semblerait plus conforme à l'esprit de l'ordonnance d'adopter la première de ces solutions; mais le sens grammatical défend la seconde. Il paraît évident que l'ordonnance a voulu donner quinze jours aux parties pour prendre communication des pièces et fournir leurs observations, et, comme elles ne peuvent le faire qu'après le rétablissement des pièces au greffe, c'est aussi de ce moment que doit courir le délai de quinzaine.

L'art. 13 déclare, d'ailleurs, d'une manière très explicite, que l'arrêté du préfet et les pièces *resteront déposés pendant quinze jours.*

Du reste, l'extension du délai de quinzaine fixé par l'art. 13 serait sans influence sur la régularité du conflit; la raison en est, ici, qu'il s'agirait de négligence imputable à l'autorité judiciaire qui ne peut compromettre la revendication de l'autorité administrative. Ce n'est donc qu'une injonction qui ne trouve point sanction immédiate dans les termes de l'ordonnance réglementaire (1). D'autre part, pourvu que les parties aient quinze jours pour prendre les communications nécessaires, cela suffit, un conflit ne

---

(1) Serrigny, t. I, p. 218, n° 198; — Adolphe Chauveau, t. I, p. 276, n° 499.

pourrait être annulé lorsqu'il ne s'est pas écoulé quinze jours entre la communication faite à la cour et l'envoi des pièces, lorsque les parties avaient été averties au moment du dépôt, et qu'elles avaient eu, à dater de ce dépôt, le temps prévu par l'ordonnance (1).

Art. 14. — Le procureur du roi informera immédiatement notre garde des sceaux, ministre secrétaire d'État au département de la justice, de l'accomplissement desdites formalités et lui transmettra en même temps l'arrêté du préfet, ses propres observations et celles des parties s'il y a lieu avec toutes les pièces jointes.

La date de l'envoi sera consignée sur un registre à ce destiné.

Dans les vingt-quatre heures de la réception de ces pièces, le ministre de la justice les transmettra au secrétariat général du conseil d'État, et il en donnera avis au magistrat qui les lui aura transmises.

Ordonnance du 21 mars 1831. Art. 6. — Le rapport sur les conflits ne pourra être présenté qu'après la production des pièces ci-après énoncées, savoir : la citation, les conclusions des parties, le déclinatoire proposé par le préfet, le jugement de compétence, l'arrêté de conflit.

Ces pièces seront adressées par le procureur du roi à notre garde des sceaux, ministre de la justice, qui devra, dans les vingt-quatre heures de la réception, lui adresser un récépissé énonciatif des pièces envoyées, lequel sera déposé au greffe du Tribunal.

Règlement du 28 octobre 1849. Art. 12. — Les arrêtés de conflit et les pièces continuent d'être transmis au ministre de la justice par les procureurs de la République et les procureurs généraux, conformément à l'art. 14 de l'ordonnance du 1er juin 1828 et à l'art. 6 de l'ordonnance du 12 mars 1831 ; ils sont enregistrés immédiatement au secrétariat du tribunal

---

(1) 7 déc. 1847 ; — Adolphe Chauveau, t. I, p. 276, n° 500.

des conflits. Dans les cinq jours de l'arrivée, les arrêtés de conflit et les pièces sont communiqués au ministre dans les attributions duquel se trouve placé le service auquel se rapporte le conflit. La date de la communication est consignée sur un registre à ce destiné. Dans la quinzaine, le ministre doit fournir les observations et les documents qu'il juge convenables sur la question de compétence. Dans tous les cas, les pièces seront rétablies au secrétariat du tribunal des conflits dans le délai précité.

L'article 6 de l'ordonnance du 21 mars 1831, après avoir énuméré les pièces à produire pour que l'on puisse procéder au jugement du conflit, introduit dans la procédure cette formalité nouvelle que le récépissé des pièces envoyées, donné par le garde des sceaux au procureur de la République ou au procureur général, sera déposé au greffe du tribunal ou de la cour (1).

L'article 12 du règlement du 28 octobre 1849 a apporté les changements suivants à l'état de choses antérieur.

1° Les pièces devront être envoyées et enregistrées, non plus au secrétariat du conseil d'État, mais au secrétariat du Tribunal des conflits.

(1) Mais l'art. 6 de la seconde ordonnance n'abroge pas l'art. 4 de la première. En d'autres termes, il ne suffit pas de produire les cinq pièces énumérées par l'art. 6 de l'ordonnance de 1831, il faut produire également celles qu'indique l'art. 14 de l'ordonnance de 1828, c'est-à-dire les observations du ministère public et celles des parties, si elles en ont présenté; il faut produire enfin les pièces visées dans l'arrêté de conflit, et qui doivent y être jointes (art. 10 de l'ordonnance de 1828); ce qui comprend, notamment, les conclusions du ministère public sur le déclinatoire, et l'acte d'appel, s'il y a lieu. Reverchon, p. 563, n° 140.

2° Le ministre de la justice, qui après avoir fait la transmission des pièces au greffe, était seul à soutenir le conflit de ses observations, sera tenu de donner communication des pièces à celui des ministres dans les attributions duquel est placé le service auquel se rapporte le conflit ; et ce, dans les cinq jours de l'arrivée des pièces ;

3° Le ministre compétent doit fournir ses observations, dans un délai de quinzaine, après l'expiration duquel les pièces doivent être rétablies au secrétariat du tribunal.

Sous le bénéfice de ces observations, voici ce qui se passera après l'expiration du délai prescrit par l'art. 13 :

Sitôt le délai de quinzaine expiré, le ministère public devra informer le garde des sceaux de l'accomplissement des formalités prescrites, et lui faire parvenir les pièces suivantes en mentionnant la date de cet envoi sur un registre à ce destiné.

La citation (1) ;

---

(1) Par citation, il faut entendre tout exploit introductif d'instance, et que cet acte, d'ailleurs, rentrerait, quelle que fût sa dénomination particulière, dans la catégorie des conclusions. Il n'y a pas lieu de distinguer entre les conclusions sur le fond ou sur les questions de compétence. Toutes servent plus ou moins directement à déterminer la nature de l'instance, et elles doivent être produites par les avoués à qui les originaux et les copies seront rendus après la décision sur le conflit. Ces conclusions feront partie de la production, quand bien même elles seraient rappelées textuellement dans les jugements ou arrêts... Les jugements ou arrêts doivent être transmis sous la forme d'expéditions complètes et non de simples extraits. (Circulaire du garde des sceaux du 15 déc. 1847.)

Les conclusions des parties ;

Le déclinatoire proposé par le préfet ;

Le jugement de compétence ;

L'arrêté de conflit ;

Les observations des parties ;

Celles du ministère public (1).

Bien que ni l'ordonnance de 1828 ni celle de 1831 n'en fasse mention, il y faudra joindre :

Les conclusions du ministère public sur le déclinatoire du préfet (2) ;

Les observations qu'il a faites en communiquant l'arrêté de conflit à la juridiction dessaisie ;

Les observations que les parties peuvent fournir à ce moment de l'instance (3) ;

Le jugement qui a dû être prononcé sur les réquisitions de sursis faites au tribunal par le mi-

---

(1) La circulaire ministérielle du 15 déc. 1847 énumère les pièces qui doivent composer le dossier d'une affaire de conflit, mais cette énumération n'est pas complète. Elle ne mentionne pas les pièces visées dans l'arrêté de conflit et qui doivent y être jointes. En revanche, parmi les pièces qu'elle indique, il en est quelques-unes dont l'absence ne suspendrait pas le délai du jugement du conflit : ce sont celles dont l'envoi n'est pas formellement prescrit par les ordonnances de 1828 et de 1831, et notamment le jugement ou l'arrêt de sursis et l'inventaire du dossier, quelque désirable que soit leur production. Mais cet effet suspensif résulterait, ce nous semble, du défaut d'envoi de toute autre pièce, y compris les observations des parties, dans le cas où l'extrait du registre du parquet constaterait qu'elles en ont présenté (Reverchon, p. 563, n° 140).

(2) Le juge des conflits accorde généralement une attention sérieuse aux conclusions du ministère public, et il les mentionne dans les *visa* de sa décision (Dalloz, n° 198).

(3) Dalloz, n° 198.

nistère public en lui communiquant l'arrêté de
conflit (1);

Enfin toutes les pièces visées dans l'arrêté de
conflit qui ne seraient pas comprises dans cette
énumération et qui doivent y être jointes d'après
l'art. 10 de l'ordonnance de 1828, telles que l'acte
d'appel (2).

De plus, le juge des conflits serait en droit de réclamer, en dehors des termes de l'ordonnance de
1828, toutes les pièces que l'examen du dossier lui
ferait considérer comme nécessaires ; mais cette
demande ne pourrait pas servir à proroger les délais accordés pour le jugement du conflit (3).

Au dossier qu'il envoie au garde des sceaux, le ministère public devra ajouter un inventaire des pièces
qui le composent (4).

Dans le cas où, pour entraver la procédure, les
parties refuseraient de remettre les pièces dont elles
sont saisies, ou n'aura d'autre moyen de les con-

---

(1) Cette production, on le comprend, est loin d'avoir la même
importance que celle des pièces sus mentionnées (Cic. du min. de la
justice du 5 juillet 1828. Dalloz, n° 198).

(2) Reverchon, p. 563, n° 140.

(3) Dalloz, n° 199.

(4) Circulaire du 5 juil. 1828; — Dalloz, p. 160, n° 199; — Adolphe
Chauveau, p. 277, n° 501. L'inobservation des formalités prescrites par
les art. 12, 13 et 14 de l'ordonnance du 1er juin 1828 n'entraîne pas
la nullité de conflit. Ces formalités, en effet, sont remplies à la diligence des magistrats et agents de l'autorité judiciaire, qui ne peuvent, par leur négligence, entraver l'exercice du conflit. (Dufour,
2e édit., t. III, p. 567, n° 567; — Adolphe Chauveau, t. I, p. 278,
n° 502, p. 259, n° 466.)

traindre que l'application des peines disciplinaires
dont les avoués sont passibles pour ne point obéir
à la loi et à la justice (1) ; aussi ce genre d'obstacle
est-il devenu assez fréquent pour motiver une circulaire ministérielle sous la date du 1ᵉʳ décembre 1849 (2).

Dans les vingt-quatre heures de leur réception le
ministre adressera au procureur un récépissé énonciatif des pièces reçues, qui sera déposé au greffe du
tribunal ou de la cour.

Dès que les pièces sont parvenues au secrétariat du
tribunal des conflits, elles y sont enregistrées et la
date de la communication est consignée sur un registre spécial afin de garantir l'exactitude de l'envoi
et le point de départ du délai pendant lequel devra
être jugé le conflit.

Dans les cinq jours de leur arrivée les pièces composant le dossier du conflit seront communiquées au
ministre dans les attributions duquel se trouve placé le
service auquel se rapporte le conflit. Cette communication aura lieu avec déplacement (3). Ce ministre
devra, dans les quinze jours qui suivront la communication, fournir les observations et les documents
qu'il juge convenables, sur la question de compétence, et, dans le même délai, qu'il les ait ou non

---

(1) Trolley, t. V, p. 129, n° 2211.
(2) Dalloz, n° 99.
(3) Arg. dernier paragraphe de l'art. 12 du reg. de 1849 ; Dalloz,
p. 160, n° 98.

fournies, les pièces seront rétablies au secrétariat du tribunal des conflits.

Règlement du 28 *octobre* 1849. *Art.* 13. — Les avocats des parties peuvent être autorisés à prendre communication des pièces au secrétariat, sans déplacement.

On a vu que les décisions du tribunal des conflits ne peuvent être prises que sur les conclusions du ministère public et après la lecture d'un rapport fait par l'un des membres du tribunal. On a vu, également, que les rapporteurs sont désignés pour chaque affaire par le ministre de la justice immédiatement après l'enregistrement des pièces au secrétariat du tribunal, et comment ils sont choisis.

Art. 14. — Dans les vingt jours qui suivent la rentrée des pièces, le rapporteur fait au secrétariat le dépôt de son rapport et des pièces.

Art. 7. — Les rapports sont faits par écrit; ils sont déposés par les rapporteurs au secrétariat, pour être transmis à celui des commissaires du gouvernement que le ministre a désigné pour chaque affaire.

Art. 8. — Le rapport est lu en séance publique; immédiatement après le rapport, les avocats des parties peuvent présenter des observations orales. Le commissaire du gouvernement est ensuite entendu dans ses conclusions.

Ces articles ne présentent pas de difficultés. Le rapporteur désigné pour chaque affaire rédige un rapport qu'il dépose au secrétariat du Tribunal des conflits dans les vingt jours qui suivent la rentrée des pièces. Ce rapport est transmis au commissaire du gouvernement.

Le jour indiqué pour l'audience, le rapporteur lit

son rapport ; les parties font entendre leurs observations
orales et enfin le commissaire du gouvernement présente ses conclusions ; puis on procède au jugement.

Les parties présentent leurs observations orales. — On
a vu en étudiant l'art. 14 de l'ordonnance du 1ᵉʳ juin
1828 que les parties peuvent soumettre au juge des
conflits des observations écrites. L'art. 8 du règlement de 1849 les autorise à faire présenter par leurs
avocats (1) des observations orales, soit de plaider
sur la compétence, et c'est ici le lieu d'étudier quel
est leur rôle dans l'instance qui se déroule devant le
Tribunal des conflits.

On a vu que ce rôle n'a pas toujours été le même :
tour à tour intervenantes et privées de leur droit d'intervention, les parties ont eu des fortunes diverses.
Sous la législation en vigueur, elles ne peuvent pas
intervenir au jugement des conflits (2).

La même raison qui fera décider que les plaideurs
ne peuvent élever le conflit a dû faire admettre
qu'ils ne pourraient jouer un rôle actif dans l'instance.

Le conflit est un débat entre l'administration et
l'autorité judiciaire. Il s'élève incidemment à un procès
engagé devant les tribunaux, soit entre deux parties
privées, soit entre une partie privée et le domaine ou
même l'administration ; mais il s'agit d'un départ de
compétence, de la séparation des pouvoirs administratif et judiciaire non au point de vue de l'intérêt des

---

(1) Avocats au conseil d'État ou à la Cour de cassation.
(2) 7 av. 1835, M. Macarel rapp. ; 13 déc. 1861. Rec, p., 894.

parties, mais au point de vue de l'intérêt général (1).

Aussi, si la loi autorise les parties litigantes, d'abord à présenter un mémoire, ensuite à plaider sur la compétence, c'est moins dans leur intérêt (bien que leur sort soit engagé jusqu'à un certain point dans ce débat incident qui déterminera leurs juges) que dans l'intérêt général. Il importe de les entendre pour connaître à fond l'affaire, et le Tribunal des conflits ne peut être que mieux éclairé en prenant connaissance de leurs observations. Mais il ne faut pas perdre de vue qu'on ne les admet pas comme parties principales, mais seulement à titre de renseignements : aussi, les avocats dans leurs plaidoiries ne pourraient-ils prendre des conclusions (2).

Les parties dans leurs observations ne peuvent exposer que les conclusions prises et les moyens invoqués avant que le conflit ait été élevé et non des chefs de demande qui, n'ayant pas été soumis à l'autorité judiciaire, se produiraient seulement après l'arrêté de conflit (3). Elles doivent se borner à renseigner le tribunal sur ce qui s'est passé devant la juridiction dessaisie. C'est cela seul en effet qui peut éclairer le juge des conflits. Ce ne sont pas les intérêts des parties qu'il a besoin de connaître non plus que la solution qu'elles désireraient voir donner à leur procès. Ce qu'il lui faut, c'est décider si la juridic-

---

(1) Trolley, t. V, p. 98, n° 2161.
(2) Dalloz, p. 165, n° 208.
(3) 27 déc. 1879, Rec., p. 886.

tion dessaisie l'a été justement ou non. Il ne peut savoir cela qu'en connaissant le litige même dont il avait voulu connaître et non un autre procès imaginé après coup par les plaideurs.

De même que les observations doivent se circonscrire dans les limites du litige primitif, de même les plaideurs engagés dans ce litige pourront seuls être admis à fournir leurs observations. C'est ainsi qu'il a été jugé qu'une administration publique qui n'a pas été partie dans l'instance judiciaire, à la suite de laquelle un conflit est élevé, ne peut être admise à présenter des observations sur le conflit (1).

Les parties ne pouvant présenter que de simples observations, elles ne peuvent en aucun cas être condamnées aux dépens (2).

§ 2. — Dans quel délai les conflits doivent être jugés.

La législation a subi sur ce point des modifications successives. L'art. 27 de la loi du 21 fructidor an III avait fixé le délai à un mois. Les arrêtés des 5 nivôse an VIII et 13 brumaire an X n'avaient pas reproduit cette disposition, que l'on considéra, par suite, comme abrogée et non applicable au conseil d'État alors juge des conflits. L'ordonnance du 12 décembre 1821, tout en prescrivant des mesures pour que l'envoi des

---

(1) 27 avril 1847, 7 déc. 1866, Rec., p. 1116.

(2) Ordonnance du 12 déc. 1821, art. 7 (cet article est encore en vigueur); — Serrigny, t. I, p. 226, n° 205; — Reverchon, p. 494, n° 150; — Boulatignier, p. 501; — Adolphe Chauveau, t. I, p. 282, n° 110.

pièces et des observations des parties eussent lieu le plus promptement possible, garde le même silence sur le délai dans lequel la décision sur le conflit devait être rendue (1). Cela fut une cause d'abus. Quand la solution d'une affaire inquiétait le gouvernement, qu'on redoutait une décision judiciaire, on élevait le conflit sans le juger, et l'affaire était enterrée.

Ce procédé devint si fort à la mode, qu'à la chambre des députés, de violentes protestations s'élevèrent lors de la proposition du comte Gaëtan de La Rochefoucauld sur l'organisation du conseil d'État. Au cours de la discussion. M. Dupin put comparer le conflit à un interdit lancé sur l'ordre judiciaire, entravant la justice, et se résolvant trop souvent en un déni de jugement : et des exemples furent cités. On en aurait pu citer à l'infini, puisqu'il était d'usage à cette époque de ne statuer sur les conflits élevés en matière électorale, par exemple, qu'après les élections consommées, c'est-à-dire quand le préjudice était irréparable et quand la décision ne pouvait plus servir à rien (2).

L'ordonnance du 1ᵉʳ juin 1828 apporta un remède à cet état de choses, et détermina un délai qui, dans aucun cas, ne pouvait dépasser deux mois. Ce délai était fatal ; s'il s'écoulait sans qu'un jugement intervînt, la justice reprenait son cours.

Ce délai a été modifié :

---

(1) Dalloz, p. 162, n° 202.
(2) Taillandier, p. 182.

Règlement du 28 *octobre* 1849. *Art.* 15. — Il est statué par le tribunal des conflits, dans les délais fixés par l'art. 7 de l'ordonnance du 12 mars 1831 et par l'art. 15 de l'arrêté du 30 décembre 1848 (1). Ces délais sont suspendus pendant les mois de septembre et octobre.

Ordonnance du 12 *mars* 1831. *Art.* 7. — Il sera statué sur le conflit dans le délai de deux mois à dater de la réception des pièces au ministère de la justice.

Si un mois après l'expiration de ce délai le tribunal n'a pas reçu de notification de l'ordonnance royale rendue sur le conflit, il pourra procéder au jugement de l'affaire (2).

Règlement du 28 *octobre* 1849. *Art.* 16. — Lorsque la décision a été rendue, le ministre de la justice pourvoit à la notification prescrite par l'ordonnance du 12 mars 1831 et par l'article 16 de l'arrêté du 30 décembre 1848.

Ainsi, d'après l'ordonnance de 1831, qui régit aujourd'hui la matière, le délai pendant lequel les tribunaux ne pourront reprendre l'instance est de trois mois. Le délai de l'ordonnance de 1828 était bref : deux mois au plus. La raison de ce changement est, d'après le préambule de l'ordonnance de 1831, qu'il était nécessaire de modifier l'ordonnance sur les conflits à

---

(1) L'arrêté du 30 déc. 1848 est relatif à l'Algérie.

(2) Cet article de l'ordonnance de 1831 remplace les art. 15 et 16 de l'ordonnance de 1er juin 1828 ainsi conçus :

Art. 15. Il sera statué sur le conflit au vu des pièces ci-dessus mentionnées, ensemble des observations et mémoires qui auraient pu être produits par les parties ou leurs avocats, dans le délai de quarante jours, à dater de l'envoi des pièces au ministère de la justice.

Néanmoins, ce délai pourra être prorogé, sur l'avis du conseil d'État et la demande des parties, par notre garde des sceaux ; il ne pourra en aucun cas excéder deux mois.

Art. 16. Si les délais ci-dessus fixés expirent sans qu'il ait été statué sur le conflit, l'arrêté qui l'a élevé sera considéré comme non avenu, et l'instance pourra être reprise devant les tribunaux.

raison des délais que la publicité (introduite dans la procédure devant le conseil d'État par l'ordonnance du 2 février précédent) apporterait à la décision (1). Cette raison est suffisante pour expliquer le maintien des dispositions de l'ordonnance de 1831, les audiences du tribunal des conflits étant publiques.

Ce délai se divise en deux parties : deux mois pendant lesquels une décision doit être intervenue, et un mois qui est accordé pour faire connaître au tribunal dessaisi la décision prise.

L'ordonnance ne détermine pas comment devra se faire la notification. Elle n'est donc astreinte à aucune forme. Il suffirait que le tribunal eut été en fait et réellement averti par les soins du ministre de la justice. C'est ainsi que la communication de la décision donnée à l'audience par le ministère public serait régulière (2).

Le point de départ des délais n'est plus la date de l'envoi des pièces par l'autorité judiciaire, comme il en était d'après les termes de l'ordonnance de 1828, mais celle de la réception du dossier complet de l'affaire au ministère de la justice (3) ; cette date sera constatée par le récépissé envoyé au procureur de la République par le ministre de la justice dans les vingt-quatre heures de leur réception (4). Si le pro-

---

(1) Reverchon, p. 563, n° 139.
(2) Cass. 30 juin 1835, solut. imp.
(3) Foucart, t. III, p. 702 ; n° 1922 ; — Serrigny, t. I, p. 223, n° 203 ; — Cotelle, t. III, p. 726, n° 18 ; — Adolphe Chauveau, t. I, p. 282, n° 507.
(4) Art. 6, ordonnance du 21 mars 1831.

cureur de la République avait envoyé un dossier incomplet, le délai ne commencerait à courir que du jour de la réception des pièces manquantes (1). Cela résulte du principe que les fautes de l'administration seules peuvent nuire au conflit.

Enfin on a vu en lisant l'art. 15 du règlement du 28 octobre 1849 que les délais sont suspendus pendant les mois de septembre et d'octobre.

La différence de rédaction que l'on rencontre dans les ordonnances de 1828 et de 1831 fait naître une difficulté.

En cas d'inobservation des dispositions de l'art. 7 de l'ordonnance de 1831, l'arrêté de conflit est-il frappé de déchéance et les tribunaux peuvent-ils passer outre au jugement du fond ainsi qu'ils le pouvaient sous le régime exclusif de l'ordonnance de 1828?

Cette question se résout en celle-ci : l'art. 7 de l'ordonnance du 12 mars 1831 a-t-il abrogé l'art. 16 de l'ordonnance du 1er juin 1828, ou peut-il se combiner avec lui?

M. Duvergier (2) a le premier émis l'opinion que ces deux articles peuvent être combinés. Il pense que de ces deux articles, qui n'ont rien de contradictoire, il semble résulter qu'après le délai de deux mois

---

(1) Cass., Req., 23 juil. 1833. La même chose a été jugée par le conseil d'Etat qui a statué le 18 déc. 1840 sur un conflit élevé en l'an XII, dont le dossier était resté incomplet jusqu'au 24 sept. 1840 ; (Foucart, t. III, p. 702, n° 1932).

(2) T. XXXI, p. 119, n° 5.

expiré sans que le juge des conflits ait prononcé, l'instance peut être reprise, mais à la charge de prouver que le juge n'a pas prononcé (1) ; que lorsque, après les deux mois, un troisième mois s'est écoulé il y a présomption que le juge des conflits n'a pas prononcé, l'instance doit être reprise sans qu'aucune justification soit nécessaire.

La première partie de l'opinion de M. Duvergier ne semble pas soutenable. L'art. 7 de l'ordonnance de 1831 dit expressément : « Si un mois après ce délai (le délai de deux mois donné au juge des conflits pour statuer), le tribunal n'a pas reçu notification de l'ordonnance royale rendue sur le conflit, il pourra procéder au jugement de l'affaire.» Cela n'indique-t-il pas clairement que, avant l'expiration de ce troisième mois, le tribunal ne pourra jamais passer outre au jugement du fond?

Quant à la question de savoir ce qu'il adviendra dans le cas où le délai de trois mois se serait écoulé sans notification, elle offre de l'intérêt dans deux hypothèses (2):

1° Le tribunal reçoit, après les trois mois, notification d'une décision prise dans les deux mois.

2° Il reçoit, après les trois mois, notification d'une décision prise après les deux mois.

---

(1) C'est aussi l'opinion de M. Foucart, d'après lequel cette preuve sera faite au moyen d'un certificat du secrétaire général du conseil d'État (aujourd'hui du Tribunal des conflits). Foucart, t. III, p. 700, n° 1922.

(2) Il est évident qu'il ne peut s'élever aucune difficulté dans le cas où le tribunal reçoit dans les trois mois la notification d'une décision rendue dans les deux mois ou si, les trois mois écoulés, le tribunal passe outre et juge le fond sans avoir reçu aucun avis.

Dans ces deux cas, la décision du juge des conflits arrêtera-t-elle les procédures ou bien sera-t-elle considérée comme nulle et non avenue ?

La Cour de cassation, qui regarde l'art. 16 de l'ordonnance de 1828 comme formellement abrogé, a formulé un système qui peut se résumer ainsi :

Les tribunaux ne peuvent prononcer une nullité ou une déchéance que la loi n'a pas formellement établie. Or, l'ordonnance de 1831 ne reproduit pas la déchéance prononcée par l'art. 16 de l'ordonnance de 1828, elle se borne à déclarer que, si un mois après l'expiration du délai de deux mois qu'elle accorde pour statuer sur le conflit, le tribunal n'a pas reçu notification du décret rendu sur le conflit, il pourra procéder au jugement de l'affaire. Il en résulte : 1° que l'instance ne peut en aucun cas être reprise avant l'expiration du troisième mois, et que la notification dans ce délai de la décision qui valide le conflit, à quelqu'époque d'ailleurs qu'ait été rendue cette décision, oblige le tribunal à se dessaisir ; 2° qu'à défaut de notification de la décision dans les trois mois, le tribunal pourra, non point déclarer le conflit non avenu, mais procéder, nonobstant ce conflit, au jugement de l'affaire ; 3° enfin, que la notification faite après l'expiration du délai de trois mois, mais avant le jugement du fond, suffit pour arrêter la procédure et pour empêcher le tribunal de statuer (1).

_____

(1) 30 juin 1835 ; —Adolphe Chauveau, t. I, p. 281, n° 506 ; — Foucart, .t III, p. 700, n° 1922 ; — Serrigny, t. I, p. 223, n° 203 ; — Dufour,

Il paraît difficile, à la vérité, de soutenir que l'art. 16 de l'ordonnance de 1828 n'est pas absolument abrogé par l'art. 7 de l'ordonnance de 1831. Mais s'ensuit-il que l'on doive pousser les conséquences aussi loin que le fait la Cour de cassation ?

Que l'instance ne puisse être reprise qu'après le troisième mois, cela semble évident ; que le tribunal ne puisse prononcer la nullité du conflit, cela n'a que peu d'intérêt dès le moment qu'il reprend l'instance sans s'en préoccuper. Mais ce qui dans le système de la cour de cassation a une importance capitale, et ne peut être admis, c'est que, à *quelqu'époque qu'elle intervienne*, la notification d'une décision rendue sur le conflit interrompt les procédures et les annule.

L'ordonnance de 1831, bien qu'elle n'ait pas re-produit la nullité de l'ordonnance de 1828, n'a pu avoir pour but d'édicter, en indiquant des délais, une règle inutile et vaine, qui faute de sanction n'aurait plus été qu'un leurre. Le but des délais que l'on impose au juge des conflits pour statuer et notifier sa décision, quel est-il, sinon de garantir le libre cours de la justice toujours trop longtemps interrompu ? Ce but serait-il atteint si, les délais écoulés, la justice ne pouvait reprendre sa marche sans craindre à chaque instant de la voir interrompue de nouveau.

Les parties ne sont rien dans l'instance, dans la lutte de compétence qui se déroule devant le juge des

2ᵉ édit., t. III, p. 570, n° 571 ; — Reverchon, nᵒˢ 152, 153 et 154 ; — Bou-latignier, p. 501 et suiv. ; — Dalloz, p. 162, nᵒˢ 202 et 204.

conflits, c'est vrai, mais ce n'est vrai que relativement à la décision qui doit intervenir sur la compétence. Elles ne doivent pas avoir (en théorie) d'intérêt
à être jugées plutôt par un juge que par un autre, la
loi voyant toutes les juridictions avec la même faveur
dès le moment qu'elles restent dans la sphère de
leurs attributions ; mais elles ont un intérêt considérable à ce que l'instance qu'elles ont engagée sur
leurs intérêts privés, devant une juridiction quelconque, reste en suspens le moins longtemps possible.
Dans bien des cas, la suspension trop longue d'un
droit équivaut à sa perte.

Dans le système de la Cour de cassation, l'autorité
judiciaire et le plaideur se trouvent entièrement à la
merci de l'autorité administrative qui peut laisser
reprendre l'instance, la laisser se continuer et, alors
que le jugement est prêt à être rendu, que la cause
est en état, que des frais considérables ont été faits
pour obtenir une solution, empêcher cette solution
d'être donnée en notifiant une décision qui ratifie le
conflit, et jeter ainsi sur des procédures, qui ont pu
quelquefois durer des années, une incertitude dangereuse. On serait exposé à voir renaître ces interminables conflits d'avant 1828 qui ruinaient tout à
la fois les particuliers et le pouvoir, faisant perdre
aux premiers leur fortune et au dernier la confiance.

Il est vrai que les garanties d'impartialité et de
loyauté de procédés qu'offre le Tribunal de conflit sont
grandes, et que de sa part le retour des abus passés est
peu à redouter. Mais il ne faut pas perdre de vue que ce

n'est pas sous le régime de ce tribunal qu'a été
rédigée l'ordonnance de 1831, mais à une époque où
le conseil d'État réglait les conflits, où le pouvoir
était juge et partie, où l'administration seule, en fait,
était appelée à déterminer si elle avait bien fait de
se déclarer compétente. Ce système avait fait naître
tous les abus ; on avait dû prendre d'énergiques mesures, et il était à craindre en les abandonnant de voir
renaître ces abus. Le gouvernement de Juillet, qui ne
pouvait deviner la création future d'un tribunal mixte,
devait rédiger son ordonnance en vue des dangers
alors existants, les mêmes qu'en 1828, et ne pouvait
se montrer moins libéral que le gouvernement qui
l'avait précédé.

Ces considérations amènent à penser, malgré la
grande autorité de la Cour de cassation, que les trois
mois accordés au juge des conflits, écoulés sans notification au tribunal dessaisi, laissent à celui-ci
toute liberté d'action. La notification qui lui parviendrait plus tard serait non avenue.

Qu'adviendrait-il dans le cas où le tribunal dessaisi
recevrait dans les trois mois notification d'une décision
rendue après les deux mois ?

Cette hypothèse a été réglée par la cour de cassation
dans le même sens (1), et il n'y a plus ici les mêmes
raisons de combattre sa jurisprudence. Le tribunal
dessaisi ne peut reprendre l'instance qu'après trois
mois, que la décision ait été rendue ou non dans les

---

(1) 31 juill. 1835.

deux mois. L'irrégularité commise dans la procédure ne peut nuire en rien aux parties dans l'intérêt desquelles les délais ont été fixés.

Lorsque le tribunal des conflits est saisi de deux affaires semblables entre elles, il peut prononcer la *jonction* des instances. Ainsi il a été décidé que lorsque des conflits élevés par deux arrêtés sont intervenus sur des pièces, sur des conclusions, et sur des jugements semblables, il y a lieu de statuer par une seule et même ordonnance (1).

§ 3. — Effets des décisions sur conflit.

La décision du Tribunal des conflits ayant été rendue et notifiée à la juridiction dessaisie, il y a lieu de se demander quels en seront les effets.

Le tribunal peut : 1° annuler le conflit ; 2° le confirmer ; 3° l'annuler ou le confirmer partiellement ; enfin, n'avoir pas à statuer.

Première hypothèse. — Le tribunal a annulé le conflit. Cette annulation peut avoir été prononcée pour cause de mal fondé ou de vices de forme.

a. Dans le cas où le conflit a été annulé comme mal fondé, aucune difficulté ne peut se présenter. Il résulte de la décision du tribunal des conflits que l'autorité judiciaire avait avec raison proclamé sa compétence : elle devra donc reprendre les procédures au point où elles avaient été interrompues, sans crain-

---

(1) 12 avril 1829 ; — Dalloz, p. 161, n° 201.

dre qu'un nouvel arrêté de conflit vienne de nouveau les interrompre (1).

b. Lorsque le conflit a été annulé pour vice de forme, comme tardif ou irrégulier, ou pour incompétence du préfet, il pourra être reproduit parce qu'il n'a pas été apprécié au fond, sauf dans un cas, celui de l'art. 11 de l'ordonnance du 1ᵉʳ juin 1828 : lorsque la nullité provient du dépôt tardif au greffe de l'arrêté, le nouveau conflit est impossible. On l'a vu en étudiant l'art. 11. On sait que le préfet a pour élever le nouveau conflit jusqu'au jugement définitif sur le fond (2).

On n'a pas oublié que dans l'un et l'autre de ces cas le tribunal des conflits ne pourrait ni retenir l'affaire ni désigner celui des tribunaux de l'ordre judiciaire qui doit être saisi.

Deuxième hypothèse. — Le conflit est confirmé.

Le tribunal reconnaît ainsi que la revendication administrative élevée par le préfet était fondée. L'autorité judiciaire est dessaisie : toutes les procédures suivies devant elle ayant été irrégulièrement faites, sont considérées comme nulles et non avenues (3).

---

(1) 8 avril 1852 ; — Dalloz, p. 167, n° 223. Cependant le préfet pourrait, dans la même cause, revendiquer, par un nouvel arrêté de conflit, la connaissance d'une question préjudicielle à la solution de laquelle serait subordonné le jugement de la contestation. 30 mars 1842; Adolphe Chauveau, t. I, p. 285, n° 514.

(2) Dalloz, p. 167, n° 224.

(3) En fait, toutes les décisions rendues dans cette hypothèse pro-

Cela est également vrai, que l'autorité judiciaire se soit bornée à se prononcer sur la compétence, ou que, passant outre malgré l'arrêté du préfet, ainsi que le fait s'est présenté quelquefois, elle ait jugé le fond de l'affaire. Le conflit sur le fond, approuvé, ferait disparaître même un jugement préparatoire passé en force de chose jugée, de telle sorte que le débat se rouvre entre toutes les parties même sur les questions tranchées par ce jugement (1).

Une affaire *Mosselmann*, dans laquelle le conflit a été annulé en 1857, a soulevé une question que n'a pas tranchée la décision du juge des conflits, alors le conseil d'État. Un tribunal avait statué simultanément sur le déclinatoire et sur le fond. Le sieur Mosselmann soutenait devant le conseil d'État que la décision sur le fond devait être annulée, lors même que le conflit ne serait pas accueilli.

Si, contrairement aux prescriptions de la loi, un tribunal statuait sur le fond après la communication de l'arrêté de conflit, sa décision serait évidemment nulle dans tous les cas. Il y aurait même forfaiture ; mais dans le cas de l'affaire Mosselmann, il peut s'élever des doutes. M. Adolphe Chauveau se demande pour quelles raisons, dès le moment que le

---

noncent dans leur dispositif l'annulation des actes de procédure et des jugements de l'autorité judiciaire qui maintiennent sa compétence. 4 mars 1819 ; 2 fév. 1821 ; 29 oct. 1823 ; 22 janv. 1824 ; 30 juin 1824 ; 17 déc. 1847 ; — Adolphe Chauveau, t. I, p. 285, n° 514.

(1) Cour de Pau, 30 janv. 1854.

conflit est annulé, le jugement rendu sur le fond avant l'existence de l'arrêté de conflit ne serait pas maintenu (1).

Il semble cependant qu'il y ait autant de raisons dans un cas que dans l'autre. Les tribunaux ne peuvent, sous peine de forfaiture, prononcer un jugement après la communication de l'arrêté de conflit; mais il leur est également interdit de prononcer sur le fond tant qu'un délai de quinze jours ne s'est pas écoulé depuis la présentation du déclinatoire. Le jugement rendu sur le fond dans ce délai de quinze jours est donc illégalement rendu et peut par conséquent être annulé. Mais sera-ce au juge des conflits à le faire?

Toutefois, on peut se demander si la signification de ce jugement a pu avoir lieu régulièrement après l'arrêté de conflit, si elle a pu faire courir les délais du pourvoi en cassation? Il est permis de penser que non. Il faudrait donc une signification après la décision du juge des conflits (2).

Qu'arriverait-il dans le cas où un tribunal persisterait, même après la notification de la sentence du juge des conflits qui l'a dessaisi, à vouloir connaître de l'affaire?

M. Foucart (3) enseigne que le juge des conflits (alors le conseil d'État) aurait le droit d'annuler une pareille

(1) Adolphe Chauveau, t. I, p. 286, n° 514 ter.
(2) Ibidem.
(3) T. III, n° 1829.

décision, non pas sur le recours des parties, lequel serait déclaré non irrecevable, mais sur le pourvoi direct du préfet ou du ministre, sans nouvel arrêté de revendication.

A supposer qu'un pareil exemple de forfaiture pût jamais se produire, est-ce bien devant la juridiction des conflits qu'il faudrait venir demander aujourd'hui la répression de cet excès de pouvoir et l'annulation du jugement qui l'aurait consommé? Il est certain, en tous cas, que les juges, par ce fait, se rendraient passibles des peines portées par les articles 127 et 128 du code pénal ; car s'ils en encourent l'application pour avoir passé outre nonobstant l'arrêté du préfet, à plus forte raison en sont-ils passibles lors-qu'ils refusent d'obéir à une décision souveraine du tribunal des conflits (1).

L'effet de la confirmation du conflit étant de dessaisir d'une manière absolue l'autorité judiciaire : *a*) Celle-ci ne pourrait décider que l'arrêt ou le jugement frappé de conflit peut continuer à être exécuté, sous prétexte que la décision du juge des conflits nécessite une interprétation (2). *b*) Si, pendant l'instance en cassation, un arrêt du juge des conflits a annulé le jugement confirmé par l'arrêt attaqué, et renvoyé les parties devant l'autorité administrative, ce dernier arrêt se trouve anéanti avec le jugement, et dès lors il n'y a pas lieu de statuer sur le pourvoi (3). *c*) L'au-

---

(1) Dalloz, p. 166, n° 217. — De Cormenin, *Rapport*, § 48.
(2) 17 nov. 1812. — Dalloz, p. 166, n° 218.
(3) Req., 27 déc. 1808 ; — Dalloz, p. 167, n° 219.

torité de la chose jugée ne saurait appartenir à un jugement qui a été annulé par un décret sur conflit (1).

Troisième hypothèse. — Le tribunal des conflits peut confirmer l'arrêté sur certains points et l'annuler sur d'autres. Il sera agi sur les points annulés et sur les points confirmés comme on vient de le voir.

Enfin il n'y aura pas lieu à statuer pour le tribunal des conflits :

a. Lorsque la partie qui avait introduit le litige reconnaît l'incompétence de l'autorité judiciaire par un acte de désistement ou par une transaction (2).

. *b.* Lorsqu'une juridiction criminelle ou correctionnelle a déclaré prescrite l'action à propos de laquelle le conflit revendiquait une question préjudicielle (3).

c. Lorsque la cour de cassation, saisie d'un pourvoi contre l'arrêt qui avait admis la compétence judiciaire, avait cassé cet arrêt (4).

. *d.* Lorsqu'une loi postérieure à l'arrêté de conflit détermine la compétence des différentes autorités à l'égard du litige (5).

---

(1) 10 juil. 1874, Rec., p. 675.

(2) 22 fév. 1833 ; 10 fév. 1853.

(3) 4 juin 1857, Rec., p. 442. L'arrêt se rapporte à une juridiction correctionnelle; mais il y aurait les mêmes raisons de décider, si la chambre des mises en accusation renvoyait un accusé comme l'action étant prescrite. Il ne pourrait être question évidemment que de l'action civile, le conflit ne pouvant être élevé en matière criminelle.

(4) 19 juil. 1855, Rec., p. 541.

(5) 31 août 1828 ; 2 avr. 1852.

Règlement du 28 *octobre* 1849. *Art.* 10. — Les décisions du Tribunal des conflits ne sont pas susceptibles d'oppositions.

La question s'était soulevée, sous le régime exclusif de l'ordonnance de 1828, de savoir si les arrêts du conseil d'État, alors juge des conflits, étaient suscepti- bles d'opposition ; aucune disposition de cette ordon- nance ne réglait la matière : cependant on s'était pro- noncé pour la négative (1). L'ordonnance du 12 décembre 1821 disposait que, « faute par les parties d'avoir, dans le délai fixé, réuni leurs observations et les documents à l'appui, il sera passé outre au jugement du conflit, sans qu'il y ait lieu à opposition ni à revi- sion des ordonnances intervenues », et il n'y avait pas de raison pour que l'ordonnance de 1828 eût abrogé cette disposition.

Dans l'état actuel de la législation, l'article 10 du règlement de 1849 est formel. De même que dans les périodes précédentes, les décisions du juge des conflits ne sont pas susceptibles d'opposition. Ainsi :

a. L'opposition simple n'est pas recevable. Les parties ne sont pas assignées à comparaître et ne figu- rent qu'accessoirement dans l'instance ; la décision ne peut donc, en aucun cas, être réputée par défaut vis-à-vis d'elles. D'ailleurs les formes introdui- tes pour l'instruction des conflits et les délais

(1) Foucart, t. III, p. 699, nº 1920, p. 704, nº 1925 ; — Adolphe Chau- veau, p. 282, nº 511.

établis seraient exclusifs du droit d'opposition (1).

b. La voie de la tierce opposition ne peut non plus être suivie, parce que cette voie n'est ouverte qu'à ceux qui auraient dû être appelés, et qui ne l'ont pas été, lorsqu'a été rendue la décision attaquée. Or, les parties ne doivent point être appelées dans l'instance en conflit ; elles doivent seulement être averties afin qu'elles puissent user de la faculté qui leur est accordée de présenter des observations (2).

En résumé, dès que l'arrêté de conflit aura été communiqué au tribunal par le ministère public, il sera rétabli (ainsi que les pièces qui l'accompagnent) au greffe, où il restera déposé quinze jours pendant lesquels les parties, prévenues par le ministère public, en pourront prendre connaissance. Les parties, si le Procureur de la République avait omis de les avertir, ne pourraient faire opposition à la décision rendue sans leur concours.

Sitôt le délai de quinzaine expiré, le ministère public informera le garde des sceaux de l'accomplissement des formalités prescrites et lui fera parvenir les pièces énumérées page 187, ainsi que l'inventaire de ces pièces.

Dans les vingt-quatre heures de la réception, le ministre de la justice les transmettra au secrétariat du

---

(1) 18 oct. 1832 ; 14 déc. 1832 ; —Cormenin, t. I, p. 451, n° 10 ; — Chevalier, t. I, p. 223 ; — Foucart, t. III, p. 702, n° 1923 ; — Serrigny, t. I, p. 220, n° 202 ; — Dufour, 2ᵉ éd., t. III, p. 569, n° 570 ; — École des communes, t. IV, p. 316 ; — Adolphe Chauveau, t. I, p. 283, n° 512.

(2) Serrigny, t. I, p. 222, n° 202 ; — Adolphe Chauveau, t. I, p. 283, n° 512.

Tribunal des conflits et en donnera avis au magistrat qui les aura transmises. Dès que les pièces seront parvenues au secrétariat du Tribunal des conflits, elles y seront enregistrées et la date de la communication sera consignée sur un registre spécial afin de garantir l'exactitude de l'envoi et le point de départ du délai pendant lequel le conflit devra être jugé.

Dans les cinq jours de leur arrivée, les pièces, composant le dossier du conflit, seront communiquées au ministre dans les attributions duquel se trouve placé le service auquel se rapporte le conflit. Cette communication aura lieu avec déplacement. Le ministre devra dans les quinze jours qui suivront la communication fournir les observations et les documents qu'il juge convenables sur la question de compétence ; et, dans le même délai, qu'il les ait ou non fournis, les pièces seront rétablies au secrétariat du tribunal des conflits.

Les avocats des parties pourront prendre connaissance du dossier sans déplacement.

Le rapporteur désigné pour l'affaire rédigera un rapport qu'il déposera au secrétariat du tribunal des conflits dans les vingt jours qui suivront la rentrée des pièces ; ce rapport sera transmis au commissaire du gouvernement désigné pour l'affaire.

Le jour indiqué pour l'audience, le rapporteur lit son rapport ; les parties font entendre leurs observations orales, le commissaire du gouvernement présente ses conclusions ; enfin on procède au jugement de l'affaire.

Les parties ne peuvent que fournir des observations; elles ne peuvent prendre de conclusions; on ne les entend qu'à titre de renseignement et pour éclairer le tribunal des conflits. A plus forte raison les tiers ne pourraient-ils intervenir. Les parties ne peuvent être condamnées aux dépens.

Le conflit doit être jugé dans un délai de deux mois qui court du jour de la réception du dossier complet au ministère de la justice. A ce délai, il faut ajouter un mois qui est donné au tribunal des conflits pour notifier sa décision à l'autorité judiciaire.

Dans le cas où, dans les trois mois de la réception des pièces, le tribunal dessaisi n'aurait pas reçu de notification, il faut décider qu'il pourrait passer outre au jugement de l'affaire en litige, et que toute notification qui lui parviendrait dans la suite serait non avenue.

Le Tribunal des conflits peut, dans sa sentence : 1° annuler le conflit; 2° le confirmer; 3° l'annuler ou le confirmer partiellement.

Première hypothèse. — *a*) Dans le cas où le conflit a été annulé comme mal fondé, l'autorité judiciaire reprend les procédures au point où elles avaient été interrompues, sans craindre un nouvel arrêté de conflit. *b*) Lorsque le conflit a été annulé pour vice de forme, le préfet pourra le renouveler jusqu'au jugement du fond, sauf dans le cas où la nullité provient du dépôt tardif au greffe (Voy. art. 11).

Deuxième hypothèse. — Dans le cas où le conflit est

confirmé, l'autorité judiciaire est dessaisie définitivement au profit de l'autorité administrative.

Troisieme hypothèse. — Si le conflit était annulé sur
certains points et confirmé sur d'autres, l'autorité
judiciaire reprendrait les procédures sur les premiers
et serait dessaisie sur les autres.

Il est enfin quelques cas où le tribunal des conflits
n'a pas à statuer.

Les décisions du tribunal des conflits ne sont,
dans aucun cas, susceptibles d'opposition ou de tierce
opposition.

CHAPITRE V

PAR QUI LE CONFLIT PEUT ÊTRE ÉLEVÉ

Ordonnance du 1er juin 1828, articles 5, 6, 7, 8, 9, 10, 13, 14.

Dans tout conflit d'attributions trois éléments sont en jeu : 1° l'autorité administrative ; 2° l'autorité judiciaire ; 3° les parties. Quelle sera leur situation relativement à la faculté d'élever le conflit?

SECTION I. — AUTORITÉ ADMINISTRATIVE.

L'administration pourra élever le conflit dans tous les cas qui ont été indiqués au chapitre II, par l'intermédiaire de l'un de ses agents ; mais lequel de ces derniers aura compétence pour le faire?

Avant l'arrêté du 13 brumaire an X aucune règle n'avait été formulée ; le conflit pouvait être élevé par tous les chefs de service de l'administration, et même pas les conseils de préfecture. L'arrêté de brumaire investit les seuls préfets du pouvoir de l'élever. Cependant, ses termes n'étaient pas suffisamment précis, et le conseil d'État valida encore pendant quelque temps les conflits élevés par les conseils de préfecture (1).

_____

(1) Décrets du 26 floréal an X, 16 frimaire an XIV et 29 juin 1811, (arch.) Voir de Cormenin, t. I, p. 442.

Les conseils de préfecture prenaient des arrêtés de conflit qui étaient ensuite validés par le conseil d'État (1). Cette jurisprudence était mal fondée : l'exercice des actions qui intéressent l'autorité administrative ne peut pas appartenir aux conseils de préfecture qui sont des corps quasi judiciaires (2). On comprend d'autant moins qu'elle ait pu être admise, que le juge des conflits refusait presque constamment à l'autorité judiciaire le droit d'élever le conflit, sous prétexte que ce droit est incompatible avec les attributions judiciaires. D'ailleurs, le conseil d'État ne tarda pas à reconnaître que les conseils de préfecture excèdent leurs pouvoirs, soit en élevant le conflit eux-mêmes, soit en statuant d'une manière quelconque sur les demandes qui leur sont soumises pour obtenir que le conflit soit élevé. Cela était plus conforme à l'esprit de la législation (3).

Quand intervint l'ordonnance du 1er juin 1828, sa jurisprudence s'était affirmée, et il était définitivement admis que le préfet avait seul compétence pour élever le conflit.

Ordonnance du 1er *juin* 1828. *Art.* 5. — A l'avenir le conflit d'attribution ne pourra être élevé que dans les formes et de la manière déterminées par les articles suivants. *Art.* 6. — Lorsqu'un préfet estimera que la connaissance d'une question portée devant un tribunal..., il pourra... demander le renvoi de l'affaire de-

---

(1) 15 brumaire an X, Bull. n° 958 ; 16 frimaire an XIV, et 29 juin 1811 (arch.), Cormenin, t. I, p. 442.

(2) Serrigny, t. I, p. 161 et 162.

(3) 23 janv. 1814 ; 16 juil. 1816 ; 19 av. 1817 ; — Cormenin, t. I, p. 442, Boulatignier, p. 724 ; — Adolphe Chauveau, *Compét. adm.*, n° 1296 bis

vant l'autorité compétente. A cet effet le préfet adressera au procureur du roi un mémoire... Le procureur du roi fera connaître... au tribunal la demande formée par le préfet... *Art*. 7. ... — Le procureur du roi adressera au préfet... *Art*. 8. — Si le déclinatoire est rejeté... le préfet du département... *Art*. 9. — Dans tous les cas, l'arrêté par lequel le préfet élèvera le conflit... *Art*. 10. — Lorsque le préfet aura élevé le conflit... *Art*. 13. — Après la communication ci-dessus, l'arrêté du préfet... *Art*. 14. — Le procureur du roi... transmettra l'arrêté du préfet.

Le conflit peut être élevé par le préfet, et par le préfet seul (1). L'ordonnance a pris soin de dire que « à l'avenir le conflit d'attribution ne pourra être élevé que dans les formes et de la manière déterminées par les articles suivants. » Puis, elle n'indique que le seul préfet comme pouvant élever le conflit et rapporte à lui toutes les formalités. Ses termes ne laissent donc aucun doute, et le ministre même, de qui relève directement le préfet, ne pourrait pas l'élever (2). Cette solution, bien qu'elle puisse paraître étrange

---

(1) Ducrocq, n° 673 ; — Boulatignier, p. 272 ; — Dareste, p. 212, etc.

(2) Reverchon, p. 274, n° 75 ; — Adolphe Chauveau, *Code d'Inst. adm.*, p. 258, n° 462 ; *Princ. de comp.*, t. 1, p. 368, n° 1142 et t. III, p. 89, n° 1296 bis ; Serrigny, t. I, p. 183, n° 164 ; Cormenin, t. I, p. 441, n° 2 ; — Chevalier, t. II, p. 218 ; — Cotelle, t. III, p. 714, n° 2. V. les ordonnances des 17 juin 1818 et 24 mars 1819 (arch.). La jurisprudence cependant a hésité sur ce point ; il avait d'abord été décidé que les ministres avaient le droit de saisir le conseil d'État sans arrêté de conflit de la demande en annulation d'arrêts rendus par des cours d'appel (ordonnance cons. d'État, 6 janv. 1807, 25 janv. 1807) : cette doctrine fut bientôt abandonnée et les ministres gardèrent le seul droit d'engager les préfets à élever le conflit. Dalloz, n° 27 ; de Cormenin, t. I, 441, note 3 ; Serrigny, t. I, p. 162, et 17 juin 1818 et 24 mars 1819 (arch.). — Voir cependant le chapitre VI.

au premier abord, ne laisse pas de doute et est universellement admise.

C'est là une exception grave au principe de la hiérarchie, et peut-être en théorie serait-il assez difficile
de la justifier. Cependant, en fait, elle présente peu
d'inconvénients ; le ministre enjoindra au préfet
d'élever le conflit, et celui-ci s'empressera d'obéir (1).

La raison doctrinale de la jurisprudence actuelle
qui exclut toutes les autorités autres que le préfet à
élever le conflit, est que l'arrêté de conflit est une
véritable action en revendication, intéressant l'État ou
la société tout entière, et que le préfet seul a l'exercice de toutes les actions qui appartiennent à l'État (2).

Le système de l'ordonnance est le seul qu'elle eut
pu consacrer. La mission d'élever le conflit avait été
confiée aux préfets par l'arrêté de brumaire et ne
pouvait leur être enlevée que par une loi (3).

Les préfets élèvent le conflit soit d'office, soit sur

(1) Trolley, t. III, p. 109, n° 2175.
(2) Loi des 28 oct., 5 nov. 1798, tit. III, art. 13 et code de procédure
civile, art. 96, n° 1 ; Serrigny, t. I, p. 161 et 162, n° 228.
(3) On discuta cependant au sein de la commission la compétence
des préfets, qui avaient su rendre leur intervention odieuse au
corps judiciaire. On soutint que les préfets, fort ignorants des matières juridiques, élevaient le plus souvent le conflit sur la sollicitation
de la partie assignée, d'après un faux exposé, à la moindre apparence
d'intérêt administratif, et que les affaires les plus urgentes pourraient
être entravées pour longtemps par l'arbitraire d'un préfet, qui était en
droit d'arracher à l'autorité judiciaire une affaire sans que celle-ci fût
mise à même de se prononcer sur sa compétence. On proposa comme
remède de confier le soin d'élever le conflit aux membres du ministère
public, ajoutant que le droit donné au procureur général d'élever le

l'invitation du ministre, soit sur l'information du procureur de la République, ou sur la demande des parties. Dans tous les cas, ils sont seuls juges de l'opportunité du conflit. Cependant, dans la pratique, l'invitation du ministre sera toujours considérée comme un ordre, le ministre étant le supérieur hiérarchique du préfet. Elle est même quelquefois visée sur les déclinatoires ou arrêtés de conflit, soit que les préfets pensent donner plus de poids à la revendication administrative en l'appuyant de l'opinion du ministre, soit qu'ils désirent par là se décharger de la responsabilité morale de cette revendication.

On a blâmé cette intervention du ministre comme étant de nature à réduire l'attribution des préfets à un rôle purement passif ; mais, cette critique annonce

---

conflit ne serait pas plus extraordinaire que le droit qu'il a de se pourvoir en cassation.

A cela on répondit que ce système aurait pour résultat de relâcher les liens qui doivent exister entre les représentants du ministère public et les autres magistrats, que de plus il enlèverait toute indépendance aux procureurs généraux. Enfin, que le ministère public, peu au courant des affaires de l'administration, ne pourrait élever le conflit qu'autant qu'il serait saisi par les ministres, ce qui occasionnerait des retards très préjudiciables dans les cas d'urgence.

On ajouta que le premier principe à examiner lorsqu'on délègue un droit, c'est de considérer l'intérêt de la personne à qui la délégation est faite dans l'exercice même de ce droit, et qu'il est certain que le préfet a plus d'intérêt que le ministère public à conserver toutes les prérogatives de l'administration, et qu'il apportera plus de vigilance, à ce qu'au moyen du conflit l'administration conserve la compétence qui lui est attribuée en ces diverses matières.

La commission, sans se prononcer sur le fond de cette question qu'elle n'avait point à déterminer, chercha comment on pourrait établir des garanties tout en respectant la législation existante (Taillandier, p. 157).

un oubli trop patent des nécessités administratives et de l'objet des conflits pour qu'il soit besoin de la réfuter (1).

Quels sont les préfets compétents pour relever le conflit ?

§ 1. — Préfets compétents au point de vue de leurs fonctions.

Trois sortes de fonctionnaires portent dans l'administration française le nom de préfet. Ce sont les préfets des départements, le préfet de police de Paris, les préfets maritimes. Auront-ils tous le pouvoir d'élever le conflit ?

1° *Préfets des départements.* — Aucun doute n'est possible. Ce sont les préfets par excellence. Ils pourront et devront élever le conflit chaque fois que l'intérêt de l'administration le voudra.

2° *Préfet de police.* — La compétence du préfet de police n'a pas toujours été reconnue. Sous la législation de l'an X, la question s'est posée de savoir s'il pouvait élever le conflit alors que l'arrêté de brumaire semblait ne désigner que les préfets des départements (2). Le conseil d'État reconnut tout d'abord sa compétence (3) pour revenir bientôt, et à tort, sur sa jurisprudence (4).

---

(1) Adolphe Chauveau, t. I, p. 366, n° 457 ; — Dalloz, p. 123, n° 38.

(2) *Art.* 2. — Si le tribunal refuse le renvoi ils (les procureurs de la République) en instruiront sur-le-champ le *préfet du département*.

(3) 16 frimaire an XIV; 12 déc. 1806 et 5 août 1809 ; Cormenin, t. I, p. 442.

(4) 29 mai 1822.

Le préfet de police est chargé d'une partie de l'administration départementale. Il exerce ses fonctions sous l'autorité directe du ministre et doit être, à ce point de vue, assimilé aux préfets des départements (1).

Une ordonnance du 18 décembre 1822 intervint, et lui donna explicitement la mission d'élever le conflit dans un article unique ainsi conçu :

ART. I. — Les dispositions de l'art. 4 de l'arrêté du 13 brumaire an X qui autorisent le préfet à élever le conflit entre deux autorités sont déclarées communes au préfet de police de Paris ; en conséquence il élèvera le conflit dans les affaires qui, étant par leur nature de la compétence de l'administration, sont placées dans ses attributions.

Lors de la rédaction de l'ordonnance du 1er juin 1828, il fut question d'enlever au préfet de police un droit qu'il ne tenait que d'une ordonnance et qu'une ordonnance pouvait lui enlever : « il ne paraissait pas qu'il en eût joui avant l'ordonnance de 1822, qui lui avait reconnu cette faculté sur ce qu'il est chargé à Paris d'une partie de l'administration départementale, et qu'il exerce ses fonctions sous l'autorité immédiate des ministres ; la partie de l'autorité départementale déléguée à cet administrateur était extrêmement faible : les véritables fonctions qu'il exerçait dans le ressort de la préfecture étaient celles qui appartiennent à la police municipale et qui consistent à main-

_____

(1) Arrêté du 12 messidor an VIII ; — Foucart, t. III, n° 1902.

tenir la sûreté, la propreté et la salubrité dans la ville.
C'étaient là toutes ses fonctions, hors quelques attributions qui lui avaient été déléguées relativement
à la police de la rivière. Il en résultait qu'il n'y avait
pas plus de raison pour lui donner le droit d'élever
le conflit que pour le donner au maire d'une commune quelconque. D'ailleurs, il y aurait eu plus
d'unité à ne reconnaître ce droit qu'aux préfets de
département ; et s'il arrivait qu'à Paris le préfet de
police eût besoin de faire élever un conflit, il s'adresse-
rait pour cet objet au préfet de la Seine. »

Une discussion s'éleva et cette opinion fut combattue : on avait affirmé que le préfet de police avait
des attributions préfectorales très restreintes, on af-
firma qu'il en avait de fort étendues. Il était donc
nécessaire de lui laisser la prérogative du conflit,
dans les cas où ce droit lui a été reconnu. Ainsi, en
matière d'ateliers dangereux, insalubres ou incom-
modes, les ordonnances réglementaires lui avaient
accordé la faculté de donner les autorisations nécessaires pour établir ceux de ces ateliers qui sont rangés
dans les deuxième et troisième classes. Comment donc
n'aurait-il pu élever le conflit, si les tribunaux ve-
naient à être saisis d'une question relative à ces établissements (1).

La commission, après avoir entendu les orateurs
adverses, ne prit aucune résolution. Il est seulement
à remarquer que dans le projet qu'elle avait soumis

_____

(1) Taillandier, p. 161.

au gouvernement, l'article correspondant à l'art. 6 actuel portait ces termes : « *le préfet du départe-ment.* » Le gouvernement les a modifiés. Il a re-tranché de l'article ce qui semblait en restreindre l'application ; il lui a donné un sens plus large. Son intention évidente était de ne rien changer à ce qui avait été établi par l'ordonnance du 18 décembre 1822. Il n'y a donc, dans l'état actuel de la législation du conflit, aucune raison de soutenir que le préfet de police est impuissant à élever le conflit.

Cela ne fait d'ailleurs plus de doutes : les auteurs et la jurisprudence sont d'accord sur ce point (1).

Une question se pose. La compétence du préfet de police est-elle exclusive ou lui est-elle commune avec le préfet de la Seine, de telle façon que tous les deux concurremment puissent élever le conflit sur la même affaire ?

Deux systèmes sont en présence.

Premier système. — La faculté d'élever le conflit est commune au préfet de police et au préfet de la Seine.

L'ordonnance du 18 décembre 1822 a déclaré les dispositions de l'arrêté de brumaire *communes* au préfet de police. Elle ne fait aucune distinction entre lui et le préfet du département de la Seine, et semble au contraire les assimiler ; ce système ne peut offrir aucun inconvénient, à moins qu'on ne suppose qu'un antagonisme fâcheux s'élève entre les deux préfets,

---

(1) Voir Taillandier, p. 161 ; — Dareste, nº 938 ; — Dalloz, p. 121, nº 28 ; — Ledru Rollin, *Rep.*, p. 153, nº 85, etc.

l'un élevant le conflit dans le cas précisément où l'autre voudra laisser l'affaire au jugement des tribunaux. Mais, d'une part, cet antagonisme tracassier et puéril n'est pas supposable ; d'autre part, chaque préfet a ses attributions assez bien déterminées pour que nul intérêt ne le porte à les franchir. En troisième lieu, si une lutte pouvait naître, le ministre serait là pour la réprimer à l'instant même (1).

Deuxième système. — Le préfet de police et le préfet de la Seine ne peuvent élever le conflit, chacun que relativement aux affaires qui le concernent.

La communauté de compétence entre le préfet de la Seine et le préfet de police serait de nature à provoquer des contradictions plus ou moins fréquentes entre eux. De plus, elle serait en contradiction manifeste avec l'esprit de l'arrêté de l'an X et de l'ordonnance de 1828 qui ont entendu concentrer dans les mains d'un seul fonctionnaire, pour la même affaire, le droit d'élever le conflit. Enfin, elle méconnaît la pensée de l'ordonnance de 1822 elle-même, qui doit servir de règle dans la matière et dont l'interprétation doit être évidemment puisée dans l'avis du conseil d'État, du 23 novembre 1822 ; cet avis, après avoir établi la nécessité de maintenir au préfet de police un droit qu'il avait toujours exercé jusque-là, ajoute *qu'il n'est pas moins nécessaire de déterminer en ce point les attributions respectives des deux préfets, pour qu'il ne s'établisse point entre eux une concurrence dont l'intérêt*

---

(1) Dalloz, p. 121, n° 29.

public et particulier pourrait souffrir. C'est ce partage qu'a entendu faire l'ordonnance en stipulant expressément que le préfet de police *élèverait le conflit dans les affaires administratives qui sont placées dans ses attributions* (1).

Ce système est suivi dans la pratique, et, en fait, le préfet de police et le préfet de la Seine se sont fait une loi de se renfermer, quant au conflit, dans les limites de leur compétence respective. Une seule fois, le préfet de police a cru devoir faire élever le conflit par son collègue (2); mais le désistement de la partie qui avait intenté l'action a empêché et dispensé le conseil d'État de se prononcer sur ce mode de procéder, et, depuis cette époque, le préfet de police a seul élevé le conflit dans les affaires de sa compétence et réciproquement (3).

Ainsi, et bien que la question soit discutée et que la jurisprudence n'ait pas eu à se prononcer, en fait, le préfet de police élève seul le conflit dans les affaires qui sont de sa compétence sans pouvoir l'élever dans les affaires qui sont du ressort du préfet de la Seine.

Que décider à l'égard des préfets maritimes? La question ne s'est pas présentée devant la commission de rédaction, et l'ordonnance de 1828 est muette; mais elle fournit le même argument de texte en

---

(1) Reverchon, n° 79 ; — Adolphe Chauveau, p. 257, n° 459. — Trolley, t. III, p. 111, n° 2178 ; — Boulatignier, p. 482.

(2) 22 fév. 1833, aff. Laurent.

(3) Voyez : 17 déc. 1834 ; 18 juill. 1838 ; 2 juin 1853 ; — Reverchon, p. 546, n° 79.

faveur des préfets maritimes qu'en faveur du préfet de police, le gouvernement ayant remplacé les mots : *le préfet du département* par le mot : *le préfet*, avec l'intention évidente d'étendre le sens de l'art. 6 de l'ordonnance. La jurisprudence, d'ailleurs, n'a jamais contesté aux préfets maritimes le droit d'élever le conflit (1).

---

(1) V. arrêté du 24 prairial an II ; décret du 4 fructidor an XII ; 17 ventôse an XIII ; 23 avril 1807 ; 8 janvier 1810. Ces décisions sont citées par M. de Cormenin, t. I, p. 442. De plus : 23 av. 1840 (Josserand) ; 12 fév. 1841 ; 20 mars 1842 ; 26 juin 1852 ; 8 juin 1854.

M. Foucart cite, il est vrai, une ordonnance du 14 juillet 1819 qui aurait résolu la question dans un sens contraire ; mais c'est là une erreur. Cette ordonnance décide, non pas que le préfet maritime n'a pas le droit d'élever le conflit, mais qu'une simple lettre missive émanée de lui ne peut être considérée comme un arrêté de conflit. (Foucart, t. III, n° 333, Ledru Rollin, *Rep.* mot *Conflit*, n° 89.)

M. Boulatignier, chargé de remplir les fonctions de commissaire du roi dans l'affaire *Josserand*, se prononce personnellement en faveur de la compétence des préfets maritimes. Après avoir analysé la disposition du 17 déc. 1828 qui attribue à ces préfets la direction supérieure de l'administration maritime, il poursuit en ces termes :

« Ainsi dans l'étendue de son arrondissement le préfet maritime est le chef de l'administration active pour tout ce qui se rapporte aux services maritimes : *il exerce ses fonctions sous l'autorité immédiate du ministre de la marine.* En un mot, c'est un préfet spécial établi dans les parties du territoire où l'importance et l'étendue des services maritimes ne permettaient pas de laisser ces services aux préfets ordinaires. Dans les localités où les intérêts maritimes n'ont pas cette importance, ils sont confiés aux préfets ordinaires, sous l'autorité immédiate du ministre de la marine. — On peut donc considérer que l'administration, dans les départements qu'on peut appeler maritimes ; est partagée entre les préfets ordinaires et les préfets maritimes, comme elle est partagée à Paris et dans le département de la Seine entre le préfet de la Seine et le préfet de police (Recueil des arrêts du conseil, t. I, 40, p. 129). Voir au surplus Adolphe Chauveau, p. 257, n° 460 ; — Cormenin, t. I, p. 442, note 1 ; — Foucart, t. III, p. 541, n° 539 ; — Serrigny, t. I, p. 184,

La même question se pose relativement à leurs rapports avec les préfets des départements compris dans leur arrondissement que relativement aux rapports du préfet de police et du préfet de la Seine. La même discussion a lieu, la solution doit être la même. Le préfet maritime élèvera le conflit à l'exclusion des préfets des départements compris dans son arrondissement pour toutes les affaires de sa compétence (1).

§ 2. — **Préfets compétents au point de vue du territoire sur lequel ils peuvent exercer leurs fonctions.**

Nous savons que tous les fonctionnaires qui, en France, portent le nom de préfet, sont compétents pour élever le conflit : les préfets des départements pour toutes les affaires, sauf le préfet de la Seine pour les affaires de la compétence du préfet de police et les préfets des départements compris dans un arrondissement maritime pour les affaires attribuées aux préfets maritimes ; les préfets maritimes et le préfet

---

n° 165; — Dufour, t. III, p. 541, n° 539. Cette jurisprudence est blâmée par M. Reverchon qui pense que si la question s'était posée devant la commission de rédaction de l'ordonnance du 1er juin 1828, elle aurait certainement repoussé la compétence du préfet maritime. Cette compétence en effet est criticable et peut constituer un précédent propre à jeter la perturbation dans l'unité qui est indispensable en cette matière, en autorisant d'autres précédents plus ou moins semblables. Tout ce qui a été dit de l'administration maritime pourrait se dire avec la même force ou la même faiblesse de diverses autres branches de l'administration, et notamment des intendants militaires. (Reverchon, p. 546, n° 80.)

(1) Voir Reverchon, p. 475, n° 80 et Boulatignier, p. 483.

de police pour toutes les affaires qui leur sont spécialement dévolues par la loi.

Il nous reste à nous demander quel préfet a le pouvoir d'élever le conflit dans un lieu donné sur une
affaire de sa compétence.

Le principe est que le conflit doit être élevé par le
préfet du département où siège le tribunal saisi de
la contestation qui y donne lieu. Ce principe est
tellement évident qu'il ne nécessite ni développement ni justification. Il peut souffrir des exceptions.

On se rappelle que le conflit peut être élevé : 1° en
première instance ; 2° en appel devant la cour ou le
tribunal d'appel ou devant le tribunal de renvoi ;
3° après cassation devant la cour de renvoi.

En première instance, le principe s'applique dans
toute sa rigueur. Le préfet compétent est toujours
celui dans le département duquel siège le tribunal
saisi du litige ; aucune considération ne pourrait faire
passer sa compétence à un autre préfet ou lui donner
compétence sur un autre département que le sien.
Ainsi, par exemple, il a été jugé qu'il appartient au
préfet du département de l'Aisne de proposer le déclinatoire et d'élever le conflit dans une instance engagée
devant le tribunal d'un arrondissement de ce département, entre un particulier demandeur, d'une part, la
ville de Paris représentée par le préfet de la Seine,
d'autre part, et relative aux dommages causés à ce particulier par des travaux concernant le canal de l'Ourcq,
bien que les pouvoirs du préfet de la Seine, en ce qui
concerne les travaux du canal de l'Ourcq, s'éten-

dent jusque dans le département de l'Aisne (1).

Lorsque la cour d'appel, le tribunal ou la cour de renvoi se trouve dans le même département que le tribunal primitivement saisi, aucune difficulté; c'est évidemment le même préfet qui a élevé le conflit en première instance qui devra l'élever (2). Lorsque ce tribunal et cette cour se trouvent dans un autre département des doutes peuvent naître, que le conflit soit élevé en appel, ou en renvoi après appel, ou en renvoi après cassation.

Pour le cas où le conflit est élevé en appel ou

(1) 27 mai 1862, Rec., p. 421. V. de plus, 15 août 1837; 14 avril 1838; Ledru Rollin, nº 95 et 916; 14 avril 1839; 27 mai 1848; 28 juillet 1864; Rec., p. 716; 17 avril 1841; 28 juil. 1864; 12 août 1854 (Reverchon). Cormenin, t. I, p. 442; — Serrigny, t. I, p. 255, nº 190;. — Foucart, t. III. p. 677; — Adolphe Chauveau, p. 254, nº 458. Cependant il a été jugé que le déclinatoire élevé par un préfet autre que celui du département du ressort du tribunal, quoique irrégulier, dispense le préfet du département, de l'obligation d'en élever un nouveau (Ord. du conseil d'État, 15 août 1839. M. Vivier rap. af. Ruiz). — Cela peut paraître contraire à la règle *quod nullum est*, etc., mais c'est dans l'intérêt public que la mesure est ordonnée. Or, cet intérêt est satisfait, dès qu'elle a été prise : qu'importe aux citoyens que l'acte de conflit se produise d'une manière plus ou moins régulière? En ne voyant dans l'émission du conflit qu'une sorte de mesure conservatoire susceptible de profiter à qui de droit, on prévient des jugements d'annulation, un renouvellement de formes, qui ne peuvent que causer des frais frustratoires et des retards préjudiciables aux intérêts de la justice. Dalloz, nº 36.

(2) C'est ainsi qu'il a été jugé que le préfet dans le département duquel siègent le tribunal de première instance, devant lequel a été engagé le litige, et la cour impériale devant laquelle le litige a été porté appel — est compétent pour élever le conflit devant cette cour, à l'exclusion du préfet dans le département duquel se trouvent les immeubles objets du litige (dans l'espèce des grèves et des relais de mer faisant l'objet d'une contestation dans laquelle l'État était partie). 28 juill. 1864, Rec., p. 718.

devant le tribunal du renvoi, on peut dégager trois systèmes principaux au milieu d'un chaos d'idées, et de principes.

Premier système. — Le conflit devra être élevé en appel par le même préfet qui était compétent pour l'élever en première instance, quand bien même la cour d'appel serait située hors de son département, et à l'exclusion de tout autre préfet (1).

Ce préfet est celui qui sera le plus à même de connaître les détails de l'affaire.

Il pourra mieux que tout autre apprécier convenablement les questions de savoir s'il y a lieu d'élever le conflit. L'appel d'ailleurs ne change rien aux règles de la juridiction territoriale ; le litige qu'il soumet à de nouveaux juges ne cesse de se rattacher par son origine au département dans lequel il a pris naissance.

On objecte qu'il s'agit d'un acte de juridiction que le préfet ne peut pas faire hors de son département. C'est à tort : il s'agit seulement d'exercer une action en revendication et il est naturel d'en donner la poursuite au préfet qui l'a commencée (2).

---

(1) Boulatignier, p. 486 ; — Reverchon, p. 546, n° 83.

(2) Reverchon, p. 547, n° 83 ; — Boulatignier, p. 486 ; — Foucart, t. III, p. 377, n° 192. M. Serrigny (t. I, p. 255, n° 190), qui n'admet ce système que lorsque au moins un déclinatoire d'incompétence a été déposé par le préfet, ajoute à ces arguments l'argument de texte suivant : si le préfet a proposé un déclinatoire qui a été accueilli, il peut élever le conflit en appel devant une cour située hors de son département. Le texte de l'art. 8 le suppose, car il ajoute : « Si le déclinatoire est admis, *le Préfet* pourra élever le conflit dans la quinzaine qui suivra la signification de l'acte d'appel. » Ces mots *le Préfet* se rapportent au préfet dont il vient d'être parlé, c'est-à-dire à celui qui a proposé le déclinatoire en instance.

Second système. — Le conflit ne peut être élevé que par le préfet du département où siège la cour d'appel à l'exclusion de tout autre.

L'ordonnance de 1828 ne contient aucune disposition assez explicite pour qu'il soit permis d'admettre, contrairement à toutes les règles, qu'un préfet puisse exercer des attributions quelconques hors des limites de son département. De même qu'un procureur général ne suit pas une instruction criminelle devant une cour autre que celle à laquelle il est attaché, de même un préfet, étant sans pouvoir pour faire un acte de juridiction administrative hors de son département, n'a ni mission ni qualité pour suivre une affaire en dehors de son département (1).

Troisième système. — Il faut distinguer si le conflit a été ou non élevé en première instance. Dans le premier cas, ce sera le préfet du tribunal qui sera seul compétent; dans le second cas, le préfet du département de la cour.

L'autorité du préfet est territoriale et, en principe, c'est le préfet du département dans lequel se trouve la cour d'appel qui est compétent.

Il n'y a aucune raison de déroger à cette règle dans le cas où le préfet n'a pas proposé de déclinatoire en première instance. En effet, il ne connaît pas l'affaire mieux que le préfet du département dans lequel est située la cour d'appel, puisqu'il ne l'a pas suivie; il est moins bien situé que lui pour pouvoir élever le conflit devant la cour.

_____

(1) Adolphe Chauveau, t. I, p. 256, n° 458.

Dans le cas, au contraire, où le préfet a proposé un déclinatoire en première instance, il est naturel et utile qu'il suive l'affaire en appel : il l'a étudiée et la connaît ; de plus le conflit est la suite du déclinatoire.

Enfin, le conflit est une action qui appartient à l'administration considérée *in abstracto*, et le droit de l'exercer doit appartenir au préfet qui se trouve le mieux à portée d'agir, toutes les fois qu'il n'y a pas eu prévention en faveur d'un autre préfet. Les très brefs délais fixés par l'ordonnance de 1828 conduisent forcément à cette conclusion : autrement l'exercice du conflit deviendrait souvent impossible. Les principes sont donc ici en contradiction avec les nécessités de la pratique (1).

De ces trois systèmes, le second, celui que l'on pourrait appeler le système de la compétence territoriale absolue, ne se soutient pas. Il est inexact que l'ordonnance n'indique pas clairement que le préfet qui a élevé le conflit en première instance est le même qui aura mission de l'élever en appel. On n'a qu'à se reporter à l'article 8 et le lire pour s'en rendre compte. De plus, il n'y a aucune raison de principe pour que le préfet soit inhabile à poursuivre le conflit hors de son département. Ce n'est pas un acte de juridiction que fait le préfet en élevant le conflit, mais il exerce un mandat, tout comme pour le domaine de l'État. L'administration revendique une affaire ; le préfet est son mandataire, c'est en cette qualité qu'il agit.

---

(1) Serrigny, t. I, p. 257, n° 190; Trolley, t. III, p. 113, n° 1280.

C'est un véritable procès qui s'agite, il y est réellement partie au nom de l'administration. Pourquoi donc serait-il compétent pour la première période de ce procès et cesserait-il de l'être pour la seconde? Ensuite, que de difficultés de procédure ! Le préfet qui a élevé le conflit en première instance est obligé de prévenir son collègue du département où est située la cour d'appel, de le faire inviter même à agir par le ministre, car il se peut que le nouveau préfet se refuse à élever le conflit. Il s'en suivra des lenteurs qui, eu égard à la brièveté des délais, rendront illusoire dans bien des cas la faculté d'élever le conflit.

Il n'y a aucune raison ni de texte ni de principes ni de pratique pour soutenir efficacement que le préfet ne peut pas élever le conflit en appel hors de son département, dans une affaire au sujet de laquelle il a proposé un déclinatoire d'incompétence en première instance ; mais il y en aurait pour soutenir qu'il ne le peut pas dans une affaire à propos de laquelle il n'en a pas proposé. En effet, les textes semblent ne prévoir que le cas où un déclinatoire a été présenté en première instance (1) ; on peut soutenir que le préfet du département où le litige est né n'est pas mieux renseigné et partant n'est pas mieux à même d'apprendre l'opportunité du conflit à élever que le préfet du département où est située la cour d'appel puisqu'il ne s'en est pas occupé. Restent les nécessités de la pratique, et le besoin d'agir promptement, bien que l'on

---

(1) Art. 8 de l'ordonnance ; — Serrigny, t. I, p. 256, n° 190.

puisse soutenir qu'il n'y a pas de raison pour que
l'un des préfets agisse plus vite que l'autre. Cependant, pour être logique, il faudrait aller plus loin et
faire une sous-distinction. Il faudrait se demander si
le conflit pouvait ou non être élevé en première instance. Dans le premier cas, on devrait accorder au
préfet le droit de l'élever en appel ; rien ne dit qu'il
ait négligé d'étudier l'affaire ; il est permis de croire,
au contraire, qu'il l'a suivie avec soin dans tous ses
détails et qu'il a attendu qu'elle soit en appel pour
élever le conflit. La célérité y gagnera donc s'il
élève le conflit en appel, car il le fera dès que cela
sera possible, et cela vaudra mieux que de l'obliger à
prier son collègue de le faire élever. Ce n'est que
dans le cas où, le conflit pouvant être élevé en première instance, il ne l'aura pas été, que l'on refusera
au préfet négligent de l'élever en appel. Négligent en
première instance, pourquoi cesserait-il de l'être en
appel ? Il sera préférable de donner la mission au
préfet de la cour d'appel chez lequel on pourra espérer
plus de diligence. On ne devra évidemment pas conférer le droit aux deux préfets, de telle façon que le
plus diligent des deux puisse élever le conflit. Cela
serait contraire à l'esprit de la loi qui a recherché en
cette matière l'unité d'action, et devrait être repoussé
par les mêmes raisons qui empêchent de regarder
comme communes les compétences du préfet de la
Seine et du préfet de police et celle des préfets maritimes et des préfets de département.

La jurisprudence n'admet pas de distinctions et

refuse qualité au préfet du département où siège la
cour d'appel, lors même que le déclinatoire n'a pas
été présenté devant le tribunal de première instance
par le préfet du département où est situé ce tribunal (1).

Il n'en est pas moins vrai que l'on invoque en
faveur du deuxième système trois arrêts des 23 août
1855, 1er juillet 1850 et 13 décembre 1861 qui l'auraient consacré, les deux premiers implicitement,
le dernier explicitement. On cite également en faveur
du troisième système un arrêt du 26 mars 1834. Dans
tous les cas ces décisions seraient isolées, et dictées
peut-être par l'influence du fait. Quoi qu'il en soit, la
jurisprudence se prononce clairement en faveur du
premier système : elle est fixée et paraît l'être définitivement.

Le préfet compétent pour élever le conflit en appel est celui dans le département duquel siégeait le
tribunal primitivement saisi de l'affaire (2). Il est à
remarquer, d'autre part, que, dans les arrêts invoqués
en faveur des deux autres systèmes, le juge des conflits
a donné compétence au préfet de la cour d'appel
sans jamais la refuser à celui du tribunal primitif.

La règle suivie dans la pratique a pour elle la
plus grande qualité que puisse avoir un système juridique : la simplicité, ce qui doit atténuer les reproches

---

(1) Serrigny, t. I, p. 256, n° 190.
(2) 20 août 1840 ; 17 avril 1841 ; 27 mai 1848 ; 27 août 1848, rec., p. 325 ;
18 décemb. 1848, rec., p. 680 ; 15 mai 1858, rec., p. 375 ; 13 déc. 1861 ;
23 juil. 1864 ; 1er fév. 1873 ; rec., p. 51. M. Boûlatignier a compté cinquante arrêts consacrant implicitement ce système. (V. p. 486.)

qui lui ont quelquefois été faits par les auteurs.

Dans le cas particulier où, sur l'appel d'un jugement de première instance, une cour a renvoyé les parties, pour faire juger leur contestation devant un tribunal situé dans un autre département que celui où l'action judiciaire a été intentée, la jurisprudence, quoique s'étant décidée en dernier lieu pour la compétence du préfet du premier tribunal saisi, paraît incertaine. Il semble que le juge des conflits n'ait point de doctrine arrêtée sur cette question (1).

Dans le cas où, après cassation, une affaire a été renvoyée devant une cour ou un tribunal situés dans un département autre que celui où elle est née, les mêmes discussions s'élèvent avec quelques obscurités en plus. Dans la discussion qui vient de nous occuper, chaque auteur, tout en conservant son opinion, en invoquant peut-être des décisions en faveur de cette dernière, n'en constate pas moins la tendance de la jurisprudence. Ici, les systèmes sont plus nombreux, les doutes plus grands, et chaque auteur prétend avoir la jurisprudence pour lui.

On soutient : *a*) que le préfet compétent est celui

---

(1) Pour : 13 déc. 1861 ; contre : 12 avril 1854 ; 15 mai 1858 ; Serrigny, t. I, p. 257, n° 190. — L'arrêt du conseil d'État du 12 août 1854 dont la doctrine n'est plus en harmonie avec la solution de l'arrêt du 13 déc. 1861 avait à tort jugé que, lorsque sur l'appel d'un jugement de 1re instance, une cour d'appel avait renvoyé les parties devant un tribunal situé dans un département autre que celui où l'action judiciaire était intentée, le préfet du département dans lequel se trouvait le tribunal primitivement saisi n'était pas recevable à élever le conflit devant le tribunal de renvoi. Ducroq, t. III, p. 571, n° 674.

qui a élevé le conflit en première instance ou pouvait l'élever (1); *b*) que c'est le préfet du département dans lequel est située la cour de renvoi (2); *c*) qu'il faut distinguer : que c'est le préfet du tribunal de première instance dans le cas où il a élevé le conflit, le préfet de la cour dans le cas contraire (3); *d*) enfin que ces deux préfets sont compétents (4). Ce dernier système, que l'on avait cru pouvoir tirer d'un arrêt du conseil d'État, n'offre d'intérêt qu'au point de vue historique.

Les autres n'en offrent qu'au point de vue théorique; le premier a été consacré par une jurisprudence qui semble s'être fixée. L'arrêt du 13 décembre 1861 a été formel. Il a établi que le préfet compétent pour proposer le déclinatoire et élever le conflit d'attribution devant les tribunaux compris dans la circonscription de son département a seul qualité pour faire ces actes devant la cour d'appel où les affaires, que l'autorité administrative veut revendiquer, sont

(1) Reverchon, p. 547, nº 84, jurisp. 23 oct. 1835; 1ᵉʳ juill. 1850; 13 déc. 1861. M. Reverchon reconnaît cependant que le contraire a été décidé par des décisions des 21 août et 24 déc. 1845 et 15 mai 1858.

(2) Dareste, p. 216; Foucart, t. III, p. 777, nº 1903; Trolley, t. III, p. 113, nº 2180; — ce dernier auteur pense avec MM. Dufour et Boulatignier, partisans du système de la distinction, que la cassation a renouvelé l'instance (Foucart, *loc. cit.*). Jurisp. 21 août; 24 décemb. 1845; 24 déc. 1854.

(3) Boulatignier, p. 486. Jurisp. 21 août 1845; 24 déc. 1845; le préfet compétent est celui de la cour de renvoi; 26 mars 1834. Il y a exception dans le cas où le préfet du tribunal a élevé le conflit en première instance.

(4) Ducroq, p. 571, nº 673; Dufour, t. III, p. 660, nº 609; Jurisp. 15 mai 1858.

portées par la voie d'appel ; qu'aucune disposition de l'ordonnance du 1ᵉʳ juin 1828 n'autorise d'exception à cette règle pour le cas où c'est par suite d'un renvoi ordonné par un arrêt de la Cour de cassation que la cour est saisie de l'appel (1).

Ce système est le seul que puisse suivre la jurisprudence pour être logique avec elle-même.

Elle admet formellement aujourd'hui que le seul préfet qui puisse élever le conflit en appel est celui du premier tribunal saisi. Il doit en être de même après cassation. L'effet de la cassation n'est pas de renouveler l'instance, comme dit M. Boulatignier, mais de remettre la cause au même état qu'avant la décision cassée qui est alors considérée comme non avenue.

Or, avant cette décision, la cause et les parties étaient à l'état d'appel, et à ce moment le conflit n'aurait pu être élevé que par le préfet du département dans lequel était situé le tribunal saisi ; il doit en être de même après la cassation qui ne fait que supprimer l'arrêt cassé. On ne comprendrait pas la raison de la différence (2).

SECTION II. — PARTIES.

Les parties ne peuvent pas élever le conflit ; elles n'ont aucune qualité pour le faire : le conflit est une

(1) 13 déc. 1861, Rec., p. 894 ; 29 janv. 1873.
(2) Reverchon, p. 547, n° 84.

lutte de compétence entre deux autorités, elles ne représentent ni l'une ni l'autre.

Leur droit est de proposer l'exception d'incompétence devant tous les degrés de juridiction, et de faire ainsi statuer l'autorité judiciaire (1).

Elles peuvent également avertir le préfet, lui exposer les raisons pour lesquelles elles pensent qu'il y a lieu d'élever le conflit et le prier de le faire : mais pourraient-elles, en cas de refus du préfet, l'attaquer au contentieux devant le conseil d'État ?

On a admis l'affirmative jusqu'en 1817 (2). Le 6 décembre 1820, une ordonnance du conseil d'État décida qu'en cas de refus du préfet d'élever un conflit, sur la réquisition des personnes intéressées, celles-ci ne peuvent attaquer cet arrêté devant le conseil d'État, mais doivent, si elles croient que l'arrêté du préfet leur porte préjudice, se pourvoir devant le ministre de l'intérieur pour en obtenir, s'il y a lieu, la réformation, sauf recours au conseil d'État contre la décision du ministre.

Pour que cette doctrine pût être exacte, il faudrait admettre que les parties ont le droit de faire au préfet la réquisition dont il s'agit, et que le préfet est obligé de statuer sur une pareille réquisition comme juge, qualité qui entre quelquefois dans ses attributions. Or, cela n'existe pas dans l'hypothèse : en effet, le

---

(1) Trolley, t. V, p. 109, n° 2175 ; — Dareste, p. 212.
(2) 17 juin 1809 ; 29 juin 1810 ; 16 juillet 1817 ; — Macarel, t. I, p. 238 ; — Adolphe Chauveau, *Compétence administrative*, t. III, p. 828, n° 1144 ; Reverchon, p. 76.

conflit positif, qui suspend le cours de la justice, est un acte de haute administration, qui doit, par conséquent, être laissé dans le pouvoir discrétionnaire de ses agents. Il n'y a même pas lieu d'admettre que les parties puissent avoir le droit d'*inviter* le préfet à élever le conflit et, en cas de refus, de s'adresser *officiellement* au ministre pour le prier d'enjoindre à son subordonné de prendre cette mesure et de s'ouvrir ainsi la voie du pourvoi au conseil d'État (1).

Ce serait de la part des particuliers une immixtion impossible à admettre dans les attributions administratives. Dans un cas pareil, personne ne peut empêcher les parties de s'adresser au préfet, puis, en cas de refus ou de silence de ce fonctionnaire, au ministre lui-même. Mais, ministre et préfet ne peuvent être mis en mouvement à la seule requête des simples particuliers, que d'une manière *officieuse* et purement gracieuse ; par conséquent, soit que le ministre approuve le refus du préfet, soit qu'il l'invite, au contraire, à élever la revendication administrative, il ne prononce pas comme juge, et aurait parfaitement le droit de s'abstenir de faire une réponse quelconque à la requête des parties. Cela est d'autant plus incontestable aujourd'hui, que les parties n'ont pas qualité, on le sait, pour intervenir dans le règlement des conflits, dont l'exercice, étant considéré comme touchant à l'ordre public, appartient au pouvoir entièrement discrétionnaire de l'administration : ce qui

---

(1) Foucart, t. III, p. 283.

est exclusif de tout recours contre le refus de
l'élever (1).

Cette solution peut paraître injuste. Cependant elle
se défend.

Il est exact que dans la pratique l'un des plaideurs
peut avoir un intérêt à ce que le litige pendant soit
jugé par une juridiction autre que celle qui en est
saisie et dont la jurisprudence n'est peut-être pas favorable à ses intérêts. Mais, dans ce cas, l'autre plaideur aura intérêt à voir le litige rester devant la juridiction saisie qui lui sera plus favorable. Il ne se
présentera jamais de cas où les deux parties auraient
simultanément besoin du conflit pour enlever une
même affaire à une juridiction donnée. Le demandeur,
d'accord avec le défendeur, n'aurait qu'à retirer son
action et à la porter devant la juridiction qu'il pen-
serait compétente.

---

(1) C'est ainsi qu'il a été jugé :

1° Que le juge des conflits ne peut être saisi de la demande en revendication que par un arrêté du préfet, et non sur le pourvoi des
parties (13 juin 1821 ; 13 juillet 1825) ;

2° Que les parties ne peuvent dessaisir l'autorité judiciaire de l'appréciation d'un décret, sous prétexte de le faire interpréter par l'autorité administrative, lorsqu'il n'existe dans la cause ni conflit élevé, ni
renvoi de la part des tribunaux (28 fév. 1831) ;

3° Que la demande en nullité de jugements ou arrêts ne peut être
portée devant le juge des conflits lorsque le préfet n'a pas élevé le
conflit, sauf aux parties à se pourvoir devant l'autorité judiciaire compétente (17 mars 1812 ; 6 nov. 1813 ; 18 avril 1816 ; 10 sept. 1817). —
Adolphe Chauveau, t. I, p. 258, n° 464 ; — Dalloz, p. 123, n° 37 ; —
Lebon, t. I, p. 184, note 1, et t. II, p. 244, note 2 ; — Adolphe Chauveau,
Comp. adm., t. III, p. 828, n° 1144 ; — Cormenin, t. I, p. 450, note 6 ;
— Foucart, t. III, p. 283, n° 333. — *Journal des conseillers munici-
paux*, t. I, p. 200.

Ainsi, les intérêts de l'un et de l'autre des plaideurs étant en opposition se balancent : l'intérêt en jeu n'est plus que l'intérêt public. Le plaideur qui veut dessaisir la juridiction saisie a à sa disposition les exceptions d'incompétence et peut s'en servir. Si les autorités compétentes sont d'avis qu'il n'y a pas lieu d'élever le conflit, tandis que la loi leur enjoint de le faire — alors même que l'administration n'est pas en cause —, il est à croire que le conflit n'est pas justifié. Cela est absolument vrai lorsqu'il se présente devant une juridiction judiciaire : le tribunal repousse l'exception et se déclare compétent ; le préfet averti par la partie intéressée refuse d'élever le conflit ; les deux autorités judiciaire et administrative étant d'accord sur leur compétence réciproque, il y a bien peu de chances que le conflit soit fondé. Cela serait vrai devant toute juridiction si l'autorité judiciaire avait le droit d'élever le conflit devant la juridiction administrative.

Le conflit ne doit servir qu'à maintenir les diverses juridictions dans leurs attributions respectives et ne doit pas pouvoir être entre les mains des plaideurs déloyaux un moyen de gagner du temps et d'allonger la procédure, ce qui arriverait inévitablement si les parties litigantes étaient en droit de l'élever. En voici un exemple :

Le tribunal des conflits a eu plusieurs occasions de consacrer une longue jurisprudence du conseil d'État, inspirée par le respect du droit de propriété, en vertu de laquelle les entrepreneurs et concessionnaires de travaux publics ne sont considérés comme justiciables de la juridiction administrative, pour les dommages causés à la propriété privée, notamment pour les extractions de matériaux et les occupations de terrain, que lorsqu'ils agissent en vertu d'une autorisation de l'administration, dans les limites de cette autorisation et en suivant les formalités spéciales prescrites par les règlements. Si toutes ces conditions ne sont pas remplies, ils perdent la qualité de représentants de l'administration ; l'autorité judiciaire seule peut connaître des réclamations dirigées contre elle (1). Un préfet n'élèvera désormais plus de conflits pour dessaisir, en pareil cas, l'autorité judiciaire. Mais l'entrepreneur ou le concessionnaire, n'ayant que le souci de son intérêt propre, ne pourra-t-il pas, pour faire traîner le procès en longueur et arracher à son adversaire une transaction, soulever la question de compétence, et la porter devant le tribunal des conflits? Cela multiplierait à l'infini les procès de compétence et l'on ne doit pas oublier que la responsabilité pourrait en retomber sur l'administration aux yeux du public qui confondrait dans une appréciation inexacte l'entrepreneur et l'État avec lequel il a traité (2).

---

(1) Voir notamment les arrêts du conseil d'État du 22 janvier 1857, du 17 mars 1859, les décrets sur conflit du 15 avril 1863 et du 17 février 1869 ; les décisions du tribunal des conflits du 1er mars 1873 et du 12 mars 1877.

(2) Rapport présenté au tribunal des conflits par M. Aucoc président de section au conseil d'État, membre du tribunal, sur le projet de loi de M. Roger-Marvaise qui attribuait aux parties le droit d'élever le conflit.

SECTION III. — AUTORITÉ JUDICIAIRE.

Le conflit devant servir de sanction au principe de la séparation des pouvoirs, il pourra être utile à l'ordre public que l'autorité judiciaire soit en droit de revendiquer devant le juge commun les affaires de sa compétence qui auraient été portées devant l'autorité administrative et que celle-ci aurait retenues. La question se pose donc de savoir si l'autorité judiciaire pourra élever le conflit. Cette question, bien qu'elle soit résolue dans la pratique, a en théorie une importance assez grande pour qu'il convienne de citer les décisions des juges des conflits qui ont marqué à son sujet les fluctuations de la jurisprudence.

En 1806, un sieur Rusca demanda au préfet du Pô l'autorisation de convertir en un moulin à blé un moulin à chanvre qu'il possédait dans la commune de Nolé. Un autre habitant, le sieur Doria, s'opposa à cette demande, attendu qu'il était propriétaire dans la même commune d'un moulin à blé, auquel une banalité conventionnelle était attachée. Nonobstant cette opposition, le préfet fit droit à la pétition du sieur Rusca, par un arrêté dans lequel il énonçait que le droit de banalité réclamé avait été supprimé par la loi du 28 mars 1790. Le sieur Doria se pourvut alors, pour faire reconnaître son droit, d'abord devant le tribunal de Turin, qui se déclara incompétent en ce qui concernait l'exécution de l'arrêté préfectoral, et ensuite devant la cour d'appel, qui déclara que cet arrêté mettait obstacle à ce qu'elle procédât au jugement, et ordonna qu'il serait élevé un conflit, qu'elle qualifia de juridiction.

Après cet arrêt, le sieur Doria s'adressa au conseil d'État pour faire annuler l'arrêté du préfet du Pô ; l'annulation fut en effet prononcée par un décret du 11 août 1808, qui fait mention dans ses *visa* de l'arrêt de la cour d'appel, mais qui se borne à statuer comme il suit :

« Considérant que la question de savoir si le droit de banalité que réclame le sieur Anselme Doria a été supprimé par l'art. 23 ou conservé par l'art. 24 de la loi du 28 mars 1790 est de la compétence de l'autorité judiciaire, à l'action de laquelle le préfet du Pô a mis obstacle en préjugeant incompétemment cette question :

« *Art.* 1er. — L'arrêté pris, le troisième jour complémentaire an XIII, par le préfet du Pô, est annulé en ce qu'il dit que le droit de banalité réclamé par le sieur Anselme Doria a été supprimé par l'art. 23 de la loi du 28 mars 1790. — Les parties sont renvoyées devant les tribunaux compétents pour y faire décider la question. »

Par cela seul que ce décret avait visé, sans l'improuver, l'arrêt de la cour d'appel précité, pouvait-il être considéré comme reconnaissant aux tribunaux le droit d'élever le conflit contre l'administration ? Le doute était d'autant plus permis, que le sieur Doria pouvait exercer son recours devant le conseil d'État indépendamment de toute déclaration de conflit de la part de l'autorité judiciaire et qu'il n'avait suivi dans ces recours d'autre marche que celle des affaires contentieuses ordinaires.

Mais, à quelques années de là, le droit de conflit des tribunaux parut proclamé d'une manière incontestable par un autre décret rendu également sur l'avis du conseil d'État.

Des difficultés s'étaient élevées entre la régie des domaines nationaux et le sieur Gillet, fermier d'un moulin national à Motteaux, relativement à la liquidation du fermage. Le sieur Gillet prétendait que l'État était son redevable en raison du chômage de l'usine ; la régie avait arrêté un décompte qui le constituait débiteur, et l'administration centrale du dép. des forêts avait approuvé ce décompte. Pour échapper aux effets de la contrainte qui le menaçait, le sieur Gillet se pourvut devant le tribunal de 1re instance qui déclara l'État redevable ; le préfet prit alors un arrêté de conflit qui fut confirmé par un décret du 29 juin 1811 motivé comme il suit :

« Considérant que le tribunal de Neufchâteau a excédé ses pouvoirs en procédant à la liquidation de fermage du sieur Gillet, puisqu'il existait déjà un arrêté de l'administration centrale du dép. des forêts qui réglait ce décompte ;

« *Que ce tribunal, s'il se croyait compétent, n'avait pas d'autre voie que celle du conflit pour retenir la connaissance de la contestation ;*

« Mais que ce conflit n'eût pas été fondé, puisque c'est à l'administration qu'il appartient de procéder à la liquidation des sommes dues par l'État aux détenteurs des domaines nationaux, par suite des baux à eux consentis. »

D'après la rédaction de ce décret, il était naturel de croire que le conseil d'État reconnaissait aux tribunaux le droit d'élever le conflit pour défendre leur compétence contre les empiètements de l'administration. Mais, si telle fut l'opinion du conseil au mois de juin 1811, il n'y persista pas longtemps.

En effet, quelques mois après, il fut appelé, par la requête d'un sieur Cuisinier, à statuer sur un jugement par lequel le tribunal de Coulommiers, croyant que l'autorité administrative avait empiété sur les attributions de l'autorité judiciaire à l'occasion d'une contestation entre deux usiniers, avait déclaré élever le conflit, renvoyé les parties à se pourvoir et sursis à statuer jusqu'à ce qu'il eût été statué sur le conflit. Devant le conseil d'État, le sieur Cuisinier soutint que l'autorité administrative était restée dans la limite de ses pouvoirs, en décidant les points qu'elle avait résolus, et en renvoyant, pour le surplus, les parties devant l'autorité judiciaire ; le jugement du tribunal de Coulommiers n'était à ses yeux qu'un déni de justice ; en conséquence, il demandait qu'il fût considéré comme non avenu, et que les contestants fussent renvoyés devant le tribunal de Meaux pour vider le litige. Le 22 septembre 1811, il intervint, sur le rapport de la commission du contentieux,

20

un décret qui, après avoir visé le jugement attaqué, parmi les pièces de l'instruction, prononça ainsi :

« Considérant que, dans cette contestation, il n'a point été élevé de conflit par l'autorité administrative ; que, dans le cas où une des parties croit avoir à se plaindre du jugement d'un tribunal inférieur, elle doit se pourvoir par appel à la cour supérieure :

« Art. 1er. — La requête du sieur F. Cuisinier est rejetée, sauf à lui à se pourvoir, pour le jugement du tribunal de 1re instance de Coulommiers, devant la cour impériale d'appel, à Paris, s'il s'y croit fondé. »

Si les formes de la rédaction et surtout la manière dont le sieur Cuisinier avait saisi le conseil d'État pouvaient laisser quelques doutes sur la véritable opinion du conseil relativement à la question qui nous occupe, ces doutes nous paraîtraient devoir disparaître en présence d'une autre décision qu'il nous reste à faire connaître.

Des fonds appartenant à la succession d'un sieur Chalette, ancien géomètre du cadastre, étaient déposés chez le directeur des contributions directes du département de la Manche. Le sieur Delamarre et plusieurs autres particuliers, se disant créanciers du sieur Chalette, firent pratiquer, sur ces deniers déposés, une saisie-arrêt que le tribunal de Saint-Lô déclara valable par jugement du 27 septembre 1819. Cependant, plusieurs géomètres de seconde classe, qui avaient travaillé sous les ordres du sieur Chalette, se pourvurent auprès du préfet de la Manche, pour obtenir, par privilège, le payement de leurs travaux

sur les sommes provenant des rétributions allouées
par l'État au géomètre en chef.

Le préfet fit droit à leur demande par arrêté du
7 février 1820. Le sieur Delamarre et consorts revin-
rent alors, devant le tribunal de Saint-Lô pour faire
déclarer qu'ils seraient payés par préférence aux
créanciers indiqués dans l'arrêté du préfet, ou tout au
moins en concurrence avec eux. Le tribunal rendit,
le 16 janvier 1821, un jugement par lequel il déclarait
élever le conflit, attendu qu'il était régulièrement
saisi de la cause en distribution de deniers, lorsque
le préfet avait pris son arrêté et avait empêché l'effet
du jugement qui avait reconnu les droits du sieur Delamarre et consorts ; d'ailleurs, le privilège des géomètres devait être discuté et admis par l'autorité judiciaire.

Le ministre de la justice soumit cette affaire à la
délibération du conseil d'État, par la voie d'un rapport
au roi transmis au comité du contentieux, comme
pour les cas de conflits élevés par les préfets.

Ce rapport n'élevait aucune objection quant aux
droits du tribunal ; il déclarait que le conflit paraissait fondé, et il indiquait les raisons qui semblaient
devoir le faire confirmer.

L'affaire fut envisagée autrement par le conseil
d'État. Voici les motifs et le dispositif de la décision
qui fut rendue à la date du 3 juillet 1822 :

« Considérant que, aux termes de l'arrêté du
13 brumaire an X, le conflit ne peut être élevé que
par les préfets, et que, dans l'espèce, le préfet du

département de la Manche ne l'a point élevé ; que, si le
tribunal de Saint-Lô, par son jugement de 16 janvier 1821, a déclaré élever le conflit contre le susdit
arrêté du préfet, ce jugement ne peut être annulé
que par les tribunaux supérieurs, à la requête soit
des parties, soit de notre procureur général ; — Considérant néanmoins, que le tribunal de Saint-Lô,
par jugement du 27 décembre 1819, avait statué sur
les demandes des créanciers du sieur Chalette et
validé la saisie-arrêt faite par eux entre les mains du
sieur Gervaise, directeur des contributions directes
sur les fonds appartenant au sieur Chalette ; que,
dès lors, le préfet, s'il se croyait compétent pour
statuer sur la destination de tout ou partie de ces
fonds, devait élever le conflit d'attributions, et qu'il
a excédé ses pouvoirs lorsque, par son arrêté du
7 février 1820, il a ordonné que partie des fonds
dont il s'agit serait payée à des géomètres du cadastre employés par le sieur Chalette :

« Art. 1er. — L'arrêté du préfet de la Manche est
annulé pour excès de pouvoirs, sauf au dit préfet à élever le conflit, s'il s'y croit fondé ; et aux parties ou à
notre procureur général à se pourvoir, s'il y a lieu,
par les voies de droit, contre le jugement du tribunal
de Saint-Lô en date du 16 janvier 1821 (1). »

Le juge des conflits n'admet donc pas que l'ordonnance judiciaire puisse élever le conflit contre l'ad-

---

(1) Boulatignier, p. 460.

ministration. Cela est conforme à la loi. Nulle disposition ne lui donne pareil pouvoir, et il est naturel de penser que si le législateur avait voulu le lui concéder, il aurait tout au moins pris soin d'en régler l'exercice. Il a voulu tout au contraire l'exclure du droit d'élever le conflit (1).

C'est là un état de choses regrettable. On a craint que l'autorité judiciaire ne cherchât à étendre son domaine et à empiéter sur les attributions de l'autorité administrative : on a armé cette dernière. Mais il est également à craindre que l'autorité administrative n'augmente ses prérogatives aux dépens de l'autorité judiciaire, que l'on a laissée sans armes : l'esprit de tous les corps est également envahisseur. Qui empêchera l'administration de s'emparer en matière contentieuse d'affaires dont la connaissance ne devrait pas lui appartenir? Les pénalités des articles 130 et 131 du code pénal? Les mêmes pénalités frappent les membres de l'autorité judiciaire qui empiéteraient sur les fonctions administratives ; elles ont été jugées impuissantes. Le préfet, qui peut seul élever le conflit devant les juridictions judiciaires, est impuissant à le faire devant les juridictions administratives devant lesquelles aucun conflit ne peut être élevé, si l'on excepte toutefois la section du contentieux du conseil d'État auprès de laquelle un

---

(1) Boulatignier, p. 460 ; — Dareste, p. 212 ; — Fusié Herman, p. 411 ; — Adolphe Chauveau, *Compétence adm.*, t. I, p. 151, n° 528. *Cod. d'Inst. adm.*, p. 240, n° 448 ; — Reverchon, p. 462, n° 0.

recours particulier a été organisé par la loi du 24 mai 1872. Encore est-il que ce recours est illusoire. C'est donc l'administration qui, par la voie hiérarchique ordinaire, est juge de sa compétence. Si elle déclare devoir connaître d'un procès qui s'est trouvé primitivement porté devant elle, il ne reste aux plaideurs aucune ressource pour lui en enlever la connaissance; il n'y aura aucun moyen pour les tribunaux judiciaires de recouvrer le litige : la règle des compétences sera violée sans remède.

Cependant l'intérêt public qui a fait naître le principe de la séparation des pouvoirs, qui a fait instituer le conflit, exige que les compétences soient rigoureusement observées par toutes les autorités et préservées des violations contre toutes les autorités. Les empiétements sont dangereux de quelque côté qu'ils viennent.

Il y a dans ce point de notre législation une lacune qui n'est sensible, il est vrai, que depuis la création du tribunal des conflits. Avant cette époque, lorsque le conseil d'État était juge des conflits, toute partie intéressée pouvant d'après la loi des 7-14 octobre 1790 lui déférer tous les actes de l'administration qui empiètent sur le domaine de l'autorité judiciaire, il importait peu que le recours prît le nom de conflit, ou de recours pour excès de pouvoir ou incompétence puisqu'il devait être réglé par le même juge, avec autant de garanties dans un cas que dans l'autre.

Depuis l'organisation du Tribunal des conflits il en est autrement. Il peut y avoir un grand intérêt à ce que le recours soit jugé par ce tribunal et non par le conseil d'État. On devra trouver dans un corps mixte une appréciation plus saine, plus impartiale de la compétence respective de ces deux autorités, que dans un corps qui appartient exclusivement à l'une d'elles, et qui malgré soi juge à son point de vue particulier. Ce corps mixte existe; il statue quand il est sollicité par l'autorité administrative pour déterminer le point où s'arrête la compétence des tribunaux judiciaires, il serait utile qu'il pût statuer sur la demande de l'autorité judiciaire pour déterminer le point où doit s'arrêter la compétence administrative. Cela ferait naître un équilibre qui manque dans la législation et qui ne pourrait être que salutaire.

Le grand argument que l'on fait valoir contre ce système, c'est que le droit d'élever le conflit répugnerait à la nature du pouvoir judiciaire, en ce que ce pouvoir n'est ni actif ni responsable, et ne doit statuer que sur les contestations dont il est saisi; que ce ne serait que luttes et confusions si les procureurs généraux étaient investis du droit de lever le conflit devant les juridictions administratives (1). Pourquoi? Y a-t-il lieu de croire que les procureurs généraux seraient moins soucieux de leur devoir que les préfets et élèveraient plus légèrement des conflits moins justifiés?

Quant à la passivité de l'autorité judiciaire, elle ne fournit qu'un faible argument. Sans doute, les tribunaux ne doivent connaître que des contestations

<hr>

(1) Serrigny, t. I, n° 166; — Dalloz, p. 120, n° 25.

dont ils sont saisis; mais n'est-ce pas la mission du parquet de les saisir dans tous les cas où l'intérêt social l'exige ? Le ministère public n'est-il pas, devant l'autorité judiciaire, partie au nom de la société sur les intérêts de laquelle il doit veiller ? Ce n'est pas un rôle passif qu'il joue, mais un rôle actif. Il est la sentinelle que l'on a placée auprès des tribunaux pour veiller à l'exécution des lois. Qu'y aurait-il donc de plus conforme à leurs attributions que de s'opposer à la violation des règles de la compétence, et d'en prendre la défense? Non dans tous les cas: les préfets défendront mieux l'administration contre les empiétements judiciaires; mais chaque fois qu'il y aura un empiétement administratif, il semble que loin d'être une cause de troubles et de confusion, ce serait le moyen le plus certain d'assurer dans tous les cas, entre les autorités judiciaire et administrative, l'observation du principe de la séparation des pouvoirs.

On se rappelle qu'au sein de la commission qui rédigea l'ordonnance de 1828, on proposa de donner aux membres du parquet le droit d'élever le conflit, et qu'une discussion s'éleva à ce sujet. Mais il était question alors de les charger d'élever le conflit devant les juridictions judiciaires. Aussi les arguments que l'on y fit valoir pour laisser cette mission au préfet ne peuvent-ils être invoqués dans la question qui nous occupe. Le droit donné aux membres du ministère public d'élever le conflit dans l'intérêt des tribunaux judiciaires devant les juridictions administratives ne pourrait pas rompre les liens et la bonne harmonie qui doivent exister entre eux et la magistrature assise, bien au contraire.

Le manque de réciprocité qui existe dans la législation du conflit et qui n'est pas justifiable, quelques efforts qu'aient fait les commentateurs pour trouver des arguments en sa faveur, tire son origine d'un état de choses qui n'existe plus. Quand a été rédigée la loi des 16-24 août 1790, on n'avait qu'un but : défendre l'administration contre l'ordre judiciaire qui en menaçait sans cesse l'indépendance. Quand ont été édifiés les divers monuments de la législation du conflit, on obéissait au même besoin, pressant dans des temps de troubles, d'assurer le fonctionnement des institutions, contre les entreprises des corps que le passé avait montrés comme les plus redoutables dans leurs empiétements. Il fallait à tout prix vaincre les résistances de la magistrature. Mais aujourd'hui, que depuis longtemps les institutions que la Révolution française avait fait naître jouissent d'un fonctionnement régulier, le moment est venu d'abandonner des lois dictées par des besoins qui n'existent plus. Il ne s'agit plus aujourd'hui de défendre un corps dont l'indépendance est menacée par les entreprises d'un autre corps redoutable, mais de défendre l'ordre public et d'établir une juste balance entre les divers pouvoirs de l'État.

La création d'un tribunal des conflits a marqué un premier progrès. Elle a enlevé le règlement des conflits à l'arbitraire intéressé du pouvoir exécutif. Il est permis d'espérer qu'elle n'est que le premier pas fait vers une ère de réformes dont le besoin se fera de plus en plus sentir. Il faut que le conflit ne soit plus le moyen par lequel l'administration revendique une affaire dont l'autorité judiciaire a déclaré se saisir, mais devienne le moyen général par lequel les diverses autorités entre lesquelles se partage la puissance nationale seront maintenues dans la sphère de leurs attributions. La loi du 3 mars 1849, la loi du 24 mai 1872 ont bien tenté un effort dans ce sens, mais on verra au chapitre suivant que si, en droit, la situation de l'autorité judiciaire a subi une légère modification, en fait elle est toujours la même.

En résumé, des trois personnes qui sont en jeu dans un conflit d'attributions, l'administration seule peut élever le conflit par l'intermédiaire des préfets, qui agiront soit d'office, soit sur l'invitation du ministre, soit sur l'information du ministère public, soit sur la demande des parties (1). En principe, les préfets devraient être seuls à apprécier l'opportunité du conflit ; dans la pratique ils ne perdent leur indépendance que devant le ministre dont l'invitation est regardée comme un ordre.

Les préfets des départements, le préfet de police et les préfets maritimes sont également compétents pour élever le conflit : les préfets des départements pour toutes les affaires, sauf le préfet de la Seine pour les affaires de la compétence du préfet de police et les préfets des départements compris dans un arrondis-

---

(1) Voir cependant le chapitre suivant.

sement maritime pour les affaires attribuées aux préfets maritimes ; les préfets maritimes et le préfet de police pour toutes les affaires qui leur sont spécialement dévolues.

Le préfet compétent pour élever le conflit sur une affaire déterminée sera celui dans le département duquel le conflit a pris naissance, qu'il s'agisse de l'élever en première instance, en appel, ou devant un tribunal ou une cour de renvoi.

CHAPITRE VI

DES REVENDICATIONS DE COMPÉTENCE DE- VANT LA SECTION DU CONTENTIEUX DU CONSEIL D'ÉTAT.

Loi du 24 mai 1872, art. 26, règlement du 26 octobre 1849, art. 28 à 33.

La lacune que laissait la législation des conflits en ne permettant ni à l'autorité judiciaire, ni même aux représentants de l'autorité administrative d'élever les conflits devant les organes de cette autorité, et que la récente création du tribunal des conflits avait rendue plus sensible, avait été imparfaitement comblée par l'article 47 de la loi du 3 mars 1849, organique du conseil d'État. Cet article est ainsi conçu :

« Art. 47. — Le ministre de la justice a également le droit de revendiquer devant le tribunal spécial des conflits organisé par l'article 89 de la constitution, les affaires portées devant la section du contentieux, et qui n'appartiendraient pas au contentieux administratif.

« Toutefois il ne peut se pourvoir devant cette juridiction qu'après que la section du contentieux a refusé de faire droit à la demande en revendication qui doit lui être préalablement soumise. »

Les dispositions de cet article ont été reproduites dans ces termes par l'article 26 de la loi du 24 mai 1872 :

*Art.*26. — Les ministres ont le droit de revendiquer devant le tribunal des conflits les affaires portées à la section du contentieux et qui n'appartiendraient pas au contentieux administratif.

Toutefois ils ne peuvent se pourvoir devant cette juridiction qu'après que la section du contentieux a refusé de faire droit à la demande en revendication qui doit lui être préalablement communiquée.

On le voit, la rédaction est identique, à une différence près. D'après la loi de 1849 le garde des sceaux seul pouvait faire la revendication ; d'après la loi de 1872, cette revendication appartiendra au ministre dans le ressort duquel se trouve l'affaire contestée.

Cette revendication est un véritable conflit, restreint à une seule juridiction, mais très étendue au point de vue des affaires qui peuvent y être soumises.

Le législateur, au moins celui de 1849 (car l'article 26 de la loi du 24 mai ayant été adopté sans discussion, on ne peut connaître les intentions de celui de 1872), n'a eu tout d'abord en vue, lorsqu'il édictait les règles qu'on vient de lire, que de préserver l'administration active des envahissements de l'administration contentieuse. On fit observer, dans les discussions qui eurent lieu à la chambre avant l'adoption du projet, que la distinction de la compétence gracieuse et contentieuse n'était pas toujours facile ; que le contentieux naissait bien au moment où un droit était méconnu, mais que la limite qui sépare les droits des intérêts n'est pas toujours certaine ; qu'il est même des droits dont la violation ne donne pas lieu à un recours par la voie contentieuse ; que dans un gouvernement représentatif, sous le

principe de responsabilité, il est des circonstances
où, en vue d'une grande nécessité publique, les
ministres prennent des mesures qui blessent les
droits privés ; qu'ils en répondent devant le pouvoir
politique ; que les rendre justiciables d'un tribunal
administratif, ce serait paralyser une action qui
s'exerce en vue de l'intérêt commun, et créer dans
l'État un pouvoir nouveau et menaçant pour tous
les autres ; que les mesures de sûreté générale, l'application des actes diplomatiques ne rentrent pas non
plus dans le contentieux administratif, bien que des
droits privés puissent en être atteints (c'est ce que
la jurisprudence du conseil d'État a consacré) ; que
ces nuances sont toujours délicates ; qu'on ne saurait sans danger les livrer à l'appréciation d'une
juridiction quelconque, et que la section du contentieux du conseil d'État, de quelque confiance qu'elle
paraisse digne, ne pouvait sans réserve être investie
d'une pareille autorité.

On discuta beaucoup sur le juge auquel on devait
soumettre les revendications du ministre ; on proposa
l'assemblée générale du conseil d'État. Cette proposition fut combattue parce qu'il pourrait se produire
entre le pouvoir exécutif et le conseil d'État un état
d'hostilité, et que le pouvoir exécutif se trouverait
désarmé ; qu'il serait possible que le conseil d'État
voulût usurper sur le pouvoir exécutif et tendre ainsi à
absorber de la manière la plus complète l'administration proprement dite. On eut recours au Tribunal des
conflits et on calma les craintes que faisait naître la

présence d'un élément judiciaire dans ce tribunal, en disant qu'il était dans l'espèce d'autant moins à crain-dre que, *agissant entre l'autorité administrative pure et l'autorité contentieuse*, il n'avait d'intérêt direct ou indirect à favoriser l'une au préjudice de l'autre.

Cependant, lors de la troisième lecture, la commission proposa pour l'article 47 la rédaction suivante :

« Le ministre de la justice a le droit de revendiquer les affaires portées devant la section du contentieux et qui n'appartiendraient pas au contentieux administratif.

« Si le ministre allègue que l'affaire est de la compétence de l'autorité judiciaire, la demande en revendication est portée devant la juridiction des conflits, organisée par l'article 90 de la constitution.

« Si le ministre allègue que la décision de l'affaire appartient au gouvernement sous sa responsabilité, il est statué sur la demande en revendication par le président de la République en conseil des ministres, après avoir pris l'avis du conseil d'État en assemblée générale.

« Dans tous les cas, le ministre ne peut se pourvoir, soit devant la juridiction des conflits, soit devant le président de la République, qu'après que la section du contentieux a refusé de faire droit à la demande en revendication qui doit lui être préalablement soumise (1). »

Cette rédaction fut repoussée, et l'article 47 tel que

(1) Duvergier, t. XLIX, p. 64, note.

nous le connaissons adopté. Ses termes étant aussi
larges que possible, on a été amené à y comprendre
les affaires de la compétence de l'ordre judiciaire
qui auraient été portées devant la section du contentieux du conseil d'État. C'est au moins, en théorie, un
progrès. C'est en effet la première fois que les termes
de la loi permettent de penser que le conflit peut
être élevé, sinon par l'autorité judiciaire, du moins
dans son intérêt (1).

On sait que l'article 26 de la loi du 24 mai 1872
a reproduit les termes de l'article 47 de la loi du
3 mars 1849, à cette différence près que tous les
ministres et non plus le ministre de la justice seul
peuvent revendiquer devant la section du contentieux
du conseil d'État les affaires qui ne seraient pas de
sa compétence. Il permet donc aux ministres d'élever
le conflit sur les affaires judiciaires, devant la section
du contentieux.

Nous avons dit que c'était un progrès théorique ;
mais dans la pratique est-ce un progrès ?

---

(1) En outre des affaires judiciaires, l'article 47 de la loi de 1849 permettait de revendiquer devant la section du contentieux du conseil
d'État : 1° les affaires dites actes de gouvernement ; 2° les affaires de la
compétence de l'administration active. Ces deux derniers cas constituent
non des conflits d'attribution, mais des conflits de juridiction. L'article 47
offrait donc l'inconvénient de les assimiler à des conflits d'attribution et
d'enlever ainsi au conseil d'État des contestations qui sont de sa compétence exclusive, pour soumettre des affaires purement administratives
à l'appréciation des magistrats de l'ordre judiciaire qui composent pour
moitié le tribunal des conflits. Il présentait en outre cette anomalie,
que le ministre de la justice qui revendiquait l'affaire était précisément
le président du tribunal appelé à la juger.

Le conflit de l'article 47 ne peut être élevé que devant la section du conseil d'État, et laisse l'ordre judiciaire sans défense devant les autres tribunaux administratifs et devant l'administration active. Ce n'est donc qu'un très petit nombre des affaires que l'ordre judiciaire peut avoir à revendiquer qui pourront l'être au moyen de la voie spéciale ouverte par la loi de 1872 ; et encore le mandataire de l'autorité judiciaire est-il bien choisi? Il paraît peu naturel de voir le ministre de la guerre ou le ministre des postes et télégraphes revendiquer une affaire pour elle. Leurs attributions sont assez étendues pour qu'ils n'aient guère de souci de savoir si un tel procès, qui s'instruit devant le conseil d'État, n'est pas de la compétence des tribunaux civils, et, les intérêts politiques, qui sont ceux auxquels toute leur activité est consacrée, seront rarement mis en danger par un empiètement du conseil d'État sur les prérogatives judiciaires. Aussi, ni sous l'empire de la loi du 3 mars 1849, ni depuis la promulgation de la loi du 24 mai 1872, aucune affaire appartenant à l'ordre judiciaire n'a été revendiquée devant la section du conseil d'État par un ministre (1), de telle façon que, si en théorie la situation de cet ordre a été améliorée au point de vue du conflit, par la législation nouvelle, en fait, cette situation est la même que sous les régimes précédents. En fait, le conflit est toujours

---

(1) Aucocq, t. I, p. 638.

et seulement un moyen donné à l'administration de recouvrer la connaissance des affaires de sa compétence qui auraient été retenues par l'autorité judiciaire.

Les règles qui régissent les revendications de compétence devant la section du contentieux du conseil d'État sont les règles générales du conflit d'attribution (1).

Les règles particulières ont été données par le chapitre v du règlement du 26 octobre 1849.

Art. 28. — Lorsque le ministre de la justice estime qu'une affaire portée devant la section du contentieux du conseil d'État n'appartient pas au contentieux administratif, il adresse au président de la section un mémoire pour revendiquer l'affaire. Dans les trois jours de l'enregistrement du mémoire au secrétariat de la section, le président désigne un rapporteur. Avis de la revendication est donné, dans la forme administrative, aux parties intéressées ; il peut en être pris communication dans le délai fixé par le président. Dans le mois qui suit l'envoi des pièces au rapporteur, le rapport est déposé au secrétariat de la section, pour être transmis immédiatement au ministère public. Le rapport est fait à la section en séance publique, il est procédé d'ailleurs ainsi qu'il est établi au paragraphe 3 du titre 4 de la loi du 3 mars 1849, et au paragraphe 4 du titre 3 du règlement du 26 mai 1849.

Art. 29. — La section du contentieux prononce dans le mois qui suit le dépôt du rapport. A défaut de décision dans ce délai, le ministre de la justice peut se pourvoir conformément à l'art. 47 de la loi du 3 mars 1849 (art. 26, loi du 24 mai 1872).

Art. 30. — Le dernier paragraphe de l'art. 15 est applicable aux délais établis par les deux articles précédents.

Art. 31. — La décision de la section du contentieux est transmise par le président au ministre de la justice. Dans la quin-

---

(1) Dalloz, p. 157, n° 189.

zaine de cet envoi, le ministre fait connaître, par une déclaration adressée au président, s'il entend porter la revendication devant le tribunal des conflits. Lorsque la section a refusé de faire droit à la revendication qui lui a été soumise, il est sursis à statuer sur le fond jusqu'à ce que le ministre ait fait connaître qu'il n'entend pas se pourvoir devant le tribunal des conflits, ou jusqu'à l'expiration du délai de quinzaine établi ci-dessus. Lorsque le ministre a déclaré qu'il portait la revendication devant le tribunal des conflits, la section doit surseoir à statuer jusqu'à la décision de ce tribunal.

Art. 32. — Lorsque le ministre de la justice se pourvoit devant le tribunal des conflits, il adresse à ce tribunal un mémoire contenant l'exposé de l'affaire et ses conclusions. A ce mémoire est jointe la demande en revendication qui a été soumise à la section du contentieux, et la décision par laquelle elle a refusé de faire droit à la demande du ministre. Il est procédé conformément aux art. 13, 14, 15 et 16.

Art. 33. — La décision qui intervient est transmise au président de la section du contentieux du conseil d'État. Il en est fait mention en marge de la décision qui a donné lieu au recours du ministre.

Ces articles n'offrent pas de difficultés et ne demandent aucun commentaire.

CHAPITRE VII

DU CONFLIT NÉGATIF D'ATTRIBUTIONS

Règlement d'administration publique au 26 octobre 1849,
art. 17 à 24.

Il y a conflit négatif d'attributions lorsque l'autorité administrative et l'autorité judiciaire, ayant été saisies d'un même litige par les mêmes parties, se déclarent injustement incompétentes.

Le conflit négatif n'a d'un conflit que le nom, puisque loin d'être en lutte pour revendiquer la connaissance d'une même affaire, les organes des deux autorités refusent de la juger, ne se reconnaissant pas compétents pour en connaître. Il ne porte point atteinte à l'indépendance réciproque des deux autorités; il n'intéresse qu'indirectement l'ordre public, et ne donne lieu qu'à un règlement de juges.

Pendant longtemps aucun texte ne l'a réglé. L'ordonnance du 12 décembre 1821 l'a rangé parmi les règlements de juges; l'ordonnance du 1er juin 1828 ne s'en est point occupée. Le règlement du 26 octobre 1849 en a organisé la procédure. Nous aurons à étudier : 1° qui juge les conflits négatifs; 2° quelles sont les personnes qui peuvent les élever; 3° la procédure du conflit négatif; 4° les cas dans lesquels il y a conflit négatif.

§ 1. — Qui juge les conflits négatifs.

De même que le conflit positif, le conflit négatif
d'attribution a lieu entre l'autorité judiciaire et l'autorité administrative. Il doit donc être réglé par un
juge commun à ces deux autorités. Ce juge était, avant
l'institution du Tribunal des conflits, le roi en conseil d'État, comme pour les conflits positifs. C'est
aujourd'hui le Tribunal des conflits.

§ 2. — Qui peut élever le conflit négatif.

De ce que, à la différence du conflit positif, le
conflit négatif n'établit point de collision entre deux
pouvoirs rivaux ; que les inconvénients qu'il produit
sont directement relatifs aux intérêts privés des
parties qui ne peuvent momentanément trouver de
juges, pour faire statuer sur la contestation qui les
divise, il résultera que, alors que les parties ne sont
point admises à élever le conflit positif, elles pourront élever le conflit négatif (1).

Règlement du 26 octobre 1849. *Art.* 17. — Lorsque l'autorité
administrative et l'autorité judiciaire se sont respectivement
déclarées incompétentes sur la même question, le recours
devant le Tribunal des conflits, pour faire régler la compétence,
est exercé directement par les parties intéressées. Il est formé
par requête signée d'un avocat au conseil d'État et à la Cour de
cassation.

Art. 18. — Lorsque l'affaire intéresse directement l'État, le

---

(1) Dalloz, p. 152, n° 170 ; — Serrigny, t. I, n° 210.

recours peut être formé par le ministre dans les attributions duquel se trouve placé le service public que l'affaire concerne.

Art. 19. — Lorsque la déclaration d'incompétence émane, d'une part, de l'autorité administrative, de l'autre, d'un tribunal statuant en matière de simple police ou de police correctionnelle, le recours peut, en outre, être formé par le ministre de la justice.

En outre des parties, le recours pourra être formé, lorsque l'affaire intéresse directement l'État, par le ministre dans les attributions duquel se trouve placé le service public que l'affaire concerne, et par le ministre de la justice dans le cas où l'organe de l'autorité judiciaire qui se déclare incompétent est un tribunal statuant en matière de simple police ou de police correctionnelle.

Cette disposition déjà consacrée par la jurisprudence du conseil d'État (15 août 1839; 6 nov. 1839) n'est que l'application des principes ordinaires du droit. Dans les matières d'intérêt civil, les parties privées ont seules l'initiative de l'action ; si donc elles viennent à être arrêtées par l'abstention des juges qu'elles ont saisis, c'est à elles de faire lever cet obstacle ; il suffit de leur en ouvrir les moyens. Dans les matières correctionnelles ou de simple police, au contraire, les parties privées peuvent bien prendre encore l'initiative par la citation directe, mais cette voie n'est pas exclusive. Le ministère public ou l'administration peut agir en dehors des parties elles-mêmes, et il faut que le cours de la justice puisse, le cas échéant, être rétabli par l'intermédiaire du représentant le plus élevé de l'intérêt public au nom duquel l'action, dans ce cas, a été intentée. Le droit du ministre de la justice, à cet égard, n'exclurait d'ailleurs pas le droit des parties, si la poursuite avait été introduite par une partie.

Le conflit négatif ne serait pas possible dans les matières criminelles proprement dites : la répression des crimes n'appartient pas à l'administration. Mais il peut se produire, en matière correctionnelle ou de simple police, soit sur l'action de l'administration, soit même quelquefois sur celles des parties : car toute partie a droit de citation directe devant les tribunaux judiciaires en ces matières, et, même en matière administrative, certaines parties ont aussi ce droit; il en est ainsi, par exemple, des compagnies concessionnaires du canal du Midi, des canaux d'Orléans et du Loing, etc. (1).

Le préfet pourrait-il élever le conflit négatif?

Dans le cas où il serait partie au procès comme représentant de l'État, il le pourrait évidemment comme partie ; mais il ne le pourrait dans aucun autre cas comme préfet : la mission d'élever le conflit n'a fait partie de ses attributions qu'en matière de conflit positif (2).

Le juge des conflits a cependant, dans quelques circonstances, mais mal à propos, validé des

---

(1) Reverchon, p. 573, n° 176.
(2) 3 sept. 1823 ; 24 mars 1824 ; 12 janv. 1825 ; 11 janv. 1826 ; — Dalloz, p. 152, n° 171 ; — Reverchon, n° 170 ; — Adolphe Chauveau, t. I, p. 288, n° 519.

conflits négatifs déclarés par arrêt du préfet (1).

Si les parties intéressées par insouciance de leurs intérêts ou par suite d'un accord entre elles ne jugeaient pas à propos de faire régler le conflit négatif, le ministre de la justice pourrait-il venir le faire en leur lieu et place en employant la voie extraordinaire du pourvoi dans l'intérêt de la loi?

La question s'est présentée en 1846 devant le conseil d'État qui était alors juge des conflits. Elle parut si grave que le comité du contentieux, avant de passer à l'instruction de l'affaire, crut devoir formuler dans un avis les doutes qu'elle faisait naître (27 août 1846). Elle n'eut pas à être jugée; le ministre renonça à demander le règlement du conflit négatif dans l'intérêt de la loi. C'est avec raison, alors que le fond du droit reste réservé et que l'on ignore si les parties n'on pas mis fin au désaccord par une transaction, la déclaration d'incompétence émanant des deux autorités ne peut pas être considérée comme portant une atteinte assez directe à l'intérêt public pour ouvrir le recours dans l'intérêt de la loi (2).

§ 3. — Procédure du conflit négatif.

On a vu que le règlement du conflit pouvait être demandé par les parties. Les parties ont deux voies à suivre. Elles peuvent, ou bien recourir par la pro-

---

(1) 3 sept. 1823 ; — Adolphe Chauveau, t. I, p. 288, n° 519.
(2) Dalloz, p. 169, n° 233.

cédure ordinaire aux supérieurs hiérarchiques et leur demander de réformer le jugement d'incompétence prononcé à tort, ou bien recourir directement et de suite au juge des conflits.

Les décisions respectives d'incompétence n'ont donc pas besoin d'être définitives et en dernier ressort pour que la voie du conflit soit ouverte.

Il n'en a pas toujours été ainsi.

L'ordonnance du mois d'août 1737 concernant les évocations et les règlements de juges portait, au titre II, art. 21 : « Lorsque, sur le déclinatoire proposé par l'une des parties, les premiers juges se seront dépouillés de la connaissance de la contestation, le défendeur au déclinatoire ne pourra être reçu à se pourvoir en notre conseil pour être réglé de juges, sauf à lui à interjeter appel de la sentence qui aura eu égard au déclinatoire, ou à se pourvoir en notre conseil contre l'arrêt qui l'aura confirmé. Voulons que l'appel de toutes sentences rendues sur déclinatoire soit porté immédiatement dans nos cours, chacune dans son ressort. »

La cour de cassation a décidé, le 26 mars 1838 (1), que cette disposition ne pourrait plus s'appliquer de nos jours, parce que le code de procédure civile qui a tracé les règles à suivre pour le règlement de juges et qui a prononcé par son art. 1041 l'abrogation de toutes les lois antérieures sur la procédure civile, ne reproduit pas cette obligation pour les parties.

___

(1) Sirey, XXXVIII, I, 3, 77.

Bien que cette décision de la cour de cassation ne fût relative qu'à un règlement de juge entre organes de l'autorité judiciaire, cependant on admet qu'elle s'applique également aux conflits négatifs d'attribution, les raisons de décider étant les mêmes (1).

Cette doctrine, d'ailleurs, est rationnelle. L'ordonnance de 1737 obligeait les parties à faire des frais et des procédures préalables qui pouvaient ne produire aucun résultat et se trouver, par conséquent, en pure perte. Si les parties préfèrent user des voies hiérarchiques plutôt que de s'adresser directement au juge des conflits et n'obtiennent qu'un résultat négatif qui les oblige ensuite à recourir au règlement de juges, elles ne pourront s'en prendre qu'à elles-mêmes (2).

La question n'a pas été soulevée d'une manière formelle devant le juge des conflits; mais elle y a été implicitement résolue en ce sens par une pratique constante. Il suffit de citer comme exemple une décision du 15 juin 1847 vidant un conflit négatif qui résultait de déclarations d'incompétences définitives, mais non en dernier ressort, émanées l'une du tribunal de première instance de Versailles, l'autre du conseil de préfecture de Seine-et-Oise. De même, en matière judiciaire on peut prendre la

---

(1) Dalloz, p. 156, n° 184 ; — Adolphe Chauveau, t. I, p. 292, n° 528 ; — Serrigny, t. I, p. 231, n° 212 ; — Foucart, t. III, p. 704, n° 1926 ; — Dufour, t. III, p. 577.

(2) Serrigny, t. I, p. 233 ; — Solon, n° 52 ; — Foucart, t. III, n° 1830 ; — Dufour, t. III, n° 825.

voie du règlement de juge sans avoir épuisé tous les degrés de juridiction (1).

Cependant, il a été jugé par la cour de cassation que, dans le cas de conflit négatif entre l'autorité administrative et l'autorité judiciaire, la cour de cassation ne peut avant la décision du juge des conflits statuer sur le pourvoi contre le jugement par lequel l'autorité judiciaire s'est déclarée incompétente (2).

Nous n'avons à nous occuper ici que de la procédure des demandes en règlement de juges portées devant le juge des conflits.

Les parties introduiront le recours au moyen d'une requête signée d'un avocat au conseil d'État et à la Cour de cassation (art. 17).

Art. 20. — Le recours doit être communiqué aux parties intéressées.

Art. 24. — Les parties intéressées peuvent prendre, par elles-mêmes ou par leurs avocats, communication des productions au secrétariat, sans déplacement et dans le délai déterminé par le rapporteur.

Ces articles n'ont besoin d'aucun commentaire.

Il n'existe aucun délai spécial pour introduire l'instance en règlement de juges devant le tribunal des conflits. Le droit de faire cette introduction durera autant que l'action elle-même à propos de laquelle il est né. Les parties ont demandé justice et n'ont pu

---

(1) 20 juin 1879 ; 29 janv. 1840 ; — Reverchon, p. 573, n° 174 et note ; — Serrigny, t. I, n° 212.

(2) Dalloz, p. 157, n° 185.

l'obtenir. Tant qu'elles seront en droit de demander justice, elles seront en droit de faire désigner les juges devant lesquels elles devront porter leur procès. Elles auront donc, lorsque la loi n'a pas limité la durée de l'action par un délai plus court, trente ans pour se pourvoir en règlement de juges (art. 2262 du Code civil) (1).

Il en est autrement : 1° pour appeler la partie adverse devant le Tribunal des conflits, lorsque celui-ci est saisi ; 2° pour produire les défenses.

1° *Délais pour appeler la partie adverse.*

Art. 21. — Lorsque le recours est formé par des particuliers, l'ordonnance de *soit communiqué,* rendue par le ministre de la justice, président du Tribunal des conflits, doit être signifiée, par les voies de droit, dans le délai d'un mois. Ceux qui demeurent hors de la France continentale ont, outre le délai d'un mois, celui qui est réglé par l'article 75 du Code de procédure civile.

Art. 22. — Lorsque le recours est formé par un ministre, il en est dans le même délai, donné avis à la partie intéressée par la voie administrative. Dans les affaires qui intéressent l'État directement, si le recours est formé par la partie adverse, le ministre de la justice est chargé d'assurer la communication du recours au ministre que l'affaire concerne.

Le défaut de signification de l'ordonnance de *soit communiqué* dans le délai prescrit emporte-t-il déchéance du droit de faire régler le conflit ?

On décide la négative, bien que ne pas donner de sanction à la règle qui l'édicte soit s'exposer à la voir tomber en désuétude. On s'appuie sur des considéra-

---

(1) Dalloz, p. 168, n° 230 ; — *Dict. d'adm.,* p. 507.

tions de pratique. On dit que si l'on admettait la fin de non-recevoir, les parties resteraient sans juges comme elles étaient avant la demande en règlement, et qu'elles se trouveraient par suite dans la nécessité de former une nouvelle demande pour en obtenir, de telle sorte que la déchéance n'aboutirait à rien qu'à exposer les parties à des frais et à des lenteurs frustratoires (1). A cela on peut répondre que ces frais seraient justement la sanction qui manque à la règle, et qu'ils serviraient à pousser les demandeurs en règlement de juges à ne pas trop laisser traîner les procédures de crainte d'avoir à les renouveler.

Néanmoins il a été jugé que le défaut de signification dans les délais, de l'ordonnance de *soit communiqué*, ne peut être une cause de déchéance en matière de conflit négatif, les parties ne pouvant rester sans juges (2).

Il est à remarquer que l'article 12 du décret de 1805, sous l'empire duquel cette décision a été rendue, prononçait expressément la déchéance, tandis que le règlement de 1849 ne contient pas la même sanction, ce qui est une raison de plus pour accueillir les doctrines ci-dessus (3).

2° *Délai pour produire les défenses.*

Art. 23. — La partie à laquelle la notification a été faite est tenue, si elle réside sur le territoire continental, de répondre et

---

(1) De Cormenin, t. I, p. 462, n° 3 ; — Serrigny, t. I, n° 218.
(2) 23 juillet 1819.
(3) Dalloz, p. 169, n° 231.

de fournir ses défenses dans le délai d'un mois, à partir de la notification. A l'égard des colonies et des pays étrangers, les délais seront réglés, ainsi qu'il appartiendra, par l'ordonnance de *soit communiqué*.

Avant la création du Tribunal des conflits, les conflits négatifs s'instruisaient suivant les formes communes à toutes les affaires contentieuses (1). Il en est de même aujourd'hui, sauf les différends relatifs aux délais prescrits par les art. 21, 22 et 23 du règlement du 26 octobre 1849.

a. Le délai pour introduire le recours ne peut être fixe ; les parties ont le droit de demander le règlement de juge tant que dure l'action à propos de laquelle il est né.

b. Le délai des art. 21 et 22 n'emporte pas de déchéance (2).

Le Tribunal des conflits déclarera dans tous les cas quelle était l'autorité compétente pour connaître du litige, sans jamais pouvoir le retenir. Il se bornera à indiquer quelle est l'autorité compétente sans désigner l'organe compétent de cette autorité. De même que dans le cas de conflit positif, la question de compétence, si elle venait à être élevée plus tard, serait tranchée par le supérieur hiérarchique suivant les règles ordinaires.

Les décisions du tribunal des conflits rendues sur conflit négatif sont-elles susceptibles d'opposition

(1) Ordon. Règl. du 12 déc. 1821 ; ord. des 2 févr. et 12 mars 1831; ord. du 18 déc. 1839.
(2) Dalloz, p. 166, n° 228 ; — Reverchon, p. 573, n° 177.

dans le cas où une des parties n'aurait pas été appelée ?
Deux systèmes.

Premier système. — Négative.

L'article 10 du règlement du 26 octobre 1849 déclare expressément que « les décisions du tribunal des conflits ne sont pas susceptibles d'opposition.

Les conflits négatifs ne gardent pas toujours leur analogie avec les règlements de juges ; enfin. les conflits négatifs ne se vident pas selon les formes et les règles du contentieux, et les tiers n'ont droit, une fois le conflit élevé par les intéressés, qu'à des *observations*, à des *communications*, mais non à des conclusions proprement dites et dans le sens qu'on y attache dans les actions civiles; ils n'ont pas le *droit de défense* comme une *partie dans un procès* (1).

Deuxième système. — Affirmative.

Le conflit négatif s'instruit et se juge comme les affaires contentieuses ; cela était universellement admis avant la création du tribunal des conflits, et il n'y a aucune raison pour qu'il n'en soit plus ainsi (2):

Ce système est celui de la jurisprudence, et il a été jugé que : la partie qui n'a pas été appelée à l'ordonnance qui règle un conflit négatif a droit d'y former opposition dans le délai de trois mois du jour de la signification (3).

---

(1) Poisson, *Des conflits d'attribution,* p. 112.
(2) Dalloz, p. 168, n° 229; — Serrigny, t. I, n° 217; — Dufour, t. III, n° 826; — Carré, t. V, p. 363.
(3) 9 avril 1817.

Cette doctrine se justifie suffisamment par la différence qui existe entre le conflit positif et le conflit
négatif. Dans le premier, qui est élevé par l'administration, les parties ne sont appelées que pour
donner des renseignements au Tribunal. Si le Tribunal se croit suffisamment renseigné sans leur
concours, elles ne sont point en droit de s'en plaindre. Le conflit négatif est élevé par les parties et
donne lieu à un débat contradictoire. Il est juste
que le demandeur en règlement de juge soit contraint d'appeler son adversaire. Sans doute c'est un
intérêt public qui se débat devant le tribunal des
conflit dès le moment que les parties ont introduit
leur recours, puisqu'il s'agit d'un règlement de compétence. Mais il ne faut pas qu'un plaideur déloyal
qui peut avoir intérêt à voir son procès jugé par
une juridiction dont la jurisprudence lui semble plus
favorable, puisse se dispenser d'appeler son adversaire et se faire entendre seul dans un débat que la loi
veut contradictoire.

§ 4. — Des cas dans lesquels il y a conflit négatif.

Quatre conditions sont nécessaires pour qu'il y ait
conflit négatif. Il faut :
Que les autorités administrative et judiciaire se
soient toutes deux déclarées incompétentes et dessaisies de la contestation ; que l'une d'elles se soit
injustement déclarée incompétente ; qu'il y ait identité de litige ; qu'il y ait identité de parties.

1° *Il faut que les autorités administrative et judi-*
ciaire se soient toutes deux déclarées incompétentes et
dessãisies du litige.

a. Il faut que les deux autorités aient été saisies.

Il est bien évident que si une seule des deux autorités
était saisie, le jugement qu'elle prononcerait en se
déclarant incompétente ne ferait naître aucun conflit.
Les parties n'auraient d'autre ressource que de s'a-
dresser à l'autorité supérieure hiérarchique pour
faire réformer ce jugement s'il y a lieu. Cette solution,
qui est incontestable, a été consacrée par un avis du
conseil d'État du 12 novembre 1811.

C'est ainsi qu'il a été jugé : 1° Que c'est devant la
cour d'appel et non au juge des conflits qu'on doit
demander la réformation de jugements de tribunaux
de première instance qui se sont à tort déclarés incompétents sous le prétexte que la contestation était du
ressort de l'autorité administrative, alors que cette
dernière autorité n'avait pas été saisie (1).

Aucune difficulté ne peut s'élever sur le point de
savoir si l'autorité judiciaire a été saisie et si elle
a statué.

Il en est autrement à l'égard de l'autorité administrative dont les actes, sous des formes semblables, ont
parfois un caractère différent et peuvent ainsi, selon
les cas, constituer ou ne pas constituer des décisions ;
ainsi par exemple :

Un conseil de préfecture accorde à une commune
l'autorisation d'intenter une certaine action devant
le tribunal, en se fondant sur ce que la connaissance
de cette action appartient à l'autorité judiciaire ; puis

---

(1) 18 juil. 1809 ; 6 nov. 1812 ; — Dalloz, p. 152, n° 173,

22

le tribunal saisi se déclare incompétent. Y a-t-il là
un conflit négatif.

Premier système. — Affirmative.

On rencontre dans de telles circonstances la double
déclaration d'incompétence d'où résulte le conflit; à
la vérité, celle du conseil de préfecture n'est consignée
que dans les motifs de sa décision, mais il serait
onéreux pour les parties et presque puéril d'obliger
le conseil de préfecture à répéter une seconde fois,
en une autre qualité, la déclaration qu'il avait déjà
donnée une première fois à un autre titre, dans la
même affaire.

Deuxième système. — Négative.

L'arrêté qui se borne à accorder à une commune
l'autorisation de plaider devant les tribunaux n'est
pas un acte de juridiction, mais de simple tutelle; il
ne constitue pas, quels que soient ses motifs, une
décision sur le fond du litige; s'il la contenait dans
son dispositif, il serait entaché d'excès de pouvoir; il
n'a donc aucun des caractères de la chose jugée, ni
vis-à-vis de la commune, ni vis-à-vis de l'autorité judiciaire, ni vis-à-vis du conseil de préfecture lui-même,
qui, s'il vient à être saisi du litige comme juge, ne
sera en aucune façon lié par cet acte antérieur.

Ce système est celui de la jurisprudence (1).

En serait-il de même, si le conseil de préfecture,
au lieu d'accorder à la commune l'autorisation de
porter son action devant les tribunaux, lui avait

(1) 12 janv. 1825; — Reverchon, p. 571, n° 172.

refusé cette autorisation en se fondant sur ce que la connaissance du litige n'appartiendrait pas à l'autorité judiciaire, et si, saisi ensuite comme juge, il s'était déclaré incompétent?

On pourrait soutenir que, sans doute, il n'y a pas là les deux déclarations d'incompétence ordinairement exigées, mais que le refus d'autorisation empêche de s'adresser à l'autorité judiciaire, et que dès lors ce refus doit être assimilé à une déclaration d'incompétence émanée de cette autorité.

Cependant, même dans ce cas, la commune ne serait pas réduite à l'impossibilité complète de trouver des juges ; car elle pourrait déférer au conseil d'État, par la voie contentieuse proprement dite, l'arrêté par lequel le conseil de préfecture se serait déclaré incompétent. Abstraction faite de cette faculté qui ne suffisait pas, pour empêcher l'existence du conflit négatif, il semble que l'hypothèse qui vient d'être posée ne constitue pas un conflit de cette nature ; car l'assimilation proposée dans ce système est absolument inadmissible, et la situation dans laquelle la commune se trouverait ne serait, après tout, que la conséquence de son état d'incapacité relative, qui ne lui permet pas de plaider sans autorisation devant l'autorité judiciaire (1).

b. Il faut que les deux autorités ayant été saisies se soient déclarées incompétentes. Ainsi, il n'existe ni

_____

(1) Reverchon, p. 572, n° 172. L'octroi d'une autorisation de plaider n'est pas une décision, mais un acte de tutelle et d'administration 11 janv. 1826 ; Dalloz, p. 152, n° 173.

conflit positif, ni conflit négatif dans le cas où un conseil de préfecture, par exemple, et un tribunal civil sont saisis de la même affaire, tant qu'ils n'ont pas prononcé sur le litige, non plus que dans le cas où l'une des deux autorités saisies a seule prononcé sur sa compétence (1).

Un jugement interlocutoire, rendu par l'un des tribunaux saisis, n'ayant pas pour résultat de le dessaisir du litige, ne fera pas naître le conflit (2).

Le conflit ne naîtrait pas non plus lorsque l'autorité judiciaire seule s'est dessaisie et que le conseil d'État s'est borné à annuler, pour incompétence et excès de pouvoir, un arrêté émané d'un tribunal administratif inférieur, sans déclarer l'autorité administrative incompétente (3).

A plus forte raison n'y aura-t-il pas conflit si l'une des deux autorités s'est reconnue compétente, soit en prononçant sur le fond, soit en statuant sur la qualité et l'intérêt des parties (4).

Cependant, il a été jugé que, lorsqu'une cour a renvoyé à l'autorité administrative la solution d'une contestation qui était, au contraire, dans ses attributions et qu'un conseil de préfecture a cru devoir retenir la contestation, alors qu'il aurait dû se

(1) 3 mars 1825 ; 20 nov. 1810 ; 16 fév. 1827 ; 19 déc. 1821 ; 17 avril 1822 ; 19 fév. et 14 avril 1827 ; 13 juil. 1828 ; — Dalloz, p. 154, n° 177 ; — Chauveau Adolphe t. I, p. 290, n° 523.

(2) 13 juill. 1825 ; — Dalloz, p. 154, n° 178.

(3) 23 août 1843.

(4) 18 avril 1809 ; 13 juin 1821 ; 31 juil. 1822 ; 6 mars 1828 ; — Chauveau Adolphe, t. I, p. 290, n° 523.

déclarer incompétent, le juge des conflits peut, en prononçant l'incompétence de l'autorité administrative, déclarer et régler le conflit négatif. Il est aisé de voir que ce procédé, quoique judicieux, n'en est pas moins irrégulier, parce que c'est devant l'autorité supérieure dans la hiérarchie, soit administrative soit judiciaire, que les exceptions d'incompétence, hors conflit, doivent être proposées (1).

c. Il faut que les deux autorités se soient dessaisies d'une manière absolue. Si l'une d'elles ne l'avait fait que conditionnellement, le conflit négatif n'existerait pas encore.

L'autorité judiciaire pourrait, par exemple, sans faire naître le conflit, en retenant la connaissance du fond, renvoyer l'interprétation d'un acte administratif devant l'autorité administrative, quand bien même cette dernière se déclarerait incompétente (2).

d. Il a été jugé d'autre part que le conflit négatif existerait si l'autorité administrative se déclarait incompétente pour prononcer sur une question préjudicielle, dont l'appréciation lui aurait été renvoyée par les tribunaux (3).

Ou bien enfin, si un tribunal judiciaire refusait de juger le fond d'une contestation, après la décision de l'autorité administrative sur une question préjudicielle,

---

(1) 24 mai 1818 ; conf. 15 mai 1813 ; — De Cormenin, *Quest.*, t. II, p. 232 ; — Dalloz, p. 155, n° 180.

(2) 18 juil. 1821 ; Req. 19 juil. 1821 ; 17 juil. 1822 ; 13 nov. 1822 ; 18 févr. 1829 ; 2 nov. 1832 ; — Dalloz. p. 155, n° 181.

(3) 3 sept. 1823.

qu'il avait lui même renvoyée à l'examen de cette
autorité (1).

Ou bien, enfin, si les autorités administrative et
judiciaire devant lesquelles les parties sont renvoyées
à la suite d'un conflit positif se déclaraient incompétentes (2).

Il n'existe pas de précédents à pouvoir citer sur
cette dernière hypothèse. Elle constituerait presque un
déni de justice.

2° *Il faut, pour que le conflit négatif existe, que l'une
des deux autorités ait méconnu sa compétence.* — Il
n'y a pas de conflit dans le cas où les deux autorités qui
ont déclaré leur incompétence sont en effet incompétentes et que l'autorité compétente n'a pas encore été
saisie (3). Cela peut se présenter si, par exemple, on
a saisi un tribunal de première instance et un conseil
de préfecture ou un préfet et que l'affaire soit du ressort du ministre ou du conseil d'État (4).

3° *Il faut qu'il y ait identité dans l'objet du litige.*
— Si cette identité n'existait pas, si chacune des deux
autorités avait prononcé son incompétence sur des
questions différentes, il n'y aurait pas de conflit négatif et le pourvoi en règlement serait rejeté (5).

(1) 26 fév. 1823 ; — Boulatignier, p. 504.
(2) De Cormenin, t. I, p. 464, n° 1.
(3) 12 févr. 1877, Rec., p. 455 ; 24 nov. 1877, Rec., p. 927.
(4) 31 déc. 1828 ; 29 mars 1851 ; — Dalloz, p. 155, n° 182 ; — Adolphe Chauveau, t. I, p. 290, n° 525 ; — Reverchon, p. 572, n° 173.
(5) 14 nov. 1821 ; 12 janv. 1825 ; 11 janv. 1826 ; 9 déc. 1858 ; 18 décembre 1862 ; — Cormenin, t. I, p. 464, n° 2 ; — Lerat de Matignot et

C'est ainsi qu'il n'y aurait pas de conflit négatif :

a. Lorsque, d'une part, l'autorité judiciaire, en retenant le jugement du fond, renvoie les parties devant l'autorité administrative pour statuer sur un point de sa compétence, et que, d'autre part, l'autorité administrative, après avoir prononcé sur ce point, se déclare incompétente pour juger le fond ou s'abstient simplement de le juger (1).

b. Lorsque, sur le renvoi d'une contestation fait à un tribunal par l'autorité administrative, ce tribunal a décidé les questions de sa compétence sans examiner les questions administratives (2).

4° *Il faut qu'il y ait identité de parties.* — Les décisions, soit administratives soit judiciaires, ne produisent la chose jugée qu'à l'égard des parties qui sont en cause. Il n'y aura aucune contradiction ni aucun conflit, entre deux décisions qui auraient jugé une question de compétence en sens contraire, mais entre des parties différentes (3).

En résumé :

Il y a conflit négatif d'attribution lorsque l'autorité administrative et l'autorité judiciaire ayant été saisies d'un même litige par les mêmes parties, se déclarent injustement incompétentes. La matière est réglée par

---

Delamarre, t. I, p. 290 ; — Dalloz, p. 156, n° 183 ; — Reverchon, p. 571, n° 172 ; — Adolphe Chauveau, t. I, p. 291, n° 526.

(1) 18 juil. 1821 ; 17 juil. 1822 ; 14 nov. 1822 ; 17 mars 1835.

(2) 31 juil. 1822.

(3) 18 fév. 1858 ; — Adolphe Chauveau, t. I, p. 292, n° 527 ; — Reverchon, p. 571, n° 172.

le règlement d'administration du 26 octobre 1849.

Le conflit négatif peut être élevé : 1° par les parties (art. 17); 2° par les ministres dans le cas où l'affaire intéresse directement l'État ou lorsque l'une des deux autorités qui se sont déclarées incompétentes est un tribunal statuant en matières de simple police ou de police correctionnelle (art. 18 et 19).

Les parties pourront, à leur gré : soit demander la réformation des jugements par la voie hiérarchique ordinaire, soit élever le conflit négatif.

Dans ce cas elles introduiront le recours devant le tribunal des conflits au moyen d'une requête signée d'un avocat à la Cour de cassation et d'un avocat au conseil d'État (art. 17).

Il n'existe point de délai spécial pour introduire le recours; mais la partie adverse doit être avertie dans le délai d'un mois, qui peut être augmenté d'après les termes de l'article 75 du code de procédure civile (art. 11 et 22). Ce délai n'emporte pas déchéance. La partie adverse doit fournir ses défenses dans le délai d'un mois à partir de la notification. Ce délai sera également allongé si le défendeur habite les colonies ou un pays étranger (art. 23).

Les conflits s'instruisent suivant les formes des affaires contentieuses, sauf les différences relatives aux délais.

Le Tribunal des conflits, sans jamais pouvoir retenir le fond du litige, indiquera quelle est l'autorité compétente. Ses décisions seront susceptibles d'opposition.

Les conflits négatifs d'attribution ont toujours été fort rares. D'après les statistiques publiées de 1830 à 1845, on en compte 29, soit moins de 2 par an. De 1852 à 1865 on en compte 18, à peine un par an. De la fin de l'année 1872 à 1878, le Tribunal des conflits en a jugé 14, environ 2 par an ; au total il y a eu 61 affaires de cette nature en 43 ans (1).

(1) Rapport présenté au Tribunal des conflits par M. Aucoc, président de section au Conseil d'État, membre de tribunal. Imprimerie nationale, mars 1879.

CHAPITRE VIII

DES CONFLITS D'ATTRIBUTIONS DANS LES COLONIES

Ordonnance du 21 avril 1825 (Réunion). Ord. 9 fév. 1827 (Martinique et Guadeloupe). Ord. 27 août 1828 (Guyane). Ord. 23 juil. 1840 (Inde). Ord. 7 déc. 1840 (Sénégal). Ord. 18 sept. 1844 (Saint-Pierre et Miquelon). Arrêté du 30 déc. 1848 (Algérie).

On sait ce que c'est qu'un conflit d'attribution et quels sont les cas où il y a conflit. Il n'y a donc pas à revenir sur ces points.

La théorie des conflits dans les colonies diffère de la théorie des conflits en France, au point de vue : 1° de l'autorité qui juge les conflits; 2° de la procédure à suivre; 3° des personnes qui élèvent le conflit.

En Algérie, on applique le droit commun de la métropole sauf quelques différences dans le délai (arrêté du 20 déc. 1848).

§ 1. — Du juge des conflits.

Les conflits ont pour juge, dans les colonies françaises, le conseil privé (1). Ce conseil, qui dans plusieurs colonies porte le nom de conseil d'administration, est

_____

(1) Voy. 21 août 1825, art. 160, § 1; 9 fév. 1827, art. 176, § 1; 27 août 1828, art. 165, § 1 ; 27 juil. 1840, art. 108, § 1 ; 7 sept. 1840, art. 113, § 1.

placé auprès du gouvernement. Il exerce dans l'ordre administratif les attributions dévolues en France au conseil de préfecture, soit comme corps purement consultatif, soit comme juge du contentieux administratif ; il empiéte même sur le conseil d'État. Dans l'ordre judiciaire, il remplit dans certains cas l'office de cour d'appel et même de cour de cassation. Sa composition varie suivant les colonies.

Lorsque le conseil privé se constitue en conseil du contentieux administratif ou en commission d'appel, il lui est adjoint deux membres de l'ordre judiciaire qui ont voix délibérative.

Les chefs de services administratifs qui, dans toutes les colonies, font essentiellement partie du conseil privé, ne cessent point d'en faire partie et ne peuvent être récusés, lorsqu'ils ont à statuer sur les conflits qu'ils ont eux-mêmes élevés (1).

Le conseil privé est, depuis les ordonnances organiques, seul juge des conflits. Avant cette ordonnance, les conflits étaient portés devant le conseil d'État (19 déc. 1821 ; 6 nov. 1822 ; 12 fév. 1823 ; 9 juin 1824).

De même que le tribunal des conflits, le conseil

(1) C'est ainsi qu'il a été jugé : a) que le directeur de l'intérieur et le procureur général font partie du conseil du contentieux administratif et doivent participer à ses décisions lors même qu'il s'agirait de statuer sur un conflit élevé par ces fonctionnaires eux-mêmes (18 nov. 1858) ; b) que le commandant militaire de la Réunion, chef supérieur des milices dans cette colonie (avant la suppression de cet emploi) et membre du conseil privé (ord. 15 oct. 1836, art. 2) a droit d'y siéger, même lorsque ce conseil est appelé à statuer comme conseil du contentieux sur les conflits élevés par ledit commandant comme chef de l'un des services dont il est chargé (28 août 1848).

privé juge des conflits ne peut statuer que sur la compétence. Il ne peut donc pas statuer sur le fond, à moins que le fond ne soit de sa compétence et qu'il en soit saisi par les parties intéressées (cons. d'Et. 10 mai 1860. Dal. périod., 60, B, 73). Il ne peut pas condamner aux dépens la partie qui n'a pris aucune conclusion devant lui, et n'a fait qu'adresser de simples observations au procureur général (même décision). Il ne peut pas non plus, en confirmant un conflit, faire injonction à l'autorité judiciaire de ne pas s'immiscer à l'avenir dans l'affaire qui a donné lieu au conflit (cons. d'Ét., 24 déc. 1845).

Les décisions des conseils privés qui dans les autres matières sont soumises à recours soit devant le conseil d'État soit devant la cour de cassation, sont, en notre matière, réformables par le tribunal des conflits.

Lorsque le conflit s'élève entre l'autorité judiciaire et le conseil privé, lui-même il est porté directement au tribunal des conflits.

§ 2 — Procédure.

Par une raison ou par une autre, peut-être sans aucune raison, et à cause seulement de l'indifférence regrettable qui, dans notre pays, environne les questions coloniales, l'ordonnance du 1er juin 1828 sur la procédure des conflits n'a pas été promulguée et n'est pas obligatoire dans les colonies françaises. Quelqu'imparfaite que soit cette ordonnance, elle a

marqué un progrès dans la législation; pourquoi n'en
a-t-on fait bénéficier que la métropole? Est-ce parce
que l'opinion publique s'y montrait plus hostile pour
les conflits abusifs d'alors ou plus dangereusement
hostile ?

Quoi qu'il en soit, la procédure des conflits en est
dans les colonies françaises au point où elle était en
France avant l'ordonnance. Cela revient à dire qu'elle
n'est soumise à aucune réglementation. Le conflit peut
être élevé quand on veut et comme on veut; même
devant la cour de cassation (cons. d'Ét. 5 nov. 1828)
et sans déclinatoire (cons. d'Ét. 24 déc. 1845).

§ 3. — Qui peut élever le conflit.

L'ordonnance de 1828 n'est pas applicable; les ordonnances organiques ne font aucune distinction;
la jurisprudence admet que tous les chefs de services
administratifs, sans exception, peuvent élever le conflit dans les affaires dont ils sont chargés.

C'est ainsi qu'il peut être élevé : 1° par le procureur
général, chef du service de la justice dans les établissements français de l'Inde (cons. d'Ét. 24 déc. 1845);
2° par le contrôleur colonial (cons. d'Ét. 5 nov. 1828);
3° par le directeur de l'Intérieur (cons d'Ét. 4 sept.
1856); 4° par le commandant militaire de l'île de la
Réunion, chef supérieur des milices dans cette colonie
(avant la suppression de cet emploi) (cons. d'Ét.
28 août 1848); 5° par le commissaire ordonnateur dans
les établissements français de l'Inde (cons. d'Ét.
10 mai 1860).

POSITIONS

DROIT ROMAIN.

I. Dans la loi 68 *de Rei vindicatione* les mots *manu militari* n'ont pas été ajoutés par interpolation.

II. La loi 25 *de Fide jussoribus* s'explique par le § 219 Com. III de Gaïus.

III. Le fidéjusseur qui s'oblige *in duriorem causam* ne contracte pas un engagement nul, mais seulement réductible à la quotité de l'obligation principale.

DROIT CIVIL.

I. Le mari ne peut exercer sans le concours de sa femme l'action en partage relativement aux immeubles dotaux.

II. Les actes d'aliénation passés par un héritier apparent ne sont pas opposables aux véritables héritiers.

III. L'article 1305 du Code civil s'applique au mineur agissant seul.

DROIT ADMINISTRATIF.

I. C'est au tribunal des conflits et non à l'autorité judiciaire qu'il appartient de décider si les formalités prescrites par la loi pour élever le conflit ont été remplies.

II. Le préfet de police ne peut élever le conflit que relativement aux affaires qui lui sont attribuées par la loi. Il est impuissant à le faire à propos de celles qui sont de la compétence du préfet de la Seine.

HISTOIRE DU DROIT.

Le régime nuptial des Gaulois n'est pas l'origine de la communauté; c'était une espèce de tontine conjugale.

DROIT CRIMINEL.

L'individu qui, profitant de ce qu'une fille mineure a été déjà détournée de l'autorité paternelle par un premier ravisseur, l'enlève à son tour, n'est pas complice du crime de détournement de mineure.

ÉCONOMIE POLITIQUE.

L'établissement de l'impôt sur le revenu ne doit pas avoir pour but la création d'un impôt unique irréalisable en pratique ; il doit être un moyen de remplacer les taxes les moins proportionnelles ou les plus coûteuses à percevoir.

Vu par le Président de la Thèse :

BARKHAUSEN.

Vu par le Doyen de la Faculté de Droit :

A. COURAUD.

Vu et permis d'imprimer :

LE RECTEUR

OUVRÉ.

N. B. — Les visas exigés par le règlement ne sont donnés qu'au point de vue de l'ordre public et des bonnes mœurs.

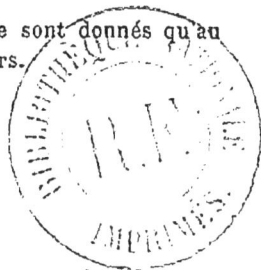

5359-82 Corbeil. — Typ. et stér. Crété.

www.ingramcontent.com/pod-product-compliance
Lightning Source LLC
Chambersburg PA
CBHW060119200326
41518CB00008B/868